# EVANGELIZAÇÃO E FAMÍLIA

Subsídio bíblico, teológico e pastoral

# EVANGELIZAÇÃO
# E FAMÍLIA

Leonardo Agostini Fernandes

# EVANGELIZAÇÃO E FAMÍLIA

Subsídio bíblico, teológico e pastoral

**Dados Internacionais de Catalogação na Publicação (CIP)**
**(Câmara Brasileira do Livro, SP, Brasil)**

Fernandes, Leonardo Agostini
Evangelização e família : subsídio biblíco, teológico e pastoral / Leonardo
Agostini Fernandes. – São Paulo : Paulinas, 2015. – (Coleção
fronteiras)

ISBN 978-85-356-3895-0

1. Bíblia - Estudo e ensino 2. Evangelização 3. Família - Aspectos
religiosos 4. Vida cristã I. Título. II. Série.

15-01171                       CDD-262

**Índice para catálogo sistemático:**
1. Evangelização : Teologia : Cristianismo     262

1ª edição – 2015

Direção-geral: *Bernadete Boff*

Conselho Editorial: *Dr. Afonso M. L. Soares*
*Dr. Antonio Francisco Lelo*
*Maria Goretti de Oliveira*
*Dr. Matthias Grenzer*
*Dra. Vera Ivanise Bombonatto*

Editora responsável: *Vera Ivanise Bombonatto*

Copidesque: *Ana Cecilia Mari*

Coordenação de revisão: *Marina Mendonça*

Revisão: *Sandra Sinzato*

Gerente de produção: *Felício Calegaro Neto*

Projeto gráfico: *Jéssica Diniz Souza*

Cantos: *Escuta Israel (D.R.)*
*Tua palavra, Senhor (Pe. Zezinho,"Minha vida tem*
*sentido", CD 06839-0, Comep-Paulinas)*

*Nenhuma parte desta obra poderá ser reproduzida ou transmitida*
*por qualquer forma e/ou quaisquer meios (eletrônico ou mecânico,*
*incluindo fotocópia e gravação) ou arquivada em qualquer sistema ou*
*banco de dados sem permissão escrita da Editora. Direitos reservados.*

**Paulinas**
Rua Dona Inácia Uchoa, 62
04110-020 – São Paulo – SP (Brasil)
Tel.: (11) 2125-3500
http://www.paulinas.com.br – editora@paulinas.com.br
Telemarketing e SAC: 0800-7010081
© Pia Sociedade Filhas de São Paulo – São Paulo, 2015

Para não poucas pessoas, o pensamento e as posturas advindos das religiões são retrógados, se opõem ao pensamento do mundo, que avançaria muito mais se não fossem as intromissões e censuras religiosas, em particular das fundamentalistas. Nos dias atuais, a presença, a ação pastoral e o pensamento da Igreja Católica, fruto dos esforços do Concílio Vaticano II, estão cada vez mais em aberto diálogo com o mundo e o seu pensamento. O que ainda me parece lastimável é perceber, pelo lado da Igreja, que muitos se mostram tão próximos da doutrina, mas parecem, às vezes, tão distantes de Jesus Cristo, da própria Igreja e das pessoas as quais se quer doutrinar. Pelo lado do mundo, muitas pessoas se lastimam, pois percebem que a ciência e todo o seu aparato tecnológico não conseguiram oferecer as tão sonhadas respostas para os principais males que tanto afligem o ser humano.

Assim, novas dicotomias se verificam nos que se deixam levar tanto pelo rigorismo religioso, que tudo proíbe, como pelo laxismo, que tudo parece tornar lícito. Oito ou oitenta! Diante disso, é necessário propor, novamente, o ensinamento de Jesus Cristo em sua fundamental preocupação com o ser humano e sua felicidade: "Se permanecerdes na minha palavra, sereis verdadeiramente meus discípulos e conhecereis a verdade e a verdade vos libertará!" (Jo 8,31-32).

# ORAÇÃO À SAGRADA FAMÍLIA

Senhor Jesus Cristo, vivendo em família com Maria, tua Mãe, e com São José, teu pai adotivo, santificaste a família humana.

Vive também conosco, em nosso lar, e assim formaremos uma pequena Igreja, pela vida de fé e oração, amor ao Pai e aos irmãos, união no trabalho, respeito pela santidade do matrimônio e esperança viva na vida eterna.

Tua vida divina, alimentada nos sacramentos, especialmente na Eucaristia e na tua Palavra, nos anime a fazer o bem a todos, de modo particular aos pobres e necessitados.

Em profunda comunhão de vida nos amemos na verdade, perdoando-nos quando necessário, por um amor generoso, sincero e constante.

Afasta de nossos lares, Senhor Jesus, o pecado da infidelidade, do amor livre, do divórcio, do aborto, do egoísmo, da desunião e toda influência do mal e do demônio.

Desperta em nossas famílias vocações para o serviço e ministério dos irmãos, em especial, vocações sacerdotais e religiosas. Que nossos jovens, conscientes e responsáveis, se preparem dignamente para o santo matrimônio.

Senhor Jesus Cristo, dá, enfim, às nossas famílias coragem nas lutas, conformidade nos sofrimentos, alegria na caminhada para a casa do Pai. Amém.

*Autor desconhecido*[DR]

# SUMÁRIO

Lista de siglas ......................................................... 13
Abreviaturas dos livros bíblicos ................................. 17
Introdução geral ...................................................... 19
Sobre a Leitura Orante da Bíblia ............................... 27

## I. TEXTOS DO ANTIGO TESTAMENTO

**A)** Introdução ao livro de Gênesis ............................. 35

Gênesis 1,1–2,4a: "E Deus viu tudo que havia feito
e eis que era muito bom" ......................................... 39

   1. Abordagem histórica............................................41

   2. Abordagem literária............................................ 43

   3. Abordagem teológica .......................................... 45

   4. Abordagem pastoral............................................ 47

   5. Leitura Orante com Gênesis 1,26-28 ..................... 49

Gênesis 2,4b-25: "Não é bom que estejam sozinhos" ...... 59

   1. Abordagem histórica........................................... 60

   2. Abordagem literária............................................ 62

   3. Abordagem teológica .......................................... 65

   4. Abordagem pastoral............................................ 67

   5. Leitura Orante com Gênesis 2,18-25 ..................... 69

Gênesis 3,1-24: "Que fizeste?" ..................................81

   1. Abordagem histórica........................................... 82

   2. Abordagem literária............................................ 84

   3. Abordagem teológica .......................................... 86

   4. Abordagem pastoral............................................ 88

   5. Leitura Orante com Romanos 5,12-21 ...................91

**B)** Introdução ao livro de Oseias ....................................................103

Oseias 1,2–3,5: "Eu a seduzirei e a conduzirei ao deserto,
e lhe falarei ao coração" ..............................................................105

    1. Abordagem histórica ..............................................................108

    2. Abordagem literária ...............................................................110

    3. Abordagem teológica .............................................................112

    4. Abordagem pastoral ...............................................................113

    5. Leitura Orante com Jeremias 3,1-5.19-20 .............................116

**C)** Introdução ao livro de Malaquias ..........................................131

Malaquias 2,13-16: "Não sejas um traidor" ..................................133

    1. Abordagem histórica ..............................................................133

    2. Abordagem literária ...............................................................134

    3. Abordagem teológica .............................................................135

    4. Abordagem pastoral ...............................................................137

    5. Leitura Orante com Malaquias 2,13-16 .................................138

## II. TEXTOS DO NOVO TESTAMENTO

**D)** Introdução ao Evangelho segundo Mateus ............................151

Mateus 5,27-32: "Foi dito... eu, porém, vos digo" .......................155

    1. Abordagem histórica ..............................................................155

    2. Abordagem literária ...............................................................158

    3. Abordagem teológica .............................................................159

    4. Abordagem pastoral ...............................................................160

    5. Leitura Orante com 1Coríntios 7,10-16 .................................163

Mateus 19,3-12: "Quem conseguir compreender, compreenda!" ..........175

    1. Abordagem histórica ..............................................................175

    2. Abordagem literária ...............................................................177

    3. Abordagem teológica .............................................................179

    4. Abordagem pastoral ...............................................................181

    5. Leitura Orante com 1Coríntios 7,1-7 .....................................183

**E)** Introdução ao Evangelho segundo João .............. 193

João 2,1-12: "Eles não têm mais vinho" ........................ 197

1. Abordagem histórica ........................................ 197
2. Abordagem literária ........................................ 200
3. Abordagem teológica ....................................... 202
4. Abordagem pastoral ........................................ 204
5. Leitura Orante com João 1,1-18 ...........................207

**F)** Introdução à Carta aos Efésios ...............................217

Efésios 5,21–6,9: "Como Cristo amou a Igreja
e se entregou por ela" ...............................................219

1. Abordagem histórica ........................................219
2. Abordagem literária ........................................ 222
3. Abordagem teológica ....................................... 224
4. Abordagem pastoral ........................................ 229
5. Leitura Orante com Colossenses 3,18–4,1 ............ 236

**G)** Introdução à Primeira Carta de Pedro ................... 249

1Pedro 3,1-7: "Que nada se anteponha às vossas orações" ..............251

1. Abordagem histórica ........................................251
2. Abordagem literária ........................................ 252
3. Abordagem teológica ....................................... 253
4. Abordagem pastoral ........................................ 256
5. Leitura Orante com 1Pedro 2,13-25 .................... 260

**H)** Introdução ao livro do Apocalipse ........................271

Apocalipse 21,1-2.9-14; 22,17: "Como uma esposa que
se enfeitou para seu marido" ..................................... 275

1. Abordagem histórica ........................................ 275
2. Abordagem literária ........................................ 277
3. Abordagem teológica ....................................... 279
4. Abordagem pastoral ........................................281
5. Leitura Orante com Apocalipse 10,1-11 .............. 284

Existe um modelo ........................................................................... 295

Considerações finais .................................................................... 299

Referências bibliográficas .............................................................307

# LISTA DE SIGLAS

| | |
|---|---|
| AA | Apostolicam actuositatem |
| AAS | Acta Apostolicae Sedis |
| AG | Ad gentes |
| AOP | Antigo Oriente Próximo |
| AT | Antigo Testamento |
| Bem | De Benedictionibus |
| BP | Biblioteca Patrística |
| CA | Centesimus annus |
| Catech. R. | Catechismus Romanus |
| CatIC | Catecismo da Igreja Católica |
| CCL | Corpus Christianorum (Series Latina) |
| CCEO | Corpus Canonum Ecclesiarum Orientalium |
| CD | Christus Dominus |
| CDF | Congregação da Doutrina da Fé |
| Cf. | Conforme |
| CIC | Codex Iuris Canonici |
| CfL | Christifideles laici |
| COD | Conciliorum Oecumenicorum decreta |
| CT | Catechesi tradendae |
| DCG | Directorium Catecheticum Generale |
| DeV | Dominum et Vivificantem |
| DF | Dei Filius |
| DH | Dignitatis humanae |

| | |
|---|---|
| DM | Dives in misericordia |
| DS | Denzinger-Schönmetzer, Enchiridion Symbolorum, definitionum et declarationum de rebus fidei et morum |
| DV | Dei Verbum |
| EG | Evangelii gaudium |
| EN | Evangelii nuntiandi |
| FC | Familiaris consortio |
| GE | Gravissimum educationis |
| GS | Gaudium et spes |
| HV | Humanae vitae |
| IGLH | Introdução geral à Liturgia das Horas |
| IGMR | Introdução geral ao Missal Romano |
| IGRM | Introdução geral ao rito do matrimônio |
| IM | Inter mirifica |
| LE | Laborem exercens |
| LG | Lumen gentium |
| LH | Liturgia das Horas |
| LXX | Bíblia grega Septuaginta |
| MC | Marialis cultus |
| MD | Mulieris dignitatem |
| MF | Mysterium fidei |
| MM | Mater et magistra |
| MR | Missal Romano |
| NA | Nostra aetate |
| NT | Novo Testamento |
| OBA | Ordo baptismi adultorum |
| OBP | Ordo baptismi parvulorum |

| | |
|---|---|
| OU | Ordo confirmationis |
| OcM | Ordo celebrandi Matrimonium |
| OCV | Ordo consecrationis virginum |
| OE | Orientalium ecclesiarum |
| Oex | Ordo exsequiarum |
| off. Lect. | Ofício das leituras |
| OICA | Ordo Initiationis Christianae Adultorum |
| OP | Ordo poenitentiae |
| OT | Optatam totius |
| PC | Perfectae caritatis |
| PO | Presbyterorum ordinis |
| PP | Populorum progressio |
| PT | Pacem in terris |
| RH | Redemptor hominis |
| RM | Redemptoris missio |
| RP | Reconciliatio et poenitentia |
| SC | Sacrosanctum concilium |
| SPF | Solene profissão de fé (Credo do Povo de Deus) |
| SRS | Sollicitudo rei socialis |
| UR | Unitatis redintegratio |
| v. | Versículo |
| VC | Vita consecrata |
| VD | Verbum Domini |
| vv. | Versículos |

# ABREVIATURAS DOS LIVROS BÍBLICOS

| | | | |
|---|---|---|---|
| Gênesis | Gn | Amós | Am |
| Êxodo | Ex | Abdias | Ab |
| Levítico | Lv | Jonas | Jn |
| Números | Nm | Miqueias | Mq |
| Deuteronômio | Dt | Naum | Na |
| Josué | Js | Habacuc | Hab |
| Juízes | Jz | Sofonias | Sf |
| Rute | Rt | Ageu | Ag |
| Samuel | 1Sm, 2Sm | Zacarias | Zc |
| Reis | 1Rs, 2Rs | Malaquias | Ml |
| Crônicas | 1Cr, 2Cr | | |
| Esdras | Esd | Mateus | Mt |
| Neemias | Ne | Marcos | Mc |
| Tobias | Tb | Lucas | Lc |
| Judite | Jt | João | Jo |
| Ester | Est | Atos dos Apóstolos | At |
| Macabeus | 1Mc, 2Mc | Romanos | Rm |
| Jó | Jó | Coríntios | 1Cor, 2Cor |
| Salmos | Sl | Gálatas | Gl |
| Provérbios | Pr | Efésios | Ef |
| Eclesiastes (Coélet) | Ecl | Filipenses | Fl |
| Cântico dos Cânticos | Ct | Colossenses | Cl |
| Sabedoria | Sb | Tessalonicenses | 1Ts, 2Ts |
| Eclesiástico (Sirácida) | Eclo | Timóteo | 1Tm, 2Tm |
| Isaías | Is | Tito | Tt |
| Jeremias | Jr | Filemon | Fm |
| Lamentações | Lm | Hebreus | Hb |
| Baruc | Br | Tiago | Tg |
| Ezequiel | Ez | Pedro | 1Pd, 2Pd |
| Daniel | Dn | João | 1Jo, 2Jo, 3Jo |
| Oseias | Os | Judas | Jd |
| Joel | Jl | Apocalipse | Ap |

*As citações feitas seguem o seguinte critério:*

- A **vírgula** separa capítulo de versículo: Gn 2,1 (livro do Gênesis, cap. 2, v. 1).
- O **ponto e vírgula** separa capítulos e livros: Gn 1,1-7; 3,24 (livro do Gênesis, cap. 1, vv. de 1 a 7; cap. 3, v. 24).
- O **ponto** separa versículo de versículo, quando não seguidos: Os 2,2.5.7-9 (livro do profeta Oseias, cap. 2, vv. 2 e 5 e de 7 a 9).
- O **hífen** indica sequência de versículos: Jo 2,1-12; 1Pd 3,1-6 (Evangelho segundo João, cap. 2, vv. de 1 a 12; Primeira Carta de Pedro, cap. 3, vv. de 1 a 6);
- O **travessão** indica sequência de capítulos: Ef 5,21–6,9 (Carta aos Efésios, do cap. 5, v. 21 ao cap. 6, v. 9).

# INTRODUÇÃO GERAL

O mundo é bom, belo (cf. Gn 1,31) e amado por Deus, a ponto de lhe dar o seu próprio Filho (cf. Jo 3,16), que veio não para condená-lo, mas para salvá-lo (cf. Jo 12,47). Para a fé judaico-cristã, Deus é o sapiente criador e provedor de tudo o que existe e respira. O mundo é o ambiente no qual cada ser humano, que vem à existência, pode se realizar como pessoa, pois foi dotado de inteligência, vontade e liberdade para agir não apenas de forma condizente com a sua natureza, mas, principalmente, para pensar como Deus pensa, querer como Deus quer e agir livremente como Deus age livremente.

Este mundo, que já passou por muitas crises, encontra-se, nos dias atuais, marcado por uma profunda mudança de época que ameaça um dos preciosos valores da humanidade: a família. Esta passa por crises e questionamentos, comprometendo o seu principal papel na sociedade: ser sinal de Deus, ser agente de caridade, ser promotora da vida humana em seus diferentes aspectos e dimensões.

O Papa Francisco, atento a essa situação, empenhou, corajosamente, toda a Igreja e propôs que o Sínodo dos Bispos de 2015 reflita sobre a Evangelização e a Família. Nesse sentido, percebe-se o seu interesse em manter uma estreita continuidade com os dois últimos Sínodos que trataram, respectivamente, sobre a Palavra de Deus na vida e na missão da Igreja (2008), que deu origem à Exortação Apostólica *Verbum Domini* (2010), do Papa Bento XVI; e sobre a Nova Evangelização para a transmissão da fé (2012), que deu origem à Exortação Apostólica *Evangelii Gaudium* (2013), do Papa Francisco.[1]

Como é de praxe, para dar início e motivar pastoralmente os trabalhos, um *Documento Preparatório*[2] foi elaborado, contendo: breve análise da situação, motivações bíblico-teológicas e um questionário, a fim de se obter de diversos setores da Igreja, inclusive de outros setores da sociedade, respostas que ajudassem a preparar o *Instrumento de trabalho*,[3] que foi apresentado em 27 de junho de 2014, e cuja finalidade é orientar os trabalhos dos Bispos, com o Papa. Estes trabalhos aconteceram no Sínodo extraordinário, realizado em outubro de 2014, como uma etapa prévia para as propostas de solução a serem apresentadas e discutidas no Sínodo de 2015, que, provavelmente, resultará em uma nova exortação apostólica.

O ponto de partida das reflexões propostas pelo *Documento Preparatório* foi a profissão de fé na existência de Deus Uno e Trino: Criador, Redentor e Santificador do mundo pela presença e missão da Igreja. Disto derivam todas as noções e os conteúdos a serem trabalhados pelos que estão envolvidos e comprometidos com a fé e com a sua transmissão dentro e fora da Igreja.

Quanto à fundamentação bíblico-teológica, o *Documento Preparatório* afirma:

> A propósito das fontes bíblicas sobre o matrimônio e a família, nesta circunstância apresentamos somente as referências essenciais. Também no que se refere aos documentos do Magistério, parece oportuno limitar-se aos documentos do Magistério universal da Igreja, integrando-os com alguns textos emanados pelo Pontifício Conselho para a Família e atribuindo aos Bispos participantes no Sínodo a tarefa de dar voz aos documentos dos seus respectivos organismos episcopais (ponto II).

Já o *Instrumento de trabalho*, ao tratar da *família à luz do dado bíblico*, afirma nos números 1-3:

> O livro do Gênesis apresenta o homem e a mulher criados à imagem e semelhança de Deus; no acolhimento recíproco, eles reconhecem-se feitos um para o outro (cf. Gn 1,24-31; 2,4b-25). Através da procriação, o homem e a mulher são tornados colaboradores de Deus no acolhimento e transmissão da vida: "Transmitindo aos seus descendentes a vida humana, o homem e a mulher, como esposos e pais, cooperam de modo único na obra do Criador" (CatIC, n. 372). Além disso, a sua responsabilidade alarga-se à preservação da criação e ao crescimento da família humana. Na tradição bíblica, a perspectiva da beleza do amor humano, espelho do divino, desenvolve-se sobretudo no Cântico dos Cânticos e nos profetas (n. 1).

> O anúncio da Igreja sobre a família encontra o seu fundamento na pregação e na vida de Jesus, o qual viveu e cresceu na família de Nazaré, participou nas bodas de Caná, das quais enriqueceu a festa com o primeiro dos seus "sinais" (cf. Jo 2,1-11), apresentando-se como o esposo que une a si a Esposa (cf. Jo 3,29). Na cruz, entregou-se com amor até ao fim, e no seu corpo ressuscitado estabeleceu novas relações entre os homens. Revelando plenamente a misericórdia divina, Jesus concede que o homem e a mulher recuperem aquele "princípio" segundo o qual Deus os uniu numa só carne (cf. Mt 19,4-6), mediante o qual – com a graça de Cristo – eles são tornados capazes de se amarem para sempre e com fidelidade. Portanto, a medida divina do amor conjugal, à qual os cônjuges estão chamados por graça, tem a sua nascente na "beleza do amor salvífico de Deus manifestado em Jesus Cristo morto e ressuscitado" (EG 36), coração do Evangelho (n. 2).

Jesus, ao assumir o amor humano, também o aperfeiçoou (cf. GS, n. 49), entregando ao homem e à mulher um modo novo de se amar, que tem o seu fundamento na fidelidade irrevogável de Deus. Sob esta luz, a Carta aos Efésios indicou no amor nupcial entre o homem e a mulher "o grande mistério" que torna presente no mundo o amor entre Cristo e a Igreja (cf. Ef 5,31-32). Eles possuem o carisma (cf. 1Cor 7,7) de edificar a Igreja, com o seu amor esponsal e com a tarefa da geração e educação dos filhos. Ligados por um vínculo sacramental indissolúvel, os esposos vivem a beleza do amor, da paternidade, da maternidade e da dignidade de participar deste modo na obra criadora de Deus (n. 3).

O *Instrumento de trabalho* traz ainda constatações quanto ao conhecimento e à aceitação que a família tem da Bíblia, dos documentos do Magistério e do ensinamento que deriva dessas fontes:

> Em geral, pode-se dizer que o ensinamento da Bíblia, sobretudo dos Evangelhos e das Cartas paulinas, é hoje mais conhecido. Contudo, da parte de todas as Conferências Episcopais afirma-se que há ainda muito a fazer, para que ele se torne o fundamento da espiritualidade e da vida dos cristãos também em referência à família. Em muitas respostas, observa-se também um grande desejo entre os fiéis de conhecer melhor a Sagrada Escritura (n. 9).

> Graças a uma adequada pregação, o povo de Deus é posto em condições de apreciar a beleza da Palavra que atrai e conforta a família. Juntamente com a homilia, reconhece-se como instrumento importante a promoção, no âmbito das dioceses e das paróquias, de cursos que ajudem os fiéis a aproximar-se das Escrituras de modo adequado. Sugere-se não tanto que se multipliquem iniciativas pastorais, mas que se anime biblicamente toda a pastoral familiar. Qualquer circunstância na qual a Igreja é chamada a ocupar-se dos fiéis, no âmbito da família, constitui uma ocasião para que o Evangelho da família seja anunciado, experimentado e apreciado (n. 10).

> O conhecimento dos documentos conciliares e pós-conciliares do Magistério sobre a família, por parte do povo de Deus, parece ser geralmente escasso. Sem dúvida, há um certo conhecimento deles por parte dos especialistas em âmbito teológico. Contudo, estes textos não parecem permear profundamente a mentalidade dos fiéis. Há também respostas que reconhecem com muita franqueza o fato de que tais documentos, entre os fiéis, não são minimamente conhecidos. Nalgumas respostas, é feito notar que por vezes os documentos são considerados, sobretudo pelos leigos, que não têm preparação prévia, como realidades um pouco "exclusivas". Sente-se uma certa dificuldade em pegar nestes textos e estudá-los. Muitas vezes, se não há alguém preparado, capaz de introduzir à sua leitura, estes documentos parecem difíceis de abordar. Sente-se sobretudo a necessidade de mostrar o caráter existencial das verdades afirmadas nos documentos (n. 11).

Um bom número de Conferências Episcopais observa que, onde é transmitido em profundidade, o ensinamento da Igreja com a sua genuína beleza, humana e cristã, é aceite com entusiasmo por grande parte dos fiéis. Quando se consegue mostrar uma visão global do matrimônio e da família segundo a fé cristã, então apercebemo-nos da sua verdade, bondade e beleza. O ensinamento é aceite em maior medida onde há um caminho real de fé por parte dos fiéis, e não só uma curiosidade momentânea sobre o que a Igreja pensa acerca da moral sexual (n. 13).

Por isso, os textos bíblicos citados no *Documento de Preparação* e no *Instrumento de trabalho* seguem o esquema histórico-salvífico presentes, por exemplo, na Constituição Dogmática *Lumen Gentium*, nn. 12-13. Os textos aparecem em quatro perspectivas que evidenciam a compreensão e o ensinamento da Igreja sobre a família: a Criação, a família no projeto de Deus; a Queda Original, o afastamento da família do projeto de Deus; a Redenção, a ação de Deus que resgata o seu projeto, resgatando a família; a Doutrina, a compreensão e o ensinamento da Igreja sobre os três pontos anteriores.

A opção por abrir a reflexão sobre a família, com essa fundamentação bíblica, segue a dinâmica da revelação, pois o homem e a mulher são chamados (vocação) a manifestar (missão), em suas relações (matrimônio), Deus e o seu projeto de amor que garante a vida e a sobrevivência da espécie humana na face da terra. Este projeto, divino e universal, é o que fundamenta, pela lógica da criação, a união natural entre o homem e a mulher, elevada ao nível de sacramento em Jesus Cristo.

Assim, o objetivo do presente subsídio é ler, estudar e refletir sobre onze textos bíblicos. Cinco do Antigo Testamento: Gênesis 1,1–2,4a; 2,4b-25; 3,1-24; Oseias 1,2–3,5; Malaquias 2,13-16. E seis do Novo Testamento: Mateus 5,31-32; 19,3-12; João 2,1-11; Efésios 5,21–6,9; 1 Pedro 3,1-7; Apocalipse 21,1-2.9-14; 22,17. A estes onze textos, outros oito foram usados como proposta de Leitura Orante: Jeremias 3,1-5.19-20; João 1,1-18; Romanos 5,12-21; 1 Coríntios 7,1-6; 7,10-16; Colossenses 3,18–4,1; 1 Pedro 2,13-25; Apocalipse 10,1-11.

O grande desafio, a ser assumido ao lado desse objetivo, não é, simplesmente, tornar conhecido e facilitado o conteúdo e as reflexões que são tratados neste livro, mas atualizá-los. O fiel, que vive a força de uma mudança de época, em cada texto é convidado a encontrar uma sólida fonte de formação para a sua vida de fé, que oriente a sua conduta ética, condizente com o bem, a justiça e a verdade que foram revelados, executados, ensinados por Jesus Cristo e assimilados pelos Apóstolos que transmitiram, fielmente, a sua doutrina.

Por meio desses textos, deseja-se, ainda, perceber e compreender o porquê de eles serem considerados *referências essenciais* na doutrina do Magistério da Igreja sobre o sacramento do matrimônio, meio pelo qual as famílias cristãs são estabelecidas como sinais do amor de Deus, Uno e Trino, no mundo.

A teologia católica, em todas as suas vertentes (bíblica, sistemática e pastoral), afirma que o anúncio da Boa-Nova (*querigma*), contido nos textos da Sagrada Escritura, não é só objeto de puro conhecimento, mas elemento essencial e determinador do comportamento, capaz de formar o cristão para o condizente desempenho da sua vocação e missão como serviço (*diaconia*), através das duas principais formas da vivência e da prática da fé cristã no mundo: a comunhão (*koinonia*) e o testemunho (*martiria*), que brotam, alimentam e conduzem ao culto em espírito e verdade (*liturgia*).

Sobre os textos que serão analisados, existem, certamente, muitos artigos, monografias e bons comentários bíblicos, explorando, pelos diferentes métodos utilizados, os vários aspectos exegéticos e teológicos. Nem sempre, porém, combinando exegese, teologia bíblica com preocupação pastoral. Talvez, a novidade que resulta do presente subsídio resida na tentativa de ler, estudar e aprofundar os principais textos sobre o matrimônio.

Este estudo, embora não pretenda ser mais um comentário, não dispensou o rigor científico ao oferecer uma abordagem capaz de fundamentar a reflexão sobre o matrimônio na perspectiva da evangelização e da família, principal alvo de atenção no Sínodo dos Bispos de 2015. Dessa forma, cada comunidade de fé pode, igualmente, se preparar para este evento.

O estudo segue uma metodologia disposta a ajudar na leitura, compreensão e interpretação dos textos, de acordo com a coerência interna da Bíblia e a fé da Igreja. Com isso, espera-se que os resultados obtidos possam ajudar os evangelizadores, pastores e agentes de pastorais a assimilar e a transmitir o conhecimento em suas comunidades, favorecendo a Animação Bíblica de todas as Pastorais, em particular, a Iniciação Cristã e a Pastoral Familiar.

Os textos são abordados a partir de quatro pontos de vista: histórico, literário, teológico e pastoral. No primeiro, busca-se perceber, na medida do possível, o contexto sociocultural no qual os textos teriam surgido. É mister lembrar que não existe só a história do texto, mas a história que deu origem ao texto, isto é, a vida e os acontecimentos que estão na sua base. No segundo, procura-se observar a forma literária como os textos foram elaborados, procurando mostrar a sua beleza e, quando possível, as técnicas usadas na sua elaboração. No terceiro, busca-se perceber e entender o significado, o sentido e a mensagem teológica dos textos: o que é dito sobre Deus, sobre o ser humano e sobre a conduta moral a ser assumida. Assim, nota-se, em particular, o que está na base da doutrina da Igreja sobre o matrimônio. No quarto, como resultado das três abordagens anteriores, propõe-se uma reflexão que ajude na aplicação pastoral dos textos e da sua mensagem.

Cada análise está precedida de uma breve introdução ao livro ao qual o texto pertence. Isto permite compreender a parte dentro do todo. No final, cada estudo é acompanhado de uma Leitura Orante, modo privilegiado com o qual os fiéis podem se acercar dos textos bíblicos para ouvir a Deus, para rever a própria vida e para, em tais textos bíblicos, encontrar o alimento e o conhecimento que determinam o comportamento condizente com a vontade de Deus que torna o ser humano cada vez mais capaz de amar e de responder com liberdade.

Como trabalhar com este subsídio? Se, por um lado, ele pode ser apenas lido e estudado por quem o tiver nas mãos, por outro, acredito que pode ser melhor aproveitado se usado em família, em grupo ou em comunidade. Se o estudo de cada passagem bíblica se enriquece com a Leitura Orante, promover encontros de formação, no qual várias pessoas estejam envolvidas, permite que os textos sejam debatidos e o estudo criticado, ampliado e iluminado com situações concretas da vida. Assim, a Leitura Orante, celebração da Palavra de Deus, atinge a sua finalidade pela partilha das falas, que se podem alternar na leitura dos parágrafos, pelos vários momentos de silêncio previstos nas pausas, pela oração na qual todos juntos elevam a Deus o próprio coração para que o compromisso surja como empenho de vida pessoal e comunitária.

Espero poder contribuir na formação de todas as pessoas que se interessam pelo tema do matrimônio iluminado pela Palavra de Deus e por textos do Magistério. Que esta formação predisponha todos e cada um na busca pelo zelo e pelo fortalecimento da fé que se traduzem em boas obras, capazes de testemunhar o inefável amor de Deus a cada ser humano na família, na sociedade e na Igreja.

Que o Espírito Santo, em ação desde a criação do universo – o qual moveu os profetas, realizou o milagre da encarnação do Verbo Eterno no seio da Virgem Maria, conduziu Jesus no seu ministério público e foi derramado sobre os apóstolos reunidos, tirando-os do anonimato –, ilumine a Igreja com coragem, força e amor para vencer os desafios e ajude as famílias a redescobrirem a beleza da Palavra de Deus que orienta para o bem, a justiça e a verdade.

# NOTAS

[1]   <http://w2.vatican.va/content/francesco/pt/apost_exhortations/documents/papa-francesco_esortazione-ap_20131124_evangelii-gaudium.html>. Para um aprofundamento sobre os aspectos bíblicos, teológicos e pastorais da Exortação Apostólica *Evangelii Gaudium*, veja-se: AMADO; FERNANDES, 2014.

[2]   <http://www.ecclesia.pt/pdf/SinodoBispos2014_DocumentoPreparatorio.pdf>.

[3]   <http://www.vatican.va/roman_curia/synod/documents/rc_synod_doc_20140626_instrumentum-laboris-familia_po.html>.

# SOBRE A LEITURA ORANTE DA BÍBLIA[1]

A Leitura Orante da Bíblia requer, acima de tudo, atenção à Palavra de Deus com respeito pelo que é e pelo que representa para a humanidade. Essa leitura segue, basicamente, quatro passos: a) leitura; b) meditação; c) oração; d) contemplação; mas se deveria acrescentar um quinto ponto: e) ação. Para os que se interessam, aconselha-se que se determine o tempo disponível para se fazer a Leitura Orante e que se escolha um local aprazível e silencioso. A postura interna de acolhimento da Palavra de Deus e o ambiente acolhedor, unidos, favorecem a experiência do encontro e da mística que anima a Leitura Orante em cada um dos seus passos.[2]

**Leitura:** neste primeiro passo, procede-se com a leitura do texto. Por trás dele, encontra-se a mensagem que Deus, autor divino, quis comunicar através do autor humano. Preste atenção ao sentido das palavras e procure entender o contexto histórico, geográfico, cultural e religioso presentes no texto. Estas são as condições originais nas quais o texto foi escrito, por elas chega-se ao sentido original, desejado pelo autor humano.

**Meditação:** neste segundo passo, busca-se, pela reflexão, alcançar o objetivo primário do texto, transcendendo as suas limitações de tempo e de espaço, pois o objetivo é conhecer o que o texto está dizendo e não o que cada um é capaz de dizer sobre ele. A relevância do texto exige que se esteja de acordo com o significado original, visto no primeiro passo. As provocações do texto devem ser percebidas com vistas a perceber de que forma elas, pelo seu aspecto religioso, vêm ao encontro dos interrogativos e anseios do ouvinte-leitor.

**Oração:** neste terceiro passo, a descoberta dos interrogativos e dos anseios humanos é externada com palavras dirigidas a Deus. É uma reação do coração e da razão interpelados pelo significado primário do texto. A oração é a elevação da alma para Deus, sob a forma de súplica, louvor, gratidão, ação de graças etc. É uma resposta às provocações que foram percebidas nas palavras do texto. O Espírito Santo, que inspirou cada palavra do texto, move e inspira as palavras da oração.

**Contemplação:** neste quarto passo, as palavras já não fluem nos lábios. A adoração do silêncio diante de Deus toma conta da pessoa e sente-se como a comunicação se estabelece na mente e no coração. A vida é tomada de luz que ilumina os sentimentos, os afetos, os pensamentos e os desejos, que passam a ser formulados numa profunda sintonia entre o "eu" de quem reza com o "tu" de Deus, a quem se reza. A contemplação permite que haja um autêntico encontro com você mesmo, permitindo que se veja, com clareza, o que se é e o que se quer ser, avaliando se o bem, a justiça e a verdade são as virtudes orientadoras das opções de vida. Pela contemplação, cada pessoa confronta-se com Jesus Cristo, pois ele é que foi estabelecido como Mediador entre Deus e os seres humanos. Acontece, pela contemplação, a alegria de se compreender a leitura feita do texto na própria vida, pois se descobre o amor de Deus presente e agindo na sua Palavra como um bálsamo derramado.

**Ação:** neste quinto passo, o que resulta dos passos anteriores aparece em forma de ação interna e externa, isto é, em forma de compromisso para consigo e com os demais.

A ação interna compara-se ao deleite que se adquire pelas coisas de Deus. É a percepção da paz interior invadindo, consolando, fazendo intuir a opção certa a ser feita e dando a coragem de colocar em prática a fé, o perdão, a obediência, a solidariedade e a castidade; animado sempre pela caridade fraterna. Percebe-se que, apesar de se viver em uma atmosfera alheia, marcada por tantas seduções e injustiças, sabe-se que se fez a escolha certa e justa, mesmo e principalmente se as escolhas feitas são radicais, porque renunciá-las significa perder a alegria do encontro com Deus em sua Palavra. Desse encontro brota o discernimento, que é o contato com o Verbo Encarnado, verdade eterna do Pai revelada. Sente-se que o coração fica inebriado pela opção por seguir Jesus Cristo no mundo e em sua Igreja, inserindo-se na dinâmica que anima cada membro e faz com que a comunidade receba atenção e auxílio através de ações concretas manifestas pelas diferentes formas de vocação.

A este ponto, a ação externa consiste em colocar em prática cada fruto obtido em cada passo. A força que se recebe serve para responder com coragem à Palavra de Deus e cooperar na conformação da própria identidade e missão com o Ser e o Agir de Deus. Se o comportamento começa a ver sinais de mudanças, é porque o conhecimento, que deriva de cada Leitura Orante, passa a ser traduzido em consequências e tomadas de atitudes pessoais e sociais, manifestando o envolvimento com Jesus Cristo e com a sua Igreja em uma plena inserção no mundo. No final de cada Leitura Orante, o amor a Deus, sobre todas as coisas, passa pelo amor ao próximo como a si mesmo.

# NOTAS

[1] Texto baseado em James Swetnam, s.j. *La "Lectio divina"*. Disponível em: <http://www.biblico.it/doc-vari/swetnam_lec_div.html>.

[2] O objetivo da Leitura Orante não é a interpretação dos textos bíblicos, mas interpretar a vida pelos textos bíblicos. Quando se permite iluminar a vida com os textos bíblicos, permite-se que Deus, livremente, fale e atualize, encarnando a sua Palavra Eterna na vida de cada crente. Pela Leitura Orante, cada fiel se predispõe, assim, a ser não apenas um ouvinte distraído, mas um praticante da Palavra, tornando-se feliz em tudo aquilo que faz (cf. Tg 1,22-25). Já existem diversos subsídios sobre a Leitura Orante, para os interessados no passo a passo do método, com diversos exemplos (CNBB, 2014).

PRIMEIRA PARTE

# TEXTOS DO ANTIGO TESTAMENTO

Os textos veterotestamentários, estudados nesta seção, permitem que se apresente um percurso formativo a partir da origem e do desenvolvimento do ser humano e das suas relações, pelo prisma do matrimônio, inserido no projeto original do amor de Deus. Este percurso proporciona um aprofundamento dos temas bíblicos que estão na base da doutrina a ser percebida, conhecida e assimilada, no caminho evangelizador das famílias.

Ao conhecer mais profundamente o projeto de Deus, cada ser humano, em particular o cristão, passa a ter condições para assumir um comportamento condizente com a fé recebida no batismo, que deve continuar crescendo e se aprimorando, a fim de que alcance a sua plena estatura em Jesus Cristo.

O conteúdo de Gn 1,1–3,24 é, normalmente, subdividido em três trechos que refletem a dinâmica da criação e servem como base da história da salvação, na qual se manifesta o gesto amoroso de Deus em prol da sua sublime criatura, o ser humano, que, criado à sua imagem e semelhança (cf. Gn 1,1–2,4a), foi colocado em um jardim de delícias (cf. Gn 2,4b-25) para exercer, na diversidade dos gêneros, o sublime dom da liberdade, pela qual pode optar e seguir a vontade do seu Deus criador. Na cumplicidade da opção por violar a primeira lei de Deus, o homem e a mulher experimentaram a trágica realidade decorrente da desobediência: a morte e suas consequências (cf. Gn 3,1-24).[1]

Da reflexão desses três textos, a atenção se volta para as dificuldades das relações que decorrem dessa queda original e se verificam entre o homem e a mulher através de dois textos proféticos. A aliança entre Deus e o ser humano passa a ser significada pela forma mais intensa da relação humana: o vínculo conjugal. O caminho de salvação oferecido por Deus requer a participação do homem e da mulher pela transmissão da vida até que chegue a plenitude do tempo e o Verbo de Deus entre na história pelo mistério da encarnação.

Por isso, Rm 5,12-21 foi usado como Leitura Orante para Gn 3,1-24. A escolha não podia ser mais oportuna, visto que o apóstolo Paulo, em chave antitética, apresenta a recriação em Jesus Cristo, novo Adão, que resgata, por sua obediência total a Deus, a liberdade que os progenitores haviam perdido. No lugar de Eva, está a humanidade assumida e redimida por Jesus Cristo.

Os 1,2–3,5 apresenta uma realidade conjugal levada ao limite na experiência de infidelidade, pela qual se manifesta, por meio da vida e ação profética de obediência, o amor que Deus possui pelo seu povo. Um Deus que, tendo tudo para repudiar, prefere continuar amando um povo infiel, que se assemelha a uma prostituta que não consegue ficar sem seus amantes. Deus, significado na vida de Oseias, e o povo eleito, significado na vida da prostituta, que esse toma por sua esposa, encenam uma relação que atesta o amor capaz de resgatar, perdoar e assumir as limitações do seu povo.

Esta realidade é aprofundada pela Leitura Orante de Jr 3,1-5.19-20, no qual Deus, como um esposo traído, continua disposto a perdoar a sua esposa, Jerusalém, que, apesar da graça recebida, continua imersa em infidelidades. O amor de Deus está acima da falta cometida, mesmo que o povo venha a sofrer as consequências dos seus atos.

Ml 2,13-16 apresenta uma situação oposta, o repúdio das mulheres legítimas. Esta prática é reprovada por Deus, que exige, através do profeta Malaquias, a mudança de comportamento, a fim de que a realidade social da mulher não fique sem o justo reconhecimento da sua dignidade.

Um olhar atento para esses textos revela o amor de Deus que envolve o ser humano e o insere, também como protagonista, na dinâmica salvífica.

# NOTA

[1] Gn 1,1–2,4a pode ser atribuído a círculos sacerdotais interessados na reconstrução do templo de Jerusalém após 520 a.C. Já Gn 2,4b–3,24 pertenceria a círculos judaicos dos que não foram exilados em Babilônia. Um compromisso assumido pelos dois círculos teria acontecido em Jerusalém para garantir a identidade do antigo Israel no pós-exílio (SKA, 2013, pp. 59-63).

# A) INTRODUÇÃO AO LIVRO DO GÊNESIS

Gênesis é o primeiro livro do Pentateuco e de qualquer cânon bíblico.[1] O título em português provém da versão grega, denominada Septuaginta (LXX), e foi tirado, provavelmente, da alusão contida em Gn 5,1: "Este é o livro da origem (*genéseos*) do homem, no dia em que Deus criou Adam; à semelhança de Deus o fez". Já o título hebraico desse primeiro livro, à diferença do grego, é "no início" e advém da sua primeira palavra (ber$^e$'šît).

O livro do Gênesis não trata apenas das origens *do mundo, dos animais, dos seres humanos, e dos antepassados de Israel*, mas narra uma "história" num contexto familiar, no qual sobressaem as relações humanas e, principalmente, os dramas vividos pelo esposo e pela esposa: Adão e Eva diante da desobediência que lhes causou a expulsão do paraíso e a experiência da morte de um dos seus filhos; Abraão e Sara que vivem o drama da morte do parente, da transumância e da falta de um filho para perpetuar a descendência; Isaac e Rebeca que possuem dois filhos tão diferentes em suas tendências e atitudes, diante das quais a mãe faz uma opção que acarretou a separação para se evitar um novo fratricídio; Jacó e suas duas esposas, Lia e Raquel, que vivem o drama do ciúme entre os filhos por causa de um predestinado a salvar toda a família de uma grande e assoladora fome. Em todos esses dramas, algo acontece em relação a um filho predileto, que acaba por introduzir a questão da rivalidade entre irmãos.

O livro do Gênesis pode ser dividido em duas grandes partes (Gn 1,1–11,10 e 11,27–50,26), unidas por genealogias, a fim de ligar a descendência de Sem, filho de Noé, a Taré, pai de Abraão (cf. Gn 11,10-26.27-32).[2]

A primeira parte é denominada *pré-história bíblica ou história das origens*. Por meio desta, o tempo primordial é narrado e apresentado como momento fundamental, segundo o pensamento e a concepção dos povos provenientes do Antigo Oriente Próximo (AOP). O início da criação, para estes povos, que interpretam a realidade através de uma linguagem mítica, apresenta-se como a marca registrada da ação dos "deuses criadores".

A cultura mesopotâmica, por exemplo, serviu de modelo e motivação literária para grande parte das narrativas contidas em Gn 1,1–11,10. Contudo, os autores bíblicos souberam reler essas antigas narrativas cosmogônicas para reapresentá-las não através de raciocínios abstratos, mas em um modo concreto e capaz de retratar a realidade e a experiência da vida humana no seu cotidiano.

Gn 1,1–11,10 é, portanto, uma explicação religiosa apoiada sobre duas bases. Na primeira, o conhecimento e o comportamento de Deus, criador de todas as coisas, que tudo realiza com bondade e que julga o ser humano sem abandoná-lo, apesar das suas constantes infidelidades. Na segunda, a fadiga do ser humano, pela qual deve adquirir conhecimento e se comportar de acordo com este nas suas relações com Deus, com ele mesmo, com a criação e com o seu semelhante. A união matrimonial aparece como primeira forma social, pela qual se reconhecem as etnias, o domínio e a elaboração dos metais, o pastoreio de animais e a agricultura que marcam o desenvolvimento cultural em prol da sua sobrevivência. Nessa fadiga, os erros não são desprezados, mas ajudam o ser humano a compreender a sua existência e a entrever o seu destino.

A perspectiva universalista desse primeiro bloco narrativo serve de alicerce e base para o sucessivo bloco que apresentará os primórdios da história do antigo Israel. Gn 1,1–11,10 busca mostrar que, por causa da desobediência à ordem de Deus, o ser humano experimenta a morte como consequência e, pela vida matrimonial, procura, em sua prole, não somente perpetuar a espécie, mas continuar vivo em seus descendentes.

O ouvinte-leitor hodierno não está, por certo, habituado com os mitos criadores e com a sua narração como veículo de uma reflexão séria. Com frequência, encontra, pela convivência com as mídias atuais e sempre mais avançadas, muitas dificuldades para apreciar a profundidade e a constante validade-vitalidade dos onze primeiros capítulos do livro do Gênesis.

A segunda parte é denominada *história dos antepassados do antigo Israel*. Por meio desta, as origens deste povo são narradas a partir de histórias familiares que colocam em movimento e em realização a primeira ordem divina dada ao ser humano (cf. Gn 1,28) como uma promessa e uma bênção dada ao casal que vive o drama da migração, em busca de uma terra propícia à vida (paraíso perdido), e da esterilidade, em busca da sobrevivência (luta contra a morte). *Abraão e Sara* são os protagonistas deste momento fundador (cf. Gn 11,27–25,18). Este casal move-se, como as demais nações, debaixo dos mesmos imperativos: *prolongar a existência através da própria descendência e possuir a própria terra* como local propiciador da vida. O modo como isto acontece, po-

Evangelização e Família

rém, é diferente. Abraão e Sara possuem, desde o início, uma direta relação com Deus fundada sobre a fé e a esperança de concretização das promessas divinas (cf. Gn 12,1-4).

A dupla promessa (*descendência* e *terra*) repete-se no relato de Ismael, filho de Abraão com Agar, a escrava egípcia de Sara (cf. Gn 21,8-21), de Isaac, filho de Abraão e Sara (cf. Gn 26,1-14), de Jacó e seus filhos (cf. Gn 25,19-36,43). A lógica, que perpassa os textos, aponta para a bênção que cabe, inicialmente, ao primogênito, mas que pode ser mudada por astúcia (cf. Gn 27), ou por expressa vontade do patriarca que abençoa (cf. Gn 48). Nesta bênção reside a transmissão da primeira ordem divina e da missão daquele que abençoa.

O complexo narrativo que trata dos doze filhos de Jacó tem o interesse de refletir sobre certos problemas familiares de forma dramática, mas com um desfecho reconciliador. É o que acontece na história de José, o filho querido de Jacó (cf. Gn 37,1–50,26). As antigas promessas divinas se repetem, mas com a finalidade de mostrar como a história é conduzida pela Providência divina. Por esta, pode-se perceber como uma família, marcada por um conflito entre irmãos, consegue manter a sua unidade numa terra estrangeira, tendo como líder José, o filho escolhido que se torna o grão-vizir do Egito.[3]

Observações familiares e psicológicas caracterizam os relatos dos antepassados que abordam temas relevantes: a vida diante da morte, devido às injustiças, e a vida diante das promessas de Deus, que, apesar dos erros do ser humano, é justo; o crescimento numérico do povo e a vida na terra; as relações entre as tribos; a relação do líder com o seu povo; Israel e suas idas e vindas do Egito.

Esses relatos foram elaborados ao longo de vários séculos, receberam ampliações ao longo do curso da sua transmissão oral e passaram por acuradas revisões, até chegar à sua forma final. Esta pode ser colocada durante o exílio da babilônia ou após ele, durante a dominação persa. A dura realidade do exílio e os problemas que foram enfrentados pelos que decidiram regressar para Judá-Jerusalém exigiram a atualização do conteúdo, para que os textos se tornassem um veículo pedagógico às futuras gerações, a fim de formá-las no conhecimento e no comportamento condizente com a regra da fé em Deus. Assim, ficou evidenciado que a vontade divina para o antigo Israel manifesta-se de igual modo para cada povo, a fim de que prolongue sua existência através da descendência, habitando e vivendo em uma terra capaz de propiciar a vida.

37

Defender, de forma fundamentalista, uma *interpretação literal* de Gn 1,1–3,24 contra a moderna e válida teoria da evolução seria um erro. Este critério é importante, pois os autores do livro de Gênesis, com a sua tolerância, no tocante às diferentes versões sobre a origem do mundo, jamais teriam feito uma interpretação literal do que eles mesmos escreveram.

# NOTAS

[1] Sobre o processo de formação do cânon bíblico (FERNANDES, 2006; LIMA, 2007).

[2] A redação final do livro do Gênesis teve, provavelmente, uma mão sacerdotal, que organizou e uniu os blocos, usando uma fórmula: *"estas são as gerações de..."*, que, em hebraico, é tôl°dôt e significa "descendência", "geração", "história". Esta fórmula ocorre cinco vezes no bloco das origens (cf. Gn 2,4; 5,1; 6,9; 10,1; 11,10) e outras cinco no bloco dos antepassados de Israel (cf. Gn 11,27; 25,12; 25,19; 36,1.11; 37,2).

[3] "O ciclo ou história de José permite mostrar, no universo de tantas possibilidades de leitura não excludentes, como se desenvolve o plano de Deus na vida de uma pessoa escolhida, que faz carreira fora do seu ambiente natural em função e benefício do seu povo. A escolha divina, porém, não retirou o sofrimento da vida do eleito, mas fez desse sofrimento o caminho da sua ascensão sociopolítica" (FERNANDES, 2014, 132).

# GÊNESIS 1,1–2,4a

## "E DEUS VIU TUDO QUE HAVIA FEITO E EIS QUE ERA MUITO BOM"

[1] No começo, Deus *criou* os céus e a terra.

[2] A terra estava sem forma e vazia, as trevas cobriam a face do abismo, mas o espírito de Deus avivava a superfície das águas.

[3] E Deus disse: "Haja luz!". E houve luz.

[4] Deus viu que a luz era boa; e Deus separou a luz das trevas.

[5] Deus chamou a luz, "dia", e as trevas, "noite". E houve *tarde* e houve *manhã*: primeiro dia.

[6] E Deus disse: "Haja um firmamento entre as águas, que separe as águas das águas".

[7] Deus fez um firmamento e separou as águas que estavam debaixo do firmamento das águas que estavam sobre o firmamento. E aconteceu assim.

[8] Deus chamou o firmamento, "céus". E houve *tarde* e houve *manhã*: segundo dia.

[9] E Deus disse: "Que as águas debaixo dos céus sejam recolhidas num único lugar e que o enxuto apareça". E aconteceu assim.

[10] Deus chamou o enxuto, "terra", e chamou as águas recolhidas "mares". *E Deus viu que era bom.*

[11] E Deus disse: "Produza a terra vegetação, ervas que façam sementes e árvores frutíferas que, segundo a sua espécie, carreguem frutos contendo, em si, a própria semente, sobre a terra". E aconteceu assim.

[12] A terra produziu vegetação, ervas que faziam sementes segundo a sua espécie e árvores que carregavam fruto contendo, em si, a própria semente, segundo a sua espécie. *E Deus viu que era bom.*

[13] E houve *tarde* e houve *manhã*: terceiro dia.

[14] E Deus disse: "Haja luminares no firmamento dos céus para separar o dia da noite; e serão sinais para as estações e para os dias e para os anos.

[15] E que hajam luminares sobre o firmamento dos céus para fazer luz sobre a terra". E aconteceu assim.

[16] E Deus fez os dois grandes luminares: o luminar grande para o governo do dia e o luminar pequeno para o governo da noite; e fez as estrelas.

[17] E Deus os colocou no firmamento dos céus para fazer luz sobre a terra,

[18] e para governar o dia e a noite e para separar entre a luz e a treva. *E Deus viu que era bom.*

[19] E houve *tarde* e houve *manhã*: quarto dia.

[20] E Deus disse: "Fervilhem as águas um fervilhar de seres viventes, e voláteis voem sobre a terra, sobre a face do firmamento dos céus".

[21] Deus criou os grandes monstros e todos os seres viventes que se movem; que fervilhem as águas, segundo a sua espécie, e todos os voláteis alados, segundo a sua espécie. *E Deus viu que era bom.*

[22] E Deus os abençoou dizendo: "Frutificai e tornai-vos numerosos e enchei as águas dos mares e se multipliquem os voláteis sobre a terra".

[23] E houve *tarde* e houve *manhã*: quinto dia.

[24] E Deus disse: "Faça sair a terra seres viventes segundo a sua espécie: fera e réptil, e viventes de terra, segundo a sua espécie". E aconteceu assim.

[25] E Deus fez os viventes da terra segundo a sua espécie, e a fera por sua espécie e cada réptil do solo, segundo a sua espécie. *E Deus viu que era bom.*

[26] E Deus disse: "Façamos *o ser humano* como nossa imagem, como nossa semelhança e dominem o peixe do mar, o volátil dos céus e a fera e toda a terra e todo o réptil que rasteja sobre a terra".

[27] E Deus criou *o ser humano* como sua imagem; como imagem de Deus o criou, macho e fêmea os criou.

[28] E Deus os abençoou; e Deus lhes disse: "Frutificai-vos e sede numerosos e enchei a terra e conquistai-a e dominem o peixe do mar, o volátil dos céus e todo vivente do firmamento sobre a terra".

[29] E Deus disse: "Eis que eu dou para vós toda a erva portadora de semente que existe sobre a face de toda a terra e toda árvore que, nela, frutos de árvore porta semente: para vós será por alimento.

[30] E para todo vivente da terra e para todo volátil dos céus e para todo réptil sobre a terra, que nele há respiro de vida, [dou] toda a erva verde como alimento". E aconteceu assim.

[31] E Deus viu tudo que havia feito e eis que era muito bom. E houve *tarde* e houve *manhã*: sexto dia.

[2,1] E foram completados os céus e a terra e todo seu exército.

[2] E Deus completou no sétimo dia as suas obras que havia feito e cessou no sétimo dia de todas as suas obras que havia feito.

[3] E Deus abençoou o sétimo dia e o consagrou, porque nele tinha cessado de todas as suas obras que tinha criado Deus ao fazer.

[4a] Essas são as origens dos céus e da terra com o que foi *criado* neles.

# 1. ABORDAGEM HISTÓRICA

Não é possível determinar, com precisão, o ambiente vital ou as circunstâncias históricas que estariam por detrás do pensamento e da formulação religiosa presente em cada um dos textos bíblicos.

No caso de Gn 1,1–2,4a é possível perceber e dizer que o seu autor foi alguém que pertenceu à tradição sacerdotal.[1] Este, além de manifestar a sua fé, propôs a existência de um único Deus Criador e ordenador de todas as coisas criadas. Disso resulta que nenhuma criatura pode ser cultuada como Deus ou ocupar o lugar de Deus. O ser humano, homem e mulher, porque foi criado à imagem e semelhança de Deus (cf. Gn 1,26-27), equivoca-se caso cometa uma inversão de valores na ordem das coisas criadas. Seria um erro grave caso chamasse ou cultuasse como Deus uma criatura inferior a seu status de sublime criatura. O ser humano equivocar-se-ia, ainda mais, caso colocasse a si mesmo acima do seu Criador, atitude nociva para toda a criação.[2]

*'El*, *'Elōah* e o plural *'Elōhîm* são nomes comuns utilizados para denominar a divindade ou as divindades no AOP, particularmente a Meia-Lua do Crescente fértil, região que compreende a Mesopotâmia, Canaã e o Egito, devido aos rios que banham e fertilizam essas terras: Tigre e Eufrates, Jordão e Nilo. Desses nomes comuns é que, na tradução da Bíblia para o português, resulta o uso da palavra "Deus", quando se trata da divindade cultuada pelo antigo Israel e "deus", "deusa" ou "deuses" para as divindades cultuadas pelos povos circunvizinhos que habitavam essas regiões.

A motivação que estaria por trás de Gn 1,1–2,4a permite pensar e levantar como hipótese o interesse do autor em afirmar a fé do seu povo ou reorientá-la, caso tenha havido algum tipo de desvio. Acredita-se que esse texto tenha surgido nos círculos sacerdotais, cujo interesse era o de apresentar Deus como Criador de todas as coisas e evitar qualquer tipo de idolatria por parte do antigo Israel e, principalmente, dos filhos que tinham nascido na diáspora em Babilônia.[3]

Nesse sentido, o período em que o povo eleito transcorreu no exílio em Babilônia, de 597 a.C. a 538 a.C., figura como possível ambiente para a sua germinação e elaboração. Sabe-se que, em Babilônia, havia o culto aos astros e aos animais, que eram, também, considerados seres divinos. Basta dizer que o bezerro era uma imagem divina presente em todo o AOP (cf. Ex 32; 1Rs 12,29-33). Gn 1,1-2,4a, então, aponta tanto para o elemento teológico, porque afirma quem é Deus: criador de tudo o que existe; como para o elemento antropológico, porque afirma quem é o ser humano: a sublime criatura, criada à imagem e semelhança de Deus. O ser humano existe, portanto, para cultuar o Deus único e verdadeiro, criador de todas as coisas. Esta justiça praticada na vertical garantia a prática da justiça na horizontal.

O mandamento divino contido em Gn 1,28, comparado com as instruções enviadas pelo profeta Jeremias aos exilados em Babilônia (cf. Jr 29), ajuda a aceitar que esse período serviu de contexto vital para o surgimento de Gn 1,1-2,4a. Os exilados são orientados pelo profeta a construir casas, a deixar de pensar no retorno imediato para Judá-Jerusalém, a casar seus filhos e filhas, a procriar o mais possível, a cultivar pomares para se manterem com saúde e a procurar a paz do local para que tivessem o mínimo necessário para crescer e se multiplicar. Em outras palavras, na multiplicação da prole encontrava-se um meio eficaz de fazer sobreviver a fé e a cultura religiosa do antigo Israel no meio de uma sociedade atraente, mas considerada hostil devido à idolatria. Era preciso garantir que os filhos fossem educados nessa fé, a fim de não sucumbirem à religiosidade babilônica e perderem as riquezas da fé de seus antepassados.

Gn 1,1-2,4a torna-se um texto perfeito para orientar a fé das novas gerações que nasceram e passaram a ter contato com a cultura plural que existia, tanto a babilônica como depois a oriunda da Pérsia. Esta cultura comportava, dentre tantas coisas, a idolatria e os desvios sexuais contrários à natureza do ser humano, pois, se certos animais eram considerados divinos, copular com eles trazia, por certo, benefícios. O touro, por exemplo, com a genitália exposta representava o augúrio de virilidade para o homem, a fim de que a sua casa fosse repleta de filhos.[4]

# 2. ABORDAGEM LITERÁRIA

Gn 1,1–2,4a possui uma moldura, marcada pelo duplo uso do verbo *bārā'* e pelos termos "céus" e "terra", que abrem e fecham, respectivamente, o texto: "No princípio, Deus criou os céus e a terra" (Gn 1,1) e "Essas são as origens dos céus e da terra, com o que foi criado neles" (Gn 2,4a).

Gn 1,1–2,4a possui uma forma literária simétrica bem marcante: Deus, no primeiro dia, separa a luz das trevas (cf. Gn 1,3-5); no segundo dia, separa as águas inferiores das superiores mediante o firmamento (cf. Gn 1,6-8); e no terceiro, dia separa o mar do continente (cf. Gn 1,11-13). Assim, Deus cria e opera a separação dos ambientes. Já, no quarto dia, Deus cria os luminares: sol, lua e estrelas (cf. Gn 1,14-19); no quinto dia, cria os peixes e os pássaros (cf. Gn 1,20-23); e no sexto dia, cria os animais terrestres e o ser humano (cf. Gn 1,24-25.26-31). Assim, Deus, do quarto ao sexto dia, povoou cada um dos ambientes que criou do primeiro ao terceiro dia, para, no sétimo dia, descansar diante de todas as suas obras, contemplando a beleza da criação.

A criação apresentada no esquema de uma semana não quer afirmar, cientificamente, que o mundo foi criado em sete dias. Este é um artifício literário que permitiu ao autor enquadrar e relacionar cada elemento da criação para apresentar Deus como um digno "trabalhador" que tem direito a seu "dia de descanso".

O sábado, do ponto de vista teológico, é um sinal da particular relação que existe entre o antigo Israel e o seu Deus.[5] No relato do Decálogo, que pertence ao contexto da aliança no Sinai, Ex 20,8-11 afirma a importância e a exigência da observância do sábado pelos libertos do Egito. Ex 20,11 faz uma explícita referência ao relato da criação.

Gn 2,3 e Ex 20,8-11 podem ser da mesma época e provir do mesmo círculo sacerdotal. Ex 31,12-17 enfatiza a observância do sábado em função do estabelecimento da tenda-santuário e do culto sacerdotal que se realizará nela. Pode-se dizer que de uma necessidade econômica se passou para uma realidade cultual. O dízimo a ser levado para o templo unirá as duas realidades. Ex 23,10-11 é uma expansão da lei para um período maior, o ano sabático, que se fundamenta sempre sobre o sétimo dia, conforme Ex 23,12. A função do sábado, do dízimo e do ano sabático se intensificou no período da reconstrução do templo de Jerusalém (520-515 a.C.), que exigiu, dos repatriados, não só esforço físico, mas também financeiro.

Ao lado destes textos, Dt 5,15 insiste na compreensão do sábado em relação à libertação do Egito e Dt 5,14 com Ex 23,12 objetivam que as forças possam ser refeitas pelo merecido descanso. Com o sentido dado ao sétimo dia em relação aos seis dias da criação, opera-se um benefício a favor de toda a humanidade. Nesse sentido, a proposta bíblica não visa estabelecer um privilégio somente para o antigo Israel, mas propõe que exista uma igualdade entre todos os seres humanos, que necessitam de um dia de descanso para refazer as forças e cultuar a Deus.

Em cada dia, a obra divina é descrita, praticamente, com frases que seguem uma mesma estrutura: uma introdução (*E Deus disse*), uma ordem (*Haja... faça-se...*), uma execução (*e houve... e assim foi feito*), uma ação complementar (*E Deus separou... E Deus chamou...*), uma aprovação (*E Deus viu que era bom*) e uma conclusão (*E houve uma tarde e uma manhã, primeiro dia*). O autor, mantendo a mesma estrutura, proporcionava ao ouvinte-leitor a fácil memorização do texto. Gn 1,1–2,4a é um hino à criação de Deus que facilitou a assimilação do seu conteúdo. Somente a criação do ser humano não segue a mesma estrutura, exatamente para evidenciar o ápice dessa obra. No final, o que Deus fez não era somente "bom", mas "muito bom".

O autor utiliza 34 vezes o nome comum *'Elōhîm*, que é, comumente, traduzido por Deus. *'Elōhîm* não é, como visto acima, um nome próprio, mas um epíteto muito antigo usado no AOP para designar uma divindade. Aplicado ao Deus do antigo Israel, significa *Deus dos deuses*, isto é, um plural majestático, indicador da suma perfeição. Não se deve pensar em um vestígio de politeísmo e tampouco em uma referência à Trindade, pois era uma noção estranha ao autor. A função deste nome, no conjunto da primeira narrativa da criação, estabelece a justa ordem das coisas e não permite que alguma criatura seja tida por Deus.

Em Gn 1,1–2,4a, Deus é sujeito de vários verbos: *criar, dizer, ver, chamar, fazer, colocar, abençoar, santificar* e, enfim, *repousar*. Dentre essas ações, a expressão *Deus disse* ocorre dez vezes. Ora, disso resulta que nada é fruto do acaso, mas tudo surge da vontade de Deus expressa através da sua palavra criadora. Enquanto os animais são criados por Deus segundo a sua espécie (cf. Gn 1,11.12.21.24.25), somente o ser humano é criado como imagem e semelhança de Deus (cf. Gn 1,16-17). O fato de Deus repousar do seu trabalho, no sétimo dia, cria uma razão suficiente para que o trabalho humano siga o mesmo ritmo. Um dia de repouso após seis dias de trabalho tanto do ser humano como dos animais, a fim de que as forças sejam refeitas.

No fundo, o texto parece refletir uma realidade histórica, na qual o ser humano, em particular o antigo Israel, se estava em condição de escravidão, não possuía o direito ao dia de descanso, ou se em condição de patrão, não concedia o descanso a seus trabalhadores. Por certo, servia para infundir nos patrões a necessidade de dar ao ser humano e aos animais o tempo necessário para recompor as forças físicas. O dia de descanso, porém, não é descrito como um dia de ócio, mas como oportunidade para se contemplar as obras realizadas e transformá-las em ocasião de culto a Deus. O sétimo dia é, então, um dia consagrado ao serviço de Deus traduzido na percepção e busca da verdade religiosa sobre as coisas que aconteceram durante os seis dias de trabalho, da mesma forma como Deus fez: "viu que tudo era muito bom!".

# 3. ABORDAGEM TEOLÓGICA

Gn 1,1-2,4a apresenta Deus como o criador e ordenador de todas as coisas, aquele se compraz com o que cria. Deus é único e pessoal, age sozinho, e o que vem à existência, a partir de sua palavra criadora, expressa a sua livre vontade. Cada realidade criada traz em si a sua presença como uma marca pessoal e indelével. O universo que surge, porém, não é uma emanação de Deus, porque ele é preexistente à matéria, mas é a sua criação. Esta não vem à existência em um único instante, mas em uma sucessão de eventos concatenados, como em uma reação de causa e efeito, desencadeada por Deus.

Pela forma narrativa dos detalhes, mostrando como cada realidade passou a existir, o autor quer afirmar, por um lado, a sabedoria de Deus que cria e dispõe cada criatura no seu devido lugar, e, por outro, a sua onipotência já como Providência. Nas coisas criadas, não há alguma criatura que possa ser comparada ou tratada como se fosse Deus. Afasta-se toda inclinação de divinização das criaturas, mas se afirma a sacralidade das criaturas, enquanto sinais de Deus santo e criador, colocadas ao serviço do ser humano, que é a máxima representação de Deus.

Esta teologia afasta, categoricamente, as concepções que admitiam a origem do cosmo como fruto da luta entre deuses demiurgos e deuses primordiais. O Deus do antigo Israel, apresentado nesse texto, não possui origem nem fim: é eterno. Por isso, não pertence ao *pantheon* dos deuses egípcios ou assiro-babilônicos. Deus, ao nomear cada criatura, revela a sua soberania absoluta. Só Deus é criador e nenhum outro ser pode ocupar o seu lugar ou ser digno de culto. Os egípcios se equivocaram ao representar e adorar suas divindades como animais e os babilônios ao divinizarem e adorarem os astros.

Tudo o que existe é bom, não há sombra de mal em qualquer criatura, porque Deus, que tudo criou, é o Bem supremo. As obras de Deus, em sua singularidade, são boas, mas, no conjunto, são muito boas, porque vêm à existência de acordo com os desígnios de Deus para manifestar a sua bondade divina.

A forma como Deus cria todas as coisas, deixando o ser humano por último, revela que o itinerário adotado foi o de criar do "menos perfeito" ao "mais perfeito". O ser humano aparece no vértice da criação como o seu coroamento. Para ele, todas as coisas foram criadas. A distinção de sexo que existe no ser humano, que é *homem* e *mulher*, aponta para a sua finalidade: a procriação, pela qual a perfeição e o domínio de Deus se expandem por toda a terra. O agir humano, pela procriação, o aproxima do agir divino que tudo cria.

Deus, que é, pela tradição cristã, Uno e Trino (CatIC, nn. 198-747), isto é, uma perfeita comunhão de Pessoas, cria o ser humano à sua *imagem* e *semelhança* para existir e transmitir a vida como comunhão de pessoas. Deus é quem *cria* pela sua palavra o ser humano que *procria* pela relação conjugal expressa pelo *sim* recíproco. Desse modo, reflete a comum união que existe entre o homem e a mulher na afirmação da complementaridade que frutifica na descendência.

Note-se que Gn 1,1–2,4a não faz qualquer referência à criação dos seres angélicos e o ser humano não é uma cópia de Deus, mas é o único ser que, segundo o Sl 8,6, foi criado pouco inferior a Deus. Segundo a interpretação da Bíblia grega, denominada Septuaginta (LXX), o ser humano foi criado pouco abaixo dos anjos, mas isso reflete um estágio ulterior no desenvolvimento da teologia do antigo Israel.[6] Na verdade, o ser humano é o único que aparece como representante de Deus diante de toda a criação. Pode-se afirma que, em qualquer lugar onde existir um ser humano, Deus se faz representar por ele.

O ser humano não deu a vida a si mesmo, mas a recebeu de Deus. A sua identidade, como criatura sublime, recebe unicamente de Deus o seu sentido mais profundo. Os verbos *submeter* (*kaḇash*) e *dominar* (*rādah*), neste texto, significam não se deixar escravizar ou se colocar abaixo de alguma outra criatura.[7] O ser humano está acima de todas as criaturas, mas abaixo somente de Deus Criador. Por isso, não pode chamar de Deus a uma criatura que, pela ordem da criação, lhe é inferior.

# 4. ABORDAGEM PASTORAL

Uma marca característica do primeiro relato da criação (Gn 1,1–2,4a), que merece ser evidenciada, é a bondade que existe em cada coisa, visto que tudo que foi criado por Deus é bom. Para o autor, nada do que existe é fruto de causas desconhecidas ou de simples resultado de forças ou de leis que agem na natureza, concebidas, na antiguidade, como vários deuses em conflito entre eles.

A primeira página da Bíblia não tem apenas uma marca humana pelo ritmo de uma semana, sinal de totalidade, mas seu caráter teológico, pelo esquema do que acontece em cada dia da criação e flui na direção do dia do repouso, encerra uma mensagem antropológica: preserva a ordem da criação, como uma bênção divina, e esta ordem lhe preservará a vida e a existência.

A obra da criação não é algo acabado, mas em curso rumo à sua plenitude e que passou a depender da sublime missão do ser humano, criado à imagem e semelhança de Deus, para ser fecundo, crescer, multiplicar-se e salvaguardar o que foi feito para ele e sua descendência. Se o mundo, no seu momento original, surgiu pela palavra criadora e ordenadora de Deus, ele deve ser levado à sua realização graças à presença e atuação humana, que o recebe como dom, porque é o único ser capaz de tomar consciência da existência de Deus e de interpretar a criação como obra de suas mãos, sem negligenciar a necessidade do repouso semanal para repensar a sua vida e sua história.

Gn 1,1–2,4a contém uma palavra que revela o desígnio de Deus para o homem e a mulher: os criou à sua imagem e semelhança, os abençoou e lhes deu como missão a preservação da espécie. Nesse sentido, a bênção de Deus encontra-se estendida à relação sexual natural, pela qual o homem e a mulher participam da obra criadora de Deus pela capacidade de procriar.

Direitos e deveres são assumidos, pelos dois, com responsabilidade e abertura para a prole. Por isso, a Igreja compreende e ensina que esta união natural abençoada por Deus está reservada para a união selada pelo vínculo conjugal do matrimônio que, pela união de Jesus Cristo com a sua Igreja, foi elevado ao grau de sacramento, isto é, como sinal eficaz do seu amor por ela e vice-versa.

A terminologia empregada, para dizer quem é o ser humano para Deus, permite uma tradução ainda mais literal: "imagem semelhantíssima". Jesus, provavelmente, utilizou o sentido de Gn 1,26 para responder a Filipe: "quem me viu, viu o Pai" (Jo 14,9), "porque eu e o Pai somos um" (Jo 10,30). Isso se desdobrou na teologia contida em Jo 1,1-18 e em Cl 1,15-20.

Em que sentido, o ser humano é imagem e semelhança de Deus?

Em primeiro lugar, pode-se responder à pergunta lembrando que se Deus cria e povoa a terra, o ser humano, protegendo a criação, favorece que, nela, os seres vivos não sejam extintos, mas continuem, também eles, fecundos e se multipliquem. Este favorecimento é potenciado na medida em que o ser humano igualmente se multiplica e consegue, em cada local por ele habitado, cuidar devidamente do seu ambiente vital. O ser humano, porque foi criado livre, é capaz de se desenvolver e de realizar as obras que aperfeiçoam a criação de Deus no respeito a todos os seres criados. Não ser ecológico seria, nesse sentido, uma contradição, pois preservar o planeta reflete, de forma eminente, o que significa ser imagem e semelhança de Deus, que não é só Criador, mas é Providente e Previdente.

Em segundo lugar, o ser humano é imagem e semelhança de Deus enquanto ser pessoal, dotado de inteligência, vontade e liberdade. Deus é eterno, mas dotou o ser humano de uma alma imortal e, portanto, é eviterno, isto é, tem o seu princípio no tempo, mas terá um destino eterno.

Em terceiro lugar, porque todas as ações humanas ficam submetidas e sublimadas pela capacidade de amar como Deus ama. É nesta condição que o ser humano deve entender o sentido do submeter e dominar a terra. Não pela força que destrói, mas pelo amor que constrói e faz frutificar.

Em quarto lugar, homem e mulher, enquanto se assemelham, também se distinguem e se completam. Na sua singularidade, cada um deve perceber e compreender o que existe de específico na sua identidade e nela encontrar formas para se revelar como imagem e semelhança de Deus. O exercício do amor é o que mais vincula o ser humano a Deus e é o que mantém, nele, a força divina para tudo transformar em ocasião de vida.

A tradição bíblica expandiu a compreensão do ser humano como imagem e semelhança de Deus na medida em que passou a compreender melhor e mais profundamente quem é o seu Deus. No fundo, a distinção que fez entre o seu Deus e as outras divindades permitiu que o antigo Israel elaborasse uma antropologia de distinção. O Sl 8 representa bem essa percepção. A pergunta – *quem é o ser humano?* – encontra resposta na necessidade de este conhecer a Deus. É uma via de mão dupla: para conhecer quem é Deus é preciso conhecer quem é o ser humano e, para conhecer quem é o ser humano, é preciso conhecer quem é Deus.

O ser humano que reflete sobre a sua existência está em busca da sua fonte, com a qual se sabe ligado e comprometido, pois se distanciando dela começa a experimentar a morte. Isso vale, particularmente, para a realidade conjugal, na qual o homem e a mulher, unidos pelo vínculo matrimonial, abrem-se para a bênção que permite à vida humana continuar um testemunho sobre a face da terra. Que fazer diante da crise que leva muitos batizados a não mais procurarem o sacramento do matrimônio, fechando-se, o que é pior, para a procriação?

# 5. LEITURA ORANTE – Gn 1,26-28
## "COMO NOSSA IMAGEM, COMO NOSSA SEMELHANÇA"

**Canto:** *Eu vim para escutar tua palavra, tua palavra, tua palavra de Amor.*

**1º Leitor:** Breve introdução.

"Deus criou o homem à sua imagem e semelhança: chamando-o à existência *por amor*, chamou-o ao mesmo tempo *ao amor.*

Deus é amor e vive em si mesmo um mistério de comunhão pessoal de amor. Criando-a à sua imagem e conservando-a continuamente no ser, Deus inscreve na humanidade do homem e da mulher a vocação, e, assim, a capacidade e a responsabilidade do amor e da comunhão. O amor é, portanto, a fundamental e originária vocação do ser humano.

Enquanto espírito encarnado, isto é, alma que se exprime no corpo informado por um espírito imortal, o homem é chamado ao amor nesta sua totalidade unificada. O amor abraça também o corpo humano e o corpo torna-se participante do amor espiritual.

Leonardo Agostini Fernandes

A Revelação cristã conhece dois modos específicos de realizar a vocação da pessoa humana na sua totalidade ao amor: o matrimônio e a virgindade. Quer um quer outro, na sua respectiva forma própria, são uma concretização da verdade mais profunda do homem, do seu 'ser à imagem de Deus'.

Por consequência, a sexualidade, mediante a qual o homem e a mulher se doam um ao outro com os atos próprios e exclusivos dos esposos, não é em absoluto algo puramente biológico, mas diz respeito ao núcleo íntimo da pessoa humana como tal. Esta se realiza de maneira verdadeiramente humana, somente se é parte integral do amor com o qual homem e mulher se empenham totalmente um para com o outro até a morte. A doação física total seria falsa, se não fosse sinal e fruto da doação pessoal total, na qual toda a pessoa, mesmo na sua dimensão temporal, está presente: se a pessoa se reservasse alguma coisa ou a possibilidade de decidir de modo diferente para o futuro, só por isto já não se doaria totalmente.

Esta totalidade, pedida pelo amor conjugal, corresponde também às exigências de uma fecundidade responsável, que, orientada como está para a geração de um ser humano, supera, por sua própria natureza, a ordem puramente biológica e abarca um conjunto de valores pessoais, para cujo crescimento harmonioso é necessário o estável e concorde contributo dos pais.

O 'lugar' único, que torna possível esta doação segundo a sua verdade total, é o matrimônio, ou seja, o pacto de amor conjugal ou escolha consciente e livre, com a qual o homem e a mulher recebem a comunidade íntima de vida e de amor, querida pelo próprio Deus, que só a esta luz manifesta o seu verdadeiro significado. A instituição matrimonial não é uma ingerência indevida da sociedade ou da autoridade, nem a imposição extrínseca de uma forma, mas uma exigência interior do pacto de amor conjugal que publicamente se afirma como único e exclusivo, para que seja vivida assim a plena fidelidade ao desígnio de Deus Criador. Longe de mortificar a liberdade da pessoa, esta fidelidade põe-na em segurança em relação ao subjetivismo e relativismo, fazendo-a participante da Sabedoria Criadora" (*FC*, n. 11).

**Canto:** *Escuta, Israel, o Senhor teu Deus vai falar. Fala, Senhor, que teu servo vai te escutar* (2x).

# 1º PASSO

Leitura do Livro do Gênesis 1,26-28.

[26] E Deus disse: "Façamos *o ser humano* como nossa imagem, como nossa semelhança e dominem o peixe do mar, o volátil dos céus e a fera de toda a terra e todo o réptil que rasteja sobre a terra". [27] E Deus criou *o ser humano* como sua imagem; como imagem de Deus o criou, *macho e fêmea* os criou. [28] E Deus os abençoou; e *Deus lhes disse*: "Frutificai-vos e sede numerosos e enchei a terra e conquistai-a e dominem o peixe do mar, o volátil dos céus e todo vivente do firmamento sobre a terra".

**Canto:** *Escuta, Israel, o Senhor teu Deus vai falar. Fala, Senhor, que teu servo vai te escutar* (2x).

**2º Leitor:** O que o texto diz?

a) O ser humano, homem e mulher criados à imagem e semelhança de Deus, não deve dominar nem ser dominado pelo seu semelhante; permanece "senhor do mundo" enquanto não perde a sua dignidade de criatura amada pelo Criador. "A imagem divina está presente em cada pessoa. Resplandece na comunhão das pessoas, à semelhança da unidade das pessoas divinas entre si" (CatIC, n. 1702). Então, ser imagem e semelhança de Deus, Uno e Trino, é a suma dignidade do homem e da mulher (v. 26). [breve pausa]

b) Deus não criou o ser humano para viver solitário; criou-o, desde o início, homem e mulher. Resulta disso a sua união de vida que constitui a primeira forma de comunhão entre pessoas, inspirada na comunhão de vida do próprio Deus. Assim, o ser humano em sua constituição essencial é um ser social, que, para desenvolver as suas capacidades e qualidades humanas, necessita viver em relação com o seu semelhante. O ser humano, reafirmado como imagem e semelhança de Deus, deve "espelhar" e quase reproduzir Deus em sua vida, vivendo a sua existência no mesmo amor com que foi criado (v. 27). [breve pausa]

c) A primeira bênção de Deus, dada ao homem e mulher, visa à propagação da vida que garante a existência da espécie humana. Por dádiva divina, o homem e a mulher possuem uma missão sublime: "Frutificai-vos e sede numerosos e enchei a terra". Transparece, por detrás deste primeiro mandamento, a graça que o ser humano possui de se identificar com a ação criadora do próprio Deus. Ao dizer: "conquistai-a" e "dominem", Deus lhes confiava a missão de humanizar o ambiente que receberam para viver sem dele usurpar ou destruí-lo, do contrário, de que adiantaria procriar? (v. 28). [breve pausa]

**Canto:** *Eu gosto de escutar tua palavra, tua palavra, tua palavra de Amor.*

## 2º PASSO

A meditação ajuda a perceber o que o texto diz.

a) "O desejo de Deus está inscrito no coração do homem, já que o homem é criado por Deus e para Deus; e Deus não cessa de atrair o homem a si, e somente em Deus o homem há de encontrar a verdade e a felicidade que não cessa de procurar" (CatIC, n. 27). [breve pausa]

b) "Em virtude de sua alma e de seus poderes espirituais de inteligência e vontade, o homem é dotado de liberdade, 'sinal eminente da imagem de Deus'" (CatIC, n. 1705). [breve pausa]

c) "O aspecto mais sublime da dignidade humana está nesta vocação do homem à comunhão com Deus. Este convite que Deus dirige ao homem, de dialogar com ele, começa com a existência humana. Pois se o homem existe, é porque Deus o criou por amor e, por amor, não cessa de dar-lhe o ser, e o homem só vive plenamente, segundo a verdade, se reconhecer livremente este amor e se entregar ao seu Criador" (GS, 19,1). [breve pausa]

d) "Deus, que criou o homem por amor, também o chamou para o amor, vocação fundamental e inata de todo ser humano. Pois o homem foi criado à imagem e semelhança de Deus (cf. Gn 1,27), que é Amor (cf. 1Jo 4,8.16). Tendo-os Deus criado homem e mulher, seu amor mútuo se torna uma imagem do amor absoluto e indefectível de Deus pelo homem. Esse amor é bom, muito bom, aos olhos do Criador, que é Amor. E esse amor abençoado por Deus é destinado a ser fecundo e a realizar-se na obra comum de preservação da criação: 'Deus os abençoou e lhes disse: Sede fecundos, multiplicai-vos, enchei a terra e submetei-a'" (Gn 1,28; CatIC, n. 1604). [breve pausa]

e) "No desígnio de Deus, o homem e a mulher têm a vocação de "submeter" a terra (Gn 1,28) como 'intendentes' de Deus. Esta soberania não deve ser uma dominação arbitrária e destrutiva. À imagem do Criador 'que ama tudo o que existe' (Sb 11,24), o homem e a mulher são chamados a participar da Providência divina em relação às demais criaturas. Daí a responsabilidade deles para com o mundo que Deus lhes confiou" (CatIC, n. 373). [breve pausa]

f) "A aliança matrimonial, pela qual o homem e a mulher constituem entre si uma comunhão da vida toda, é ordenada por sua índole natural ao bem dos cônjuges e à geração e educação da prole, e foi elevada, entre os batizados, à dignidade de sacramento por Cristo Senhor" (CIC, cân. 1055,1; CatIC, n. 1601). [breve pausa]

g) "Ao criar o homem e a mulher, Deus instituiu a família humana e dotou-a de sua constituição fundamental. Seus membros são pessoas iguais em dignidade. Para o bem comum de seus membros e da sociedade, a família implica uma diversidade de responsabilidades, de direitos e de deveres" (CatIC, n. 2203). [breve pausa]

h) "O matrimônio e o amor conjugal destinam-se por sua própria natureza à geração e educação da prole. Os filhos são, sem dúvida, o maior dom do matrimônio e contribuem muito para o bem dos próprios pais. O mesmo Deus que disse 'não é bom que o homem esteja só' (Gn 2,18) e que 'desde a origem fez o homem varão e mulher' (Mt 19,4), querendo comunicar-lhe uma participação especial na sua obra criadora, abençoou o homem e a mulher dizendo: 'sede fecundos e multiplicai-vos' (Gn 1,28). Por isso, o autêntico fomento do amor conjugal, e toda a vida familiar que dele nasce, sem pôr de lado os outros fins do matrimônio, tendem a que os esposos, com fortaleza de ânimo, estejam dispostos a colaborar com o amor do Criador e Salvador, que por meio deles aumenta cada dia mais e enriquece a sua família" (GS, n. 50). [breve pausa]

i) "A criação é lugar onde se desenvolve toda a história do amor entre Deus e a sua criatura; por conseguinte, o movente de tudo é a salvação do homem. Contemplando o universo na perspectiva da história da salvação, somos levados a descobrir a posição única e singular que ocupa o homem na criação: 'Deus criou o homem à sua imagem, criou-o à imagem de Deus; ele os criou homem e mulher' (Gn 1,27). Isto nos permite reconhecer plenamente os dons preciosos recebidos do Criador: o valor do próprio corpo, o dom da razão, da liberdade e da consciência. Nisto encontramos também tudo aquilo que a tradição filosófica chama 'lei natural'. Com efeito, 'todo o ser humano que atinge a consciência e a responsabilidade experimenta um chamamento interior para realizar o bem' e, consequentemente, evitar o mal. Sobre este princípio, como recorda São Tomás de Aquino, fundam-se também todos os outros preceitos da lei natural. A escuta da Palavra de Deus leva-nos em primeiro lugar a prezar a exigência de viver segundo esta lei 'escrita no coração' (Rm 2,15; 7,23). Depois, Jesus Cristo dá aos homens a Lei nova, a Lei do Evangelho, que assume e realiza de modo sublime a lei natural, libertando-nos da lei do pecado, por causa do qual, como diz São Paulo, 'querer o bem está ao meu alcance, mas realizá-lo não' (Rm 7,18), e dá aos homens, por meio da graça, a participação na vida divina e a capacidade de superar o egoísmo" (VD, n. 9). [breve pausa]

**Canto:** *Eu quero entender melhor tua palavra, tua palavra, tua palavra de Amor.*

## 3º PASSO

O que o texto faz dizer a Deus em oração.

Nós proclamamos a vossa grandeza, Pai santo, a sabedoria e o amor com que fizestes todas as coisas: criastes pela vossa palavra o universo e governais tudo em vossa justiça; criastes o homem e a mulher à vossa imagem e semelhança e lhes confiastes todo o universo, para que, servindo a vós, seu Criador, dominassem toda criatura. De fato, vós nos amais, com amor eterno, e sempre nos assistis no caminho da vida. Desde a criação do mundo, fazeis o bem a cada um de nós, para sermos santos como vós sois santo. Jamais nos rejeitais e criastes para a família humana, em Jesus Cristo, um novo laço de amizade, tão estreito e forte, que, no mundo, nada o poderá romper. Concedei, humildemente vos pedimos, um novo tempo de graça, de alento e de reconciliação para o gênero humano. Vosso Espírito Santo, que pairava no ato da criação, mova os corações para que, no caos das indiferenças, das ofensas e das intolerâncias, reinem a amizade, a concórdia e o amor; que o perdão supere os conflitos familiares, dando força e lugar à reconciliação no coração do esposo e da esposa, do pai e da mãe, dos filhos e de toda a família humana. Assim, a misericórdia que o vosso Filho ensinou, praticou e nos deixou, como prova e exemplo de amor, será o suave odor do sacrifício que vos agrada. Tudo isso vos pedimos em nome de vosso Filho Jesus Cristo, que convosco vive e reina, na unidade do Espírito Santo, pelos séculos dos séculos. Amém.[8]

# 4º PASSO

Na contemplação-ação, o texto faz formular um empenho de vida.

a) "Cremos que Deus criou o mundo segundo sua sabedoria (cf. Sb 9,9). O mundo não é o produto de uma necessidade qualquer, de um destino cego ou do acaso. Cremos que o mundo procede da vontade livre de Deus, que quis fazer as criaturas participarem de seu ser, de sua sabedoria e de sua bondade: 'Pois tu criaste todas as coisas; por tua vontade é que elas existiam e foram criadas' (Ap 4,11). 'Quão numerosas são as tuas obras, Senhor, e todas fizeste com sabedoria!' (Sl 104,24). 'O Senhor é bom para com todos e compassivo com todas as suas obras (Sl 145,9)'" (CatIC, n. 295).

Reconheço que a criação vem de Deus e é expressão do seu amor infinito? Ela não é uma obra já acabada, mas caminha rumo à sua perfeição. Eu faço parte desse projeto e, inserido em sua divina Providência, posso atuar como colaborador responsável. [breve pausa]

b) "De todas as criaturas visíveis, só o homem é 'capaz de conhecer e amar seu Criador' (GS, n. 12,3); ele é 'a única criatura na terra que Deus quis por si mesma' (GS, n. 24,3); só ele é chamado a compartilhar, pelo conhecimento e pelo amor, a vida de Deus. Foi para este fim que o homem foi criado, e aí reside a razão fundamental de sua dignidade: 'Que motivo vos fez constituir o homem em dignidade tão grande? O amor inestimável pelo qual enxergastes em vós mesmo vossa criatura, e vos apaixonastes por ela; pois foi por amor que a criastes, foi por amor que lhe destes um ser capaz de degustar vosso Bem eterno'"[9] (CatIC, n. 356).

Sou marcado com um sinal de Deus criador: o seu amor. Na dinâmica desse amor, quero amar e sublimar todos os meus pensamentos, palavras e ações, a fim de que possa, como imagem e semelhança de Deus, pensar como Deus pensa, querer como Deus quer e agir como Deus age, Isto é, identificar-me com Deus-Amor (cf. 1Jo 4,8.16). [breve pausa]

c) "Pela aliança conjugal, o homem e a mulher constituem uma comunhão de vida e a criação recebe nova força e vigor. A união do homem e da mulher visa ao bem e à felicidade dos dois, mas exige, para isso e de cada um, fidelidade recíproca e indissolúvel unidade, pelas quais os filhos, que vêm a este mundo, possam encontrar um ambiente saudável, acolhedor e promotor de bem-estar" (IGRM, n. 1).

Reconheço que a criação do homem e da mulher emana do amor de Deus--comunhão e se perpetua, na existência humana, pela união santificada de suas vidas, para que, pela geração da prole, acolhida como dom, colaborem tanto na obra criadora como na transmissão desse amor-criador? [breve pausa]

d) "Segundo o desígnio de Deus, o matrimônio é o fundamento da mais ampla comunidade da família, porque o próprio instituto do matrimônio e o amor conjugal se ordenam à procriação e educação da prole, na qual encontram a sua coroação. [...] Tornando-se pais, os esposos recebem de Deus o dom de uma nova responsabilidade. O seu amor paternal é chamado a tornar-se para os filhos o sinal visível do próprio amor de Deus, 'do qual deriva toda a paternidade no céu e na terra'. Não devem, todavia, esquecer-se de que, mesmo quando a procriação não é possível, nem por isso a vida conjugal perde o seu valor. A esterilidade física, de fato, pode ser para os esposos ocasião de outros serviços importantes à vida da pessoa humana, como, por exemplo, a adoção, as várias formas de obras educativas, a ajuda a outras famílias, às crianças pobres ou deficientes" (FC, n. 14).

Compreendo o plano de Deus para o ser humano e me empenho em segui-lo, no meu estado de vida pessoal, não somente naquilo que me convém, mas aceitando também as adversidades, "pois tudo contribui para o bem dos que amam a Deus" (Rm 8,28), como ocasião para prosseguir na prática do amor em todas as circunstâncias? [breve pausa]

e) "A lei do amor conjugal é comunhão e participação, não dominação. É uma exclusiva, irrevogável e fecunda entrega à pessoa amada, sem perder a própria identidade. Um amor, assim compreendido em sua rica realidade sacramental, é mais do que um contrato; possui as características da Aliança" (Puebla, n. 582).

Quero vivenciar a dinâmica da aliança como vocação amorosa a Deus e como missão para ajudar os casais a viverem como comunidade de vida e de amor, inspirados no modelo perfeito do amor de Jesus Cristo por sua Igreja? Quero cuidar da criação, para que seja, cada vez mais, um ambiente favorável à vida? [breve pausa]

**Canto:** *O mundo ainda vai viver tua palavra, tua palavra, tua palavra de Amor.*

# NOTAS

[1] Para o leitor interessado em aprofundar o estudo de Gn 1,1-2,4a (WÉNIN, 2011, pp. 17-45).

[2] "A distinção de tudo o que existe é a nota característica de Gn 1,1–2,4a, porque ordenar é distinguir as coisas e os seres, o que foi criado do que não foi criado, isto é, Deus. Nisto está a maior distinção: Deus, o Criador, distinto das coisas e do ser humano, que são as criaturas. Reconhecer tal distinção é preservar a ordem estabelecida, é o fundamento para se realizar, de fato, uma autêntica ecologia, pois sem obediência ao Criador não haverá ecologia" (FERNANDES, 2011, p. 42).

[3] "A partir da época neobabilônica, competia cada vez mais aos templos erigirem-se em guardiães da tradição tanto religiosa e científica como histórica" (UEHLINGER, 2010, p. 162).

[4] A respeito disso há pouca coisa escrita, mas a arqueologia, tanto na Mesopotâmia como no Egito, demonstrou que era comum a representação de seres humanos com

corpos de animais, ou vice-versa, com as genitálias expostas ou em explícita posição e prática sexual. "As proibições de Ex 22,18, Lv 18,23; 20,15-16 e Dt 27,21 indicam que a cópula com um animal ou bestialidade era praticada no antigo Israel tanto por homens como por mulheres, assim como entre os cananeus (cf. Lv 18,24) e os outros povos do Oriente, notadamente os egípcios (Heródoto, Histórias 2,46)" (LIPINSKI, 2013, p. 234). Tais proibições não exigem, necessariamente, que a bestialidade fosse praticada no antigo Israel. Elas podem ter, principalmente, uma função exortativa, a fim de que tais aberrações não fossem cometidas (HOFFNER, 1973, pp. 81-90).

5  "Além de ser um espaço para o corpo e uma oportunidade para a memória, o sábado era dia de organização. Os deportados eram escravos em terra estranha. Fazia-se-lhes mister enfrentar, pois, dois desafios imediatos. Por um lado, era necessário sobreviver nessas condições adversas, negociando com os donos do poder, a fim de obter alguns direitos elementares como o da prática religiosa e da cantoria sabática. Por outro lado, era preciso manter viva a possibilidade de retorno imediato, porque seria a solução para seus flagelos. O *sábado* era, pois, um espaço para *organizar a esperança* por retorno, por novo êxodo, por libertação" (SCHWANTES, 2007, p. 34).

6  Para um aprofundamento sobre o Sl 8 (FERNANDES, 2013, pp. 25-68).

7  "Todavia, considerando o contexto que exalta a ação criadora de Deus e fazendo a ligação com a situação dos exilados ou dos que sofreram influências da cultura babilônica, o sentido de *submetei-a* ou *conquistai-a* adquiriria um outro significado: os exilados sobreviveriam em terra estrangeira fazendo filhos, isto é, multiplicando-se e, com isso, encheriam a terra/país, que é Babilônia. Nisto conseguiriam *submeter* Babilônia e *não ser submetido* por ela" (FERNANDES, 2011, p. 39).

8  Baseada nas Orações Eucarísticas do Missal Romano (IV; VI-C; VI-D; VII; VIII).

9  Santa Catarina de Sena, Dial: 13. ed. G. Cavallini, Roma, 1995, p. 43.

# GÊNESIS 2,4b-25

## "NÃO É BOM QUE ESTEJAM SOZINHOS"

[2,4b]No dia em que o Senhor Deus fez a terra e os céus, [5]não havia arbusto algum do campo sobre a terra, nem alguma erva do campo tinha germinado, porque o Senhor Deus não tinha feito chover sobre a terra e não existia *Adam* [ser humano] para cultivar a superfície do solo; [6]porém, uma água subia da terra e um canal irrigava toda a face do solo. [7]Então o Senhor Deus modelou *Adam* da poeira do solo e insuflou em suas narinas um alento de vida; assim *Adam* tornou-se um *ser vivente*. [8]O Senhor Deus plantou um jardim em Éden, ao oriente e ali colocou o *Adam* que tinha formado. [9]O Senhor Deus fez germinar do solo toda sorte de árvore atraente ao ver e boa para comer e a árvore da vida estava no meio do jardim e a árvore da ciência do bem e do mal. [10]Um rio brotava de Éden para regar o jardim e de lá se dividia formando quatro braços. [11]O nome do primeiro era Fison, que circunda toda a terra de Hévila, onde o ouro se encontra; [12]e o ouro desse país é puro. Ali também se encontram o bdélio e a pedra de ônix. [13]O nome do segundo rio é Geon, que circunda todo o país de Cuch. [14]O nome do terceiro rio é Tigre, que corre pelo oriente da Assíria. O quarto rio é o Eufrates. [15]E tomou o Senhor Deus o *Adam* e o colocou no jardim do Éden, para servi-lo e para guardá-lo. [16]Então *o Senhor Deus ordenou ao Adam*, dizendo: "De toda árvore do jardim do Éden, certamente, comerás; [17]mas da árvore da ciência do bem e do mal não comerás de seus frutos, porque no dia em que comerdes deles, certamente, morrerás". [18]Depois, *o Senhor Deus disse*: "Não é bom que o *Adam* esteja solitário, farei para ele um auxílio que lhe corresponda". [19]Então, o Senhor Deus modelou, do solo, todos os animais do campo e todas as aves dos céus e os conduziu até *Adam* para ver como os chamaria; cada qual devia levar o nome que *Adam* lhe impusesse. [20]*Adam* impôs nomes a todos os animais, às aves dos céus e a todas as feras selvagens, mas, para *Adam*, não se encontrou um auxílio que lhe correspondesse. [21]Então, o Senhor Deus fez cair um torpor sobre *Adam* e ele dormiu; tomou, pois, uma dentre as suas costelas e com carne fechou o espaço dela. [22]O Senhor Deus, da costela que tirara de *Adam*, formou uma mulher e a fez ir até o *Adam*. [23]E o *Adam* disse: "Esta vez é osso dos meus ossos e carne da minha carne, será chamada ʾishah, porque de ʾîsh esta foi tomada".

[24]Por causa disso, o homem abandona o seu pai e a sua mãe e adere à sua mulher e são uma só carne. [25]E os dois estavam nus, o *Adam* e a sua mulher, mas não enrubesciam.

# 1. ABORDAGEM HISTÓRICA

A reflexão que o antigo Israel fez e propôs sobre a origem do mundo como criação de Deus, e, nela, sobre o ser humano com uma particular função, possui a sua base principal na sua fé e, do ponto de vista literário, nas antigas cosmogonias mesopotâmicas. Por meio destas, mostrava-se como as forças do caos interagiam e determinavam a ação e a luta entre os deuses criadores.[1]

O antigo Israel, exilado em Babilônia, e correndo o risco de desaparecer da face da terra, reescreve antigos mitos da criação, nos quais deixa transparecer a sua compreensão da vida e da existência humana no mundo. A índole do texto não trata de um ciclo vicioso, mas de uma dinâmica preocupação na qual se propõe um modo para se salvaguardar o ser humano diante das constantes guerras e suas consequências, fome e doenças, que ceifavam os homens dos campos, vilarejos e centros urbanos, deixando, na maioria das vezes, somente mulheres e crianças desamparadas.

O antigo Israel percebeu que sem a ação criadora de um Deus único e verdadeiro, diante de um panteão de deuses que só sabiam lutar entre si, o mundo seria e continuaria sendo apenas um caos. Ao propor a sua fé na criação, pela vontade de um Deus único, como ato do seu amor divino que tudo cria livremente, compreendia que essa era uma ação libertadora de toda forma de caos, pois assegurava que a ordem se refletisse na função de cada coisa ou de cada ser que veio à vida e passou a existir. Deus, ao marcar cada ser com a sua existência, colocava em cada realidade criada um sentido e uma urgência de realização. Nesse sentido, o homem e a mulher são apresentados como a máxima expressão do amor do Deus único e verdadeiro, e não como fruto de um capricho dos deuses, como aparece nas antigas cosmogonias.

Entre a cosmogonia bíblica, egípcia e babilônica existem muitas semelhanças, mas também muitas diferenças. O segundo relato bíblico da criação depende, em grande parte, dos mitos presentes nas antigas cosmogonias, em particular das babilônicas, cujos relatos se originaram

Evangelização e Família

no início do segundo milênio antes de Cristo e continuaram sendo transmitidos ao longo dos séculos, passando por alterações e atualizações. É possível que o antigo Israel tenha entrado em contato com esses relatos durante os séculos IX-VIII a.c., ou durante o período do exílio em Babilônia (597-538 a.c.),[2] e que, a partir deles, tenha elaborado a sua narrativa, que serviu não só para corrigir os erros que considerou nocivos, mas para afirmar a sua compreensão de Deus quanto à origem do mundo e, principalmente, do ser humano.

A cosmogonia bíblica é monoteísta, enquanto as cosmogonias babilônicas são politeístas. Em uma destas, por exemplo, antes do mundo são gerados os deuses inferiores por *Apsu* (águas doces), princípio masculino, e *Tiamat* (águas salgadas), princípio feminino. Da união desses dois princípios, foram gerados *Bel* e *Ea*, que, por sua vez, se uniram e geraram *Marduk*. *Ea* matou *Apsu*. *Tiamat* quis vingar o marido, mas foi capturada e dominada por *Marduk,* que, dividindo o seu corpo em duas partes como uma ostra aberta, formou o céu e a terra. Para dar adoradores a *Tiamat*, com o sangue dos deuses derrotados, *Marduk* formou os seres humanos.[3]

Nota-se que, nesta cosmogonia, a disputa entre os deuses é que está na origem de todas as coisas. Já a cosmogonia bíblica apresenta a origem do mundo como criação a partir de um único princípio: Deus criador de toda a matéria existente, sem a necessidade de lutar com outras divindades para originar, de seus corpos, as criaturas. Deu-se um grande passo: do mitológico ao teológico.

A concepção comum do cosmo, pelas realidades que nele existem distintas (céu e terra, firmamento e luminares, noite e dia, águas superiores e águas inferiores, seres vivos do céu, do mar e da terra), não causa dificuldade de compreensão, pois deriva de uma simples observação da realidade. O modo como tudo vem à existência, no relato bíblico, é que precisa ser percebido e valorizado como distinto. Os elementos mitológicos dos relatos babilônicos foram transformados em narração teológica, pela qual a reflexão bíblica assumiu uma notória posição perante a concepção politeísta, afirmando a criação pela ação de um único Deus bom e ordenador de tudo o que existe.

O cenário da criação é um maravilhoso jardim, com uma fonte, irrigado por quatro rios. Este cenário permite uma estreita ligação com a Mesopotâmia e, em particular, com os rios Tigre e Eufrates, que são citados e que tornam fecundo aquele solo. O relato da criação do jardim, após a criação do homem, lembra os "jardins suspensos da Babilônia", que transformaram o cenário desolador em uma imagem paradisíaca. O antigo Israel, à diferença da cultura babilônica herdeira dos sumérios,[4] nunca conseguiu fazer o mesmo com a parte desértica do seu território.

Além da profecia de Jeremias, citada nos aspectos históricos do primeiro relato, a notícia da dieta de legumes e água contida em Dn 1 pode ajudar a compreender o preceito para que os animais e o ser humano não se alimentassem de carne, mas de legumes, frutas e verduras. Sabe-se que a mesa do rei de Babilônia era repleta de "iguarias" que, no fundo, abreviavam a vida. Nesse sentido, a dieta de Daniel, Ananias, Misael e Azarias tinha como objetivo manter a condição física e mental saudável, livre de qualquer possível contaminação. É o que o relato bíblico atesta como saudável.

## 2. ABORDAGEM LITERÁRIA

Gn 2,4b-25 é, na dinâmica bíblica, um segundo relato da criação, mas não é uma duplicata de Gn 1,1–2,4a. Deus, nos dois relatos, aparece em evidência; é o principal protagonista, pois é o criador de todas as coisas. O Deus que decide fazer o ser humano à sua imagem e semelhança (cf. Gn 1,26-27) é o mesmo que executa sua vontade, modelando-o do solo como o habilidoso oleiro faz com a argila (cf. Gn 2,7), da qual sempre se pode tirar um pouco para dar forma a outro objeto, neste caso, a mulher tirada do homem (cf. Gn 2,21-22).

Apesar disso, Gn 2,4b-25 difere do relato precedente, visto que cada um possui a intenção de responder a questões específicas. Deus, no primeiro relato, é um modelo a ser seguido pelo ser humano. Já no segundo, aparece como preocupado pelos problemas do ser humano em relação à criação, às suas exigências naturais e à índole do seu comportamento.

Nos dois textos, porém, há uma explícita ordem divina. O autor bíblico, por meio de cada uma, expressa a sua fé: a ordem de Deus revela o projeto de felicidade para o ser humano, pois indica um sentido para a vida em liberdade e em harmonia com toda a criação. Na primeira, está a garantia da continuidade da espécie humana: "Frutificai-vos e sede numerosos e enchei a terra e conquistai-a e dominem o peixe do mar, o volátil dos céus e todo vivente do firmamento sobre a terra" (Gn 1,28). Na segunda, a motivação para não realizar algo que venha a interromper

Evangelização e Família

a vida: O Senhor Deus deu esta ordem ao homem, dizendo: "De toda árvore do jardim poderás comer livremente, mas da árvore da ciência do bem de do mal não poderás comer de seus frutos, pois no dia em que comerdes deles, terás que morrer." (Gn 2,16-17).

Deus, no primeiro relato, é um ser transcendente, descrito como criador autônomo, que tudo realiza apenas pelo uso e poder da sua palavra. Já o segundo relato da criação tem outro estilo e possui como marca literária a apresentação de Deus de forma antropomórfica, mas imanente. Gn 2,4b-25 é uma narrativa mais vivaz, colorida e movimentada, na qual a criação aparece como obra das próprias mãos de Deus, mas colocando os holofotes voltados para o ser humano, ao qual Deus se dirige. Nesse relato, encontram-se, além das falas do narrador, as falas de Deus, do homem e diálogos entre os dois.

A ação criadora de Deus é descrita através da imagem do oleiro e do que ele é capaz de fazer com o barro em suas mãos. Cada vaso que sai de suas mãos, é uma obra-prima! A cultura do manuseio da argila era uma das principais fontes de renda no AOP, mas em particular na Mesopotâmia. Usada para narrar a ação de Deus, serviu para aproximar a criação do Criador, pois esta cultura requer não somente habilidade, mas o domínio da técnica para que a obra reflita exatamente o planejado pelo oleiro. O sentido é evidente: a criação é a maravilhosa, porque é a obra das mãos de Deus sábio e habilidoso.[5]

Gn 2,4b-25 tem em comum com o primeiro relato (cf. Gn 1,1-2,4a) a criação do ser humano como superior aos outros seres vivos. O homem é criado logo depois da criação mais global e ainda caótica (terra e céu: vv. 4b-6), mas antes da criação do jardim do Éden e dos demais seres viventes (vv. 8-20). Isto denota que o homem é, como no relato anterior, a criatura mais sublime e que possui como missão denominar para fazer crescer as outras criaturas. À diferença de Gn 1,1-2,4a, o ser humano não surge do mesmo modo, pois a mulher surge para suprir a solitária condição do homem. Com isso, acentua-se a necessária distinção dos sexos, como condição *sine qua non* do ser humano: é homem e mulher.

O homem é chamado de *Adam* porque é modelado da *adamah*, isto é, a camada fina e sutil do solo que servia para confeccionar os vasos mais apreciados no AOP, porque ficavam isentos de falhas ou de pontos grosseiros. Servia, também, para denotar a cor bronzeada do ser humano daquelas regiões. Além de ser modelado pelo Deus habilidoso, o homem recebe vida porque nele Deus infunde o seu hálito divino que o torna um ser vivente. A vida do corpo humano, seu elemento material, está no seu sopro divino, elemento espiritual, que é o princípio vital denominado alma. Por receber vida do sopro de Deus, o homem é, desde a sua criação, um ser destinado à vida e não à morte. Quando exala este sopro, deixa de viver (cf. Sl 104,29; Ecl 3,19); é a sua angústia (cf. Ecl 9,5; Is 38,18). Pelo relato, a morte é colocada diante do homem como consequência da desobediência ao mandamento de não usurpar o fruto da árvore da ciência do bem e do mal (vv. 16-17). É um elemento comum e que prossegue no relato que se segue em Gn 3,1-24.

O homem é criado e colocado em um jardim de delícias, mas está só, ao que Deus disse: "não é bom que o homem esteja só" (v. 18). A obra de Deus não está completa. Deus põe mais uma vez mãos à obra, criando, primeiramente, os animais do mesmo solo que modelou o homem. Não se diz, porém, que sobre eles Deus tenha infundido o seu hálito divino, já saíram vivos das mãos de Deus. O homem nomeou os animais, isto é, denominou-os ( = dominou-os), mas não encontrou dentre eles um ser que lhe correspondesse e que estivesse à altura da transmissão da vida segundo a sua espécie.[6]

A seguir, então, Deus fez a mulher, que não foi criada do solo, mas surge como fruto de uma cirurgia feita no lado do homem. O relato da mulher, construída a partir do homem, evidencia de forma clara não a dependência dela em relação a ele, mas o sentido de complementaridade. A mulher não vem à existência só para suprir uma necessidade do homem, que foi criado para cuidar do Jardim do Éden, mas para ser com ele a parceira adequada da transmissão da vida humana. O homem não estará só enquanto houver a mulher a seu lado.

A imagem de Deus conduzindo a mulher ao homem evoca a ação do pai da noiva que devia conduzir e apresentá-la ao noivo, gesto de entrega pelo qual se ratificava a união matrimonial. A fala do homem: "desta vez é carne da minha carne e osso dos meus ossos" é seu o primeiro "cântico" de amor. O homem deixa a solidão, pois tem a certeza de que sua companheira é da mesma natureza que ele. Ela é diferente dos animais que ele chamou por nome. A fala serve, também, como fórmula matrimonial, pela qual o noivo declarava, diante do pai, que a noiva lhe era complementar. A declaração: "se chamará mulher (*'ishah*) porque saiu do homem (*'îsh*)" é, no hebraico, uma assonância, cujo significado intensifica o reconhecimento e o papel da complementaridade. Essa assonância pode ser preservada pelo uso dos termos: "varão" e "virago".

De particular importância, Gn 2,24 é um pouco destoante do contexto, pois introduz uma afirmação etiológica para fundamentar o que acontece no matrimônio. O anúncio de que o homem deixa pai e mãe para se unir à sua mulher é uma reflexão que acentua a união entre os dois para formar a própria família, ou, segundo o texto, para ampliar a família da mulher, pois é o pai dela que recebia o homem em sua casa. Disto resulta a unidade como propriedade essencial do vínculo matrimonial entre um homem com uma única mulher, a indissolubilidade, porque é uma união mais forte do que os laços de sangue que existem entre pai, mãe e filhos. Visto ser o homem que se une à sua mulher, e com ela forma "uma só carne", romper esse vínculo equivaleria à amputação de um membro do próprio corpo. Por isso, não é lícito ao homem despedir a mulher dando-lhe um libelo de divórcio (cf. Mt 19,3-9). Assim, no antigo Israel, o matrimônio adquiriu status monogâmico e indissolúvel.

A conclusão do relato aponta para a cumplicidade original da natureza que existe entre o homem e a mulher. Não é uma afirmação de cunho moral, mas uma indicação de que em ambos reinava uma harmonia (cf. Gn 2,25). Esta afirmação prepara os sintomas psíquicos que o primitivo casal sentirá após a desobediência (cf. Gn 3,7.21).

# 3. ABORDAGEM TEOLÓGICA

"Senhor Deus" é a forma como o autor nomeia a divindade nesse segundo relato da criação e não simplesmente "Deus" ('Elōhîm), como no primeiro relato de cunho sacerdotal. A razão para isto se deve à combinação de duas correntes de tradição religiosa: a Jahwista, que chama a divindade pelo tetragrama sagrado, YHWH, com a Elohista, que chama a divindade pelos epítetos: 'El, 'Elōhîm ou 'Eloah. A combinação dos nomes, "Senhor" (YHWH) e "Deus" ('Elōhîm), revela um estágio da religião do antigo Israel para o qual não há deuses, mas um único Deus que está na origem de todas as coisas existentes[7] e, em particular, da união religiosa que se selou entre os imigrados do Norte para o Sul, por ocasião da queda de Samaria em 721 a.C. (cf. 2Rs 17).

Cada elemento da criação vem à existência através de uma ação particular de Deus. O céu e a terra foram criados, mas o "Senhor Deus" não havia feito chover e ainda não existia o homem para cultivá-la. Com isso, o "Senhor Deus" é um artífice que insere e envolve a sua sublime criatura na transformação e desenvolvimento da realidade. O autor do segundo relato da criação, ao apresentar o "Senhor Deus" como um perito jardineiro, um habilidoso oleiro e um exímio cirurgião, objetivou mostrar o quanto Deus está próximo do ser humano e das suas atividades, que, para serem executadas, exigem sabedoria.

Se ao homem foi dado o Jardim do Éden já pronto, isto não significava que não havia planos para a sua atuação nele. Foi posto ao contato com a natureza para dela extrair o seu sustento de forma devida, isto é, de acordo com os desígnios providentes do "Senhor Deus". O ser humano é, enquanto criatura, dependente do seu criador. Ele tem em comum com a criação o "solo", do qual é feito, e tem em comum com Deus o "hálito" que lhe deu vida.

Neste relato, o homem surge depois que o Senhor Deus criou a terra e os céus, mas é criado antes da mulher, não por uma questão de poder e supremacia, mas como protetor da mulher para que a vida, que ela é capaz de gerar, fosse garantida. O homem, protegendo a vida da mulher, estava garantindo a sua própria vida pela geração da prole.

Esta providência aparece, de modo muito particular, na observação de que o homem não devia permanecer só, mas precisava ter um ser que lhe correspondesse. Assim como o solo da terra ofereceu a matéria--prima para a elaboração do homem, ele recebeu a mulher, que dele foi formada, também pelas habilidosas mãos do "Senhor Deus", para poder executar as suas tarefas no mundo criado, em particular para ficar assegurada a perpetuação da espécie humana e, por ela, os planos divinos. A mulher e o homem, por serem da mesma natureza, possuem igual dignidade. Por isso, o homem não encontrou, dentre os animais que o "Senhor Deus" criou e que por ele foram nomeados, um ser que lhe correspondesse na sublime tarefa de propagar a vida da própria espécie.

O "Senhor Deus", ao criar, expressa a sua vontade de colocar toda a criação nas mãos do homem e da mulher em relação harmoniosa. Desta relação deriva a responsabilidade, pela qual o ser humano encontra, na natureza e no seu semelhante, a garantia de felicidade na sua resposta ao seu Criador.

Esta narrativa não é uma "história verdadeira", mas foi elaborada para transmitir de forma histórica "o que é verdadeiro" sobre a existência humana e sua sublime finalidade. Neste sentido, Gn 2,4b-25 quer transmitir sabedoria a seu ouvinte-leitor que se demonstra desejoso de respostas para as suas questões fundamentais: Quem é o ser humano em sua totalidade existencial? Que relações é chamado a estabelecer consigo mesmo, com o semelhante, com o mundo e com Deus?

As respostas surgem da reflexão. O ser humano é um ser carnal vivificado por um princípio espiritual. Não são dois princípios, um material e um espiritual, como propagado pelo dualismo que antagoniza a matéria, corpo, ao espírito, alma, que almeja se libertar do seu cárcere. O ser humano, corpo e alma, é uma unidade pessoal que experimenta a sua fragilidade ao lado de grandes ideais e valores. Estes são mais ou menos concretizados na sua vida na medida em que se torna responsável, isto é, capaz de responder a Deus e ao seu desígnio, acolhendo o outro de si com alteridade e altruísmo, afirmando a sua complementaridade na igualdade da dignidade.

O ser humano progride como tal na medida em que trabalha no mundo e a favor do mundo que precisa ser salvaguardado de todas as formas de destruição, e na medida em que aprende a investir mais na relação respeitosa dos seus recursos. O ambiente vital do ser humano não necessita somente de leis e de normas que o preservem, mas da mudança de mentalidade, na qual os valores suplantem os interesses privados em função do bem comum.

# 4. ABORDAGEM PASTORAL

Uma marca característica do segundo relato da criação (cf. Gn 2,4b-25) encontra-se no uso da uma linguagem mais existencial e sensível, mas não menos teológica que o primeiro relato. A humanidade inteira aparece representada pela criação do primitivo casal, obra das habilidosas mãos do Senhor Deus (jardineiro, oleiro e cirurgião). O primeiro homem e a primeira mulher receberam nomes simbólicos: *Adam* significa "tirado da terra", e *Eva* significa "mãe dos viventes". Ambos se relacionam em harmonia num precioso jardim de delícias no qual estavam sempre na presença do seu Criador.

O homem podia até ser um exímio cultivador do solo e um excelente adestrador de animais, mas não se bastava a si mesmo, pois carecia de um ser semelhante, capaz de interpelá-lo à altura da sua natureza e das suas exigências. Assim, a mulher é criada para o homem como companheira e complementar, pois ele não encontrou, entre os animais com os quais convivia, um ser que lhe correspondesse, com quem pudesse partilhar a existência no mesmo nível e estabelecer uma relação interpessoal, pela qual a sua identidade se afirma na diferença do gênero.[8]

A alegria expressa pelo homem ao ver a mulher reflete a naturalidade da vida integrada que comporta a união que se tornou instituição conjugal. Nesta relação, afirma-se a força dos laços que unem o homem e a mulher. Na unidade natural, estabelecida entre os dois, a relação humana torna-se o princípio e o símbolo da plenitude humana com Deus e com o seu semelhante.

O pleno saber e a eternidade do Senhor Deus são as características que diferenciam o homem e a mulher do seu Criador. A onisciência e a eternidade de Deus estão representadas na "árvore da ciência do bem e do mal" (Gn 2,9.17) e na "árvore da vida" (Gn 2,9; 3,22.24 – literalmente, "árvore dos vivos").

As árvores seriam, respectivamente, uma imagem viva da Torá. É ela que separa o caminho que conduz à vida (obediência como bem) e o que conduz à morte (desobediência como mal). Ela deve ser respeitada e não usurpada, pois ninguém pode suportar a plena ciência desse conhecimento e continuar vivo, a não ser que o próprio Deus queira revelar a sua plenitude (cf. Mt 11,27; Lc 10,22). A usurpação do fruto da árvore da ciência do bem e do mal resultou em idolatria, pois o ser humano cedeu ao desejo de se identificar como Deus.[9] Resulta claro, então, que a árvore da vida é concebida como antídoto da morte causada não pela usurpação do fruto da árvore do conhecimento do bem e do mal.

Desta forma, o autor marcou a importante distinção entre o antropológico (*quem é o ser humano*) e teológico (*quem é Deus*). O ser humano não é Deus, e esse é o dado que serviu para mostrar como se comportou diante da autonomia que recebeu ao ser colocado no jardim do Éden. Neste, havia e gozava de uma vida segura, feliz e livre da morte, porque havia a unidade e o respeito pelas distinções.

Não há como dizer quando o ser humano viveu semelhante condição, mas, certamente, traz dentro de si essa aspiração suprema, exteriorizada neste relato que conjuga o princípio do contraste com o juízo de uma meta que se tornou história e experiência de salvação. A união natural entre o homem e a mulher é um bem que tem a sua origem na vontade de Deus, que criou um para o outro. Esta união, ratificada pelo vínculo conjugal, é algo que, pelo texto, aparece como sagrado. Por meio deste vínculo, o homem e a mulher, juntos, formam a primeira sociedade de iguais, com fins sublimes e inalienáveis: respeito pela alteridade e vocação para a vida de comunhão no amor, pela qual a espécie humana pode se perpetuar e ter a sua dignidade sempre respeitada.

Se existe, entre o homem e a mulher, uma atração natural, esta acontece em função da complementaridade e, em particular, em função da perpetuidade da espécie humana. A declaração do homem sobre a mulher, "osso dos meus ossos e carne da minha carne" (Gn 2,23), pode equivaler a uma declaração do pacto conjugal, pelo qual se estabelece a comunhão de vida entre os dois. Pelo fato de a mulher não se pronunciar, não se pode pensar que a ela foi negada o direito de reconhecer no homem o seu *partner*, pois foi conduzida pelo "Senhor Deus" até o homem. O gesto representa o "sim" que ratifica o compromisso, pois significava o resultado do estabelecido entre os pais que, no AOP, procuravam o matrimônio para os seus filhos.

# 5. LEITURA ORANTE – Gn 2,18-25
## "OSSO DOS MEUS OSSOS E CARNE DA MINHA CARNE"

**Canto:** *Eu vim para escutar tua palavra, tua palavra, tua palavra de Amor.*

**1º Leitor:** Breve introdução.

"O homem e a mulher são criados, isto é, são queridos por Deus: por um lado, em perfeita igualdade como pessoas humanas e, por outro, em seu ser respectivo de homem e de mulher. 'Ser homem', 'ser mulher' é uma realidade boa e querida por Deus: o homem e a mulher têm uma dignidade inamissível [que não se pode perder] que lhes vem diretamente de Deus, seu Criador (Gn 2,7.22). O homem e a mulher são criados em idêntica dignidade, 'à imagem de Deus'. Em seu 'ser-homem' e seu 'ser-mulher' refletem a sabedoria e a bondade do Criador" (CatIC, n. 369). [breve pausa]

"Deus não é de modo algum à imagem do homem. Não é nem homem nem mulher. Deus é puro espírito, não havendo nele lugar para a diferença dos sexos. Mas as 'perfeições' do homem e da mulher refletem algo da infinita perfeição de Deus: as de uma mãe (cf. Is 49,14-15; 66,13; Sl 130,2-3) e as de um pai e esposo (cf. Os 11,1-4; Jr 3,4-19)" (CatIC, n. 370). [breve pausa]

"Criados conjuntamente, Deus quer o homem e a mulher um para o outro. A Palavra de Deus dá-nos a entender isto por meio de diversas passagens do texto sagrado. 'Não é bom que o homem esteja só. Vou fazer uma auxiliar que lhe corresponda' (Gn 2,18). Nenhum dos animais pode ser este 'vis-à-vis' do varão (Gn 2,19-20). A mulher que Deus 'modela' da costela tirada do varão e que leva a ele provoca da parte do homem um grito de admiração, uma exclamação de amor e de comunhão: 'É osso de meus ossos e carne de minha carne' (Gn 2,23). O homem descobre a mulher como um outro 'eu' da mesma humanidade'" (CatIC, n. 371). [breve pausa]

**Canto:** *Escuta, Israel, o Senhor teu Deus vai falar. Fala, Senhor, que teu servo vai te escutar* (2x).

## 1º PASSO

Leitura do Livro do Gênesis 2,18-25.

[18]Depois, *o Senhor Deus disse*: "Não é bom que o *Adam* esteja solitário, farei para ele um auxílio que lhe corresponda". [19]Então, o Senhor Deus modelou, do solo, todos os animais do campo e todas as aves dos céus e os conduziu até *Adam* para ver como os chamaria; cada qual devia levar o nome que *Adam* lhe pusesse. [20]Adam impôs nomes a todos os animais, às aves dos céus e a todas as feras selvagens, mas, para *Adam*, não se encontrou um auxílio que lhe correspondesse. [21]Então, o Senhor Deus fez cair um torpor sobre *Adam* e ele dormiu; tomou, pois, uma dentre as suas costelas e com carne fechou o espaço dela. [22]O Senhor Deus, da costela que tirara de *Adam*, formou uma mulher e a fez ir até o *Adam*. [23]E o *Adam* disse: "Esta vez é osso dos meus ossos e carne da minha carne, será chamada *'ishah*, porque de *'îsh* esta foi tomada". [24]Por causa disso, o homem abandona o seu pai e a sua mãe e adere à sua mulher e são uma só carne. [25]E estavam nus os dois, o *Adam* e a sua mulher, mas não enrubesciam.

**Canto:** *Escuta, Israel, o Senhor teu Deus vai falar. Fala, Senhor, que teu servo vai te escutar* (2x).

**2º Leitor:** O que o texto diz?

a) O Senhor Deus, além de querer criar *Adam,* percebeu e não quis que ficasse sozinho. Assim, criou, para ele, um auxílio correspondente (v. 18).

Evangelização e Família

b) Dentre os animais que foram criados por Deus, não houve nenhum que pudesse completar *Adam* como um ser auxiliar e companheiro. Todos foram chamados conforme o nome dado por *Adam* (vv. 19-20).

c) A ação do Senhor Deus revela o cuidado necessário que teve em relação ao *Adam*. O torpor e o sono, como uma anestesia, não permitiram ao *Adam* sentir a dor da perda de um de seus ossos e o lugar foi preenchido de carne. Esta imagem cirúrgica revela o sentido de complementaridade, pois o ser que deriva dessa operação é o semelhante que completa o espaço que ficou (v. 21).

d) O Senhor Deus realizou duas ações: da costela do *Adam* formou a mulher, isto é, os dois possuem a mesma natureza humana; e, como um pai que conduz a noiva, sua filha, ao noivo, conduziu a mulher até o *Adam* (v. 22).

e) A afirmação de *Adam* revela não somente o estupor, mas acima de tudo o reconhecimento de que tem diante de si o ser complementar. Isto aparece devidamente marcado no texto: "osso dos meus ossos"; "carne de minha carne"; "será chamada *'ishah*, porque de *'îsh* esta foi tomada" (v. 23).

f) A condução da mulher até *Adam* e a sua afirmação foram tomadas como uma explicação para o ato de o homem deixar a casa de seu pai e de sua mãe, pois se ele é o fruto da união dos seus genitores, ao encontrar a sua mulher, encontra, também, o seu ser semelhante e que lhe complementa, pois se tornam "uma só carne". Este versículo chama a atenção, pois é uma explicação do que acontece na realidade baseada na origem da humanidade, num momento em que o Senhor Deus é quem figuraria como "pai e mãe" de *Adam* (v. 24).

g) A nudez física do primitivo casal não carrega uma marca de vergonha que poderia ser vista como sinal de ausência da concupiscência desregrada. O fato de estarem nus sem se envergonharem revela que entre os dois havia um elo natural, pelo qual um servia de vestimenta para o outro (v. 25).

**Canto:** *Eu gosto de escutar tua palavra, tua palavra, tua palavra de Amor.*

## 2º PASSO

A meditação ajuda a perceber o que o texto diz.

a) "A pessoa humana, criada à imagem de Deus, é um ser ao mesmo tempo corporal e espiritual. O relato bíblico exprime esta realidade com uma linguagem simbólica, ao afirmar que 'O Senhor Deus modelou o homem com a argila do solo, insuflou em suas narinas um hálito de vida e o homem se tornou um ser vivente' (Gn 2,7). Portanto, o homem em sua totalidade é *querido* por Deus" (CatIC, n. 362). [breve pausa]

b) "O homem e a mulher são feitos 'um para o outro': não que Deus os tivesse feito apenas 'pela metade' e 'incompletos'; criou-os para uma comunhão de pessoas, na qual cada um dos dois pode ser 'ajuda' para o outro, por serem ao mesmo tempo iguais enquanto pessoas ('osso de meus ossos...') e complementares enquanto masculino e feminino[10]" (CatIC, n. 372). [breve pausa]

c) "No matrimônio, Deus os une de maneira que, formando 'uma só carne' (Gn 2,24), possam transmitir a vida humana: 'Sede fecundos, multiplicai-vos, enchei a terra' (Gn 1,28). Ao transmitir a seus descendentes a vida humana, o homem e a mulher, como esposos e pais, cooperam de forma única na obra do Criador (GS 50,1)" (CatIC, n. 372). [breve pausa]

d) "'A íntima comunidade de vida e de amor conjugal, fundada pelo Criador e dotada de leis próprias, é instituída por meio do contrato matrimonial, ou seja, com o irrevogável consentimento pessoal. [...] O próprio Deus é o autor do matrimônio' (GS, n. 48,1). A vocação para o matrimônio está inscrita na própria natureza do homem e da mulher, conforme saíram da mão do Criador" (CatIC, n. 1603). [breve pausa]

e) "O casamento não é uma instituição simplesmente humana, apesar das inúmeras variações que sofreu no curso dos séculos, nas diferentes culturas, estruturas sociais e atitudes espirituais. Essas diversidades não devem fazer esquecer os traços comuns e permanentes. Ainda que a dignidade desta instituição não transpareça em toda parte com a mesma clareza (GS, n. 47,2), existe, contudo, em todas as culturas, um certo sentido da grandeza da união matrimonial. 'A salvação da pessoa e da sociedade humana está estreitamente ligada ao bem-estar da comunidade conjugal e familiar'" (GS, n. 47,1) (CatIC, n. 1603). [breve pausa]

f) "Que o homem e a mulher tenham sido criados um para o outro, a sagrada Escritura o afirma: 'Não é bom que o homem esteja só' (Gn 2,18). A mulher, 'carne de sua carne' (Gn 2,23), isto é, igual a ele, bem próxima dele, lhe foi dada por Deus como um 'auxílio' (Gn 2,18), representando, assim, 'Deus, em quem está o nosso socorro' (Sl 121,2). 'Por isso um homem deixa seu pai e sua mãe, se une à sua mulher, e eles se tornam uma só carne' (Gn 2,24). Que isto significa uma unidade indefectível de suas duas vidas, o próprio Senhor no-lo mostra lembrando qual foi, 'na origem', o desígnio do Criador (Mt 19,4): 'De modo que já não são dois, mas uma só carne' (Mt 19,6)" (CatIC, n. 1605). [breve pausa]

g) "O homem e a mulher, que, pela aliança conjugal 'já não são dois, mas uma só carne' (Mt 19,6), prestam-se recíproca ajuda e serviço com a íntima união das suas pessoas e atividades, tomam consciência da própria unidade e cada vez mais a realizam. Esta união íntima, enquanto dom recíproco de duas pessoas, assim como o bem dos filhos, exigem a inteira fidelidade dos cônjuges e requerem a indissolubilidade da sua união[11]" (GS, n. 48). [breve pausa]

h) "A Palavra de *Deus* convida repetidas vezes os noivos a alimentar e robustecer o seu noivado com um amor casto, e os esposos a sua união com um amor indiviso.[12] E também muitos dos nossos contemporâneos têm em grande apreço o verdadeiro amor entre marido e mulher, manifestado de diversas maneiras, de acordo com os honestos costumes dos povos e dos tempos. Esse amor, dado que é eminentemente humano, pois vai de pessoa a pessoa com um afeto voluntário, compreende o bem de toda a pessoa e, por conseguinte, pode conferir especial dignidade às manifestações do corpo e do espírito, enobrecendo-as como elementos e sinais peculiares do amor conjugal. E o Senhor dignou-se sanar, aperfeiçoar e elevar este amor com um dom especial de graça e caridade. Unindo o humano e o divino, esse amor leva os esposos ao livre e recíproco dom de si mesmos, que se manifesta com a ternura do afeto e com as obras e penetra toda a sua vida;[13] e aperfeiçoa-se e aumenta pela sua própria generosa atuação. Ele transcende, por isso, imensamente a mera inclinação erótica, a qual, fomentada egoisticamente, rápida e miseravelmente se desvanece" (GS, n. 49). [breve pausa]

i) "Este amor tem a sua expressão e realização peculiar no ato próprio do matrimônio. São, portanto, honestos e dignos os atos pelos quais os esposos se unem em intimidade e pureza; realizados de modo autenticamente humano, exprimem e alimentam a mútua entrega pela qual se enriquecem um ao outro na alegria e gratidão. Esse amor, ratificado pela promessa de ambos e, sobretudo, sancionado pelo sacramento de Cristo, é indissoluvelmente fiel, de corpo e de espírito, na prosperidade e na adversidade; exclui, por isso, toda e qualquer espécie de adultério e divórcio" (GS, n. 49). [breve pausa]

**Canto:** *Eu quero entender melhor tua palavra, tua palavra, tua palavra de Amor.*

# 3º PASSO

O que o texto faz dizer a Deus em oração.

Deus, Pai santo e Criador, no vosso infinito poder fizestes do nada todas as coisas e, na harmonia primordial do universo, formastes o homem e a mulher à vossa imagem e semelhança, dando um ao outro a vocação e a missão de serem companheiros inseparáveis e de se tornarem os dois uma só carne. Desta forma, nos ensinastes que nunca é lícito separar o que vós unistes. Porque sois o autor do matrimônio, destes à primordial comunidade humana a vossa bênção, que nem a pena do pecado original, nem o castigo do dilúvio, nem criatura alguma podem abolir.

Olhai benignamente para os homens e as mulheres que se preparam para o santo matrimônio para que cheguem, com pureza, ao justo discernimento. Aos que já consagrastes pelo sagrado vínculo, que continuem sempre contando com os auxílios da vossa bênção. Que a graça do Espírito Santo, manifestação do vosso amor, seja continuamente derramada sobre os fiéis, para que conheçam e compreendam o grande mistério do vosso amor que consagrou a aliança matrimonial como símbolo da aliança de Jesus Cristo com a Igreja.

Que cada esposa seja fortalecida com a graça do amor e da paz, a exemplo das santas mulheres que a Sagrada Escritura tanto exalta. Que cada esposo confie, de coração, em sua esposa, honrando-a como companheira que possui igual dignidade e é, com ele, herdeira do dom da vida, amando-a como Cristo amou a sua Igreja e se entregou por ela.

Senhor, que esposo e esposa, unidos pelo santo sacramento do matrimônio, cultivem e permaneçam firmes na fé, na observância e na prática dos vossos mandamentos; fiéis um ao outro, no amor, sirvam de exemplo para os jovens pela integridade das suas vidas; fortalecidos pela sabedoria do Evangelho, deem a todos bom testemunho de Cristo; recebam com alegria, fé e esperança o dom dos filhos; sejam pais de virtude comprovada, e possam ter vida longa, próspera e feliz para ver os filhos dos seus filhos, e alcancem, um dia, o reino celeste, na companhia de todos os vossos santos e santas. Por Nosso Senhor Jesus Cristo, vosso Filho, que convosco vive e reina, na unidade do Espírito Santo, pelos séculos dos séculos. Amém (baseada na bênção nupcial do Ritual do Matrimônio).

## 4º PASSO

Na contemplação-ação, o texto faz formular um empenho de vida.

a) "Ao criar o homem e a mulher, Deus instituiu a família humana e dotou-a de sua constituição fundamental. Seus membros são pessoas iguais em dignidade. Para o bem comum de seus membros e da sociedade, a família implica uma diversidade de responsabilidades, de direitos e de deveres" (CatIC, n. 2203).

Acredito que o ser humano é a sublime criatura de Deus? Como membro de uma família e, por ela, da sociedade, tenho valorizado a minha dignidade e ajudado a promover o bem comum, com responsabilidade, não somente na reivindicação dos direitos, mas, principalmente, no exercício dos deveres? [breve pausa]

b) "A comunidade conjugal está fundada no consentimento dos esposos. O casamento e a família estão ordenados para o bem dos esposos, a procriação e a educação dos filhos. O amor dos esposos e a geração dos filhos instituem entre os membros de uma mesma família relações pessoais e responsabilidades primordiais" (CatIC, n. 2201).

Tomo consciência de que o mútuo consentimento, dado no ato matrimonial, é expressão da inteligência, da vontade e da liberdade humana? Acredito que o amor não é simples sentimento, mas o comportamento que traduz consciência, autodomínio e participação na obra criadora de Deus? [breve pausa]

c) "Um homem e uma mulher unidos em casamento formam com seus filhos uma família. Esta disposição precede todo reconhecimento por parte da autoridade pública; impõe-se a ela (isto é, não depende da autoridade civil para se constituir) e deve ser considerada como a referência normal, em função da qual devem ser avaliadas as diversas formas de parentesco" [CatIC, n. 2202].

Como ser humano, homem ou mulher, em preparação para o casamento, ou já tendo assumido esse estado de vida, compreendo e aceito que nenhuma lei humana pode estar acima do direito da família? [breve pausa]

d) "O autêntico amor conjugal será mais apreciado, e formar-se-á a seu respeito uma sã opinião pública, se os esposos cristãos derem um testemunho eminente de fidelidade e harmonia, além da solicitude na educação dos filhos, e se fizerem a sua parte na necessária renovação cultural, psicológica e social em favor do matrimônio e da família" (GS, n. 49).

Como batizado, tenho consciência do meu papel cristão na promoção do bem da família e da sociedade? Diante dos desvios que circulam na opinião pública sobre o matrimônio cristão, sei me posicionar a favor dos desígnios de Deus? Conheço os textos sagrados sobre o matrimônio e sei transmitir a doutrina que deles deriva? [breve pausa]

e) "Os jovens devem ser conveniente e oportunamente instruídos sobretudo no seio da própria família, acerca da dignidade, missão e exercício do amor

Evangelização e Família

conjugal. Deste modo, educados na castidade e chegada a idade conveniente, poderão entrar no casamento depois de um casto noivado" (GS, n. 49).

Como a fé e a doutrina cristã são vividas em minha família? Que tenho feito para conhecer mais e melhor a dignidade, a missão e o exercício do amor conjugal? Acredito que a castidade é uma virtude a ser cultivada e que um casto noivado é resposta vocacional, além de um saudável remédio para os males que assolam a sociedade, como doenças sexualmente transmissíveis? [breve pausa]

f) "A unidade do matrimônio, confirmada pelo Senhor, manifesta-se também claramente na igual dignidade da mulher e do homem que se deve reconhecer no mútuo e pleno amor. Mas, para cumprir com perseverança os deveres desta vocação cristã, requer-se uma virtude notável; por este motivo é que os esposos, fortalecidos pela graça para uma vida de santidade, cultivarão assiduamente a fortaleza do próprio amor, a magnanimidade e o espírito de sacrifício e os impetrarão com a oração" (GS, n. 49).

Tenho colaborado com a graça de Deus, aplicando-me no cultivo das virtudes, a fim de que a vocação cristã, exercida no meu concreto estado de vida, seja um testemunho de santidade que glorifica Deus e enriquece minha pessoa? [breve pausa]

**Canto:** *O mundo ainda vai viver tua palavra, tua palavra, tua palavra de Amor.*

# NOTAS

[1] Para o leitor interessado em aprofundar o estudo de Gn 2,4b-25 (WÉNIN, 2011, pp. 47-81).

[2] As relações de vassalagem com os assírios aconteceram, para o reino do Norte, durante os séculos IX-VIII a.C., e para o reino do Sul, a partir do final do século VIII a.C., perdurando durante quase todo o século VII a.C. Nada impede que a imigração do Israel do Norte para Judá-Jerusalém no final do século VIII a.C. tenha proporcionado esse contato através de textos assírios, visto que a influência não era somente econômica, mas também literária.

[3] A maior parte das cosmogonias mesopotâmicas existentes são relatos muito breves. Existem diversas composições que incluem descrições a respeito das origens. Três se destacam: Gilgamesh, Enuma Elish e Atrahasis. Esta última é relevante para se entender Gn 1–11, em particular sobre Gn 2–9, no qual aparece o esquema: criação, queda, castigo

e renovação. Os seres humanos, porque se desenvolveram sem controle e começaram a perturbar o sossego dos deuses, foram eliminados. Somente um ancestral humano sobrevive a um enorme dilúvio, e dele toda a raça humana novamente começa a povoar a terra. Esta narrativa é muito próxima à narrativa de Noé e do dilúvio bíblico. Segundo a versão sumérica deste mito, Ziusudra ou Ziusudu ("a vida por longos dias") é o nome do único homem que sobreviveu ao dilúvio (LIMET, 2000, p. 2325). Para ulteriores informações, vejam-se as seguintes obras: os verbetes "Enuma Elish" e "Gilgamesh" (SCHLESINGER; PORTO, 1995, pp. 945; 1166-1167) e "Atrahais" (LIMET, 2000, p. 184).

[4] São desconhecidas a origem e a estirpe dos sumérios. Sabe-se que no IV milênio a.C. já habitavam a parte meridional da Mesopotâmia. As suas principais cidades-Estado foram: Nippur, Erek, Lagaš, Ur, Uruk, que ficaram independentes até a ampla conquista de Sargon I de Acad. Este fundou o império semítico de Acad (2350-2150 a.c.), que teve onze soberanos, dentre os quais o famoso Naram-Sin (2255-2218 a.C.). A civilização sumérica desenvolveu uma perfeita rede de irrigação e trouxe uma notável contribuição para o progresso da cultura antiga. Aos sumérios deve-se a invenção da escrita pictográfica, da qual se desenvolveu a escritura cuneiforme, pela qual uma complexa mitologia foi conservada em transcrições posteriores. Importantes progressos nas ciências matemáticas e na astronomia também são atribuídos aos sumérios. Este patrimônio cultural foi herdado pelos babilônios e assírios, que desenvolveram, a partir dessa cultura, uma rica e vasta literatura (McKENZIE, 1983, pp. 900-902).

[5] Em Gn 2,4b–3,24 encontra-se um vocabulário sapiencial e há muitos elementos em comum com outros livros. A árvore da vida de Gn 2,9; 3,24 é um tema citado em Pr 3,18; 11,9; 30-31; 13,12; 15,4. O que Deus ensina em Gn 2,17 afasta a morte, como em Pr 13,14; 14,27. O conhecimento do bem e do mal também é citado: Eclo 17,6-8; 39,4.

[6] Pode-se admitir que o autor bíblico tenha querido afirmar que o homem não pode ter coitos com animais. Não há, dentre eles, um que lhe corresponda, isto é, que lhe sirva para transmitir a vida. A única proibição do gênero, pois não há paralelos, encontra-se em Lv 18,23 e, pelo contexto, percebe-se que o autor evidenciou que tal prática, por não ser segundo a natureza humana, era uma abominação (Lv 18,24-30).

[7] A tradição Jahwista usa o tetragrama sagrado desde o início das suas narrativas (Gn 2,4b). Entretanto, segundo a perspectiva bíblica da revelação, o nome do Deus do antigo Israel foi revelado a Moisés por ocasião da sua pessoal experiência de Deus no monte Horeb. Esta concepção foi usada e seguida escrupulosamente pela tradição sacerdotal (Ex 6,2-3). Ex 3,1-15 intercala os nomes "Deus" ('Elōhîm) e "Senhor" (YHWH). O momento culminante da revelação acontece quando 'Elōhîm diz a Moisés: "Eu Sou o que Sou" (Ex 3,14), isto é: YHWH, nome que significa "Existente". No início da revelação, o nome que aparece é "Deus": "Eu sou o 'Elōhîm de teu pai, 'Elōhîm de Abraão, 'Elōhîm de Isaac e 'Elōhîm de Jacó" (Ex 3,6). Depois da revelação do nome, aparece "Senhor": "YHWH, o Deus de vossos pais, o Deus de Abraão, o Deus de Isaac e o Deus de Jacó" (Ex 3,16). Desta experiência resultou o chamado e a missão libertadora de Moisés em relação ao seu povo que estava escravo no Egito. Então, todas as vezes em que na Bíblia aparece o nome comum "Deus", está traduzindo: 'El, 'Eloah, ou 'Elōhîm. Por vezes, quando estes nomes se referem às divindades dos povos circunvizinhos ao antigo Israel, aparecem traduzidos em minúscula: "deus", "deusa", "deuses". E todas as vezes em que aparece "Senhor", está traduzindo: YHWH, que em diversas versões aparece, indevidamente, como "Iahweh", "Javé", ou "Jeová". A tradução mais adequada do tetragrama sagrado deveria ser "Senhor", forma como a LXX traduziu ("Kyrios"), demonstrando o respeito devido ao Nome que se lê, mas não se pronuncia. Na Bíblia hebraica, os massoretas vocalizaram YHWH com os sinais da palavra Adonay ("meu Senhor"), para que assim sempre fosse lido.

[8] O mundo atual possui uma grande preocupação com a defesa dos animais. São Francisco de Assis, por certo, muito se orgulharia disso. Contudo, verifica-se, com tristeza, que muitos seres humanos parecem estar mais atentos aos animais que com o seu semelhante. A meu ver, está acontecendo uma inversão de valores, pois, em diversos países, já se gasta mais com os animais do que com o ser humano. A fome poderia não maltratar tantas pessoas se não houvesse essa inversão. O cuidado com os animais não pode ser uma virtude, se houver o descuidado com o ser humano. Disso, com certeza, São Francisco não teria motivos para se orgulhar.

[9] "A associação entre a árvore e o conhecimento do bem e do mal é um *unicum* na Bíblia. Considerado o recuo sapiencial deste conhecimento (cf. Eclo 39,4), bem como a identificação entre os preceitos da aliança, sabedoria e conhecimento em Dt 4,6-8 e o caminho do bem e do mal indicado ao povo de Moisés em Dt 30,15, é possível referir esta árvore também à Torá" (CASTELLO, 2013, p. 106, citado por IMPERATORI, 2014, p. 12).

[10] Cf. JOÃO PAULO II, MD, 7: AAS 80 (1988) 1664-1665.

[11] Cf. PIO XI, *Enc. Casti Connubii*: AAS 22 (1930), pp. 546-547; DENZ.-SCHOEN., 3706.

[12] Cf. Gn 2,22-24; Pr 5,15-20; 31,10-31; Tb 8,4-8; Ct 1,2-3; 4,16; 5,1; 7,8-14; 1Cor 7,3-6; Ef 5,25-33.

[13] Cf. PIO XI, *Enc. Casti Connubii*: AAS 22 (1930), pp. 547-548; DENZ.-SCHOEN., 3707.

# GÊNESIS 3,1-24

## "QUE FIZESTE?"

[1]A serpente, pois, era o mais astuto de todos os seres vivos do campo, que o Senhor Deus tinha feito. Então, disse à mulher: "Por certo Deus disse: não comereis de cada árvore do jardim?". [2]A mulher respondeu à serpente: "Do fruto de cada árvore do jardim comeremos, [3]mas do fruto da árvore, que está no meio do jardim, Deus disse: não comereis deles e não tocareis nela, senão morrereis". [4]Rebateu a serpente à mulher: "Certamente não morrereis! [5]porque Deus é sabedor que, no dia em que deles comerdes, vossos olhos se abrirão e sereis como Deus, sabedores do bem e do mal". [6]A mulher viu que a árvore era boa ao apetite e desejável aos olhos e favorável a árvore para tornar sagaz. Então, tomou-lhe do fruto e comeu, e deu-o também ao seu esposo, que com ela estava, e comeu. [7]E os olhos dos dois se abriram e souberam que eles estavam nus; entrelaçaram folhas de figueira e fizeram cintas para eles. [8]E ouviram a voz do Senhor Deus que estava andando no jardim ao sopro do dia; o *Adam* e sua mulher se esconderam da presença do Senhor Deus, no meio da árvore do jardim. [9]O Senhor Deus chamou o *Adam* e lhe disse: "Onde estás?"; ele respondeu. [10]"Escutei a tua voz no jardim e tive temor, porque eu estou nu e me escondi." [11]Ele contestou: "Quem te narrou que tu estavas nu? Acaso da árvore que te ordenei de não comer, comeste?". [12]O *Adam* respondeu: "A mulher que me deste, ela me deu da árvore, e comi!". [13]O Senhor Deus disse à mulher: "Que é isso que fizeste?". E a mulher respondeu: "A serpente me seduziu e eu comi". [14]Então, o Senhor Deus disse à serpente: "Porque fizeste isso, tu és maldita dentre todas as feras e de todos os seres vivos do campo. Andarás sobre teu ventre e comerás poeira todos os dias de tua vida. [15]Porei hostilidade entre ti e a mulher, entre o teu fruto e o fruto dela. Ele te esmagará a cabeça e tu lhe ferirás o calcanhar". [16]À mulher disse: "Multiplicarei as dores de tuas gravidezes, com dor parirás filhos, e para o teu marido o teu desejo te impelirá e ele te regerá". [17]E disse ao *Adam*: "Porque escutaste a voz de tua mulher e comeste da árvore que te ordenei ao dizer: dele não comerás, maldito é o solo por tua causa! Com fadiga comerás todos os dias de tua vida. [18]Espinhos e cardos hão de surgir para ti, e comerás a erva do campo. [19]Com o suor no teu nariz comerás teu pão até que tu retornes ao solo, porque dele foste tirado,

pois tu és pó e ao pó tornarás". ²⁰E o *Adam* chamou a sua mulher: "Eva", porque ela é a mãe de cada vivente. ²¹O Senhor Deus fez para o *Adam* e a mulher dele túnicas de pele, e os vestiu. ²²Depois disse o Senhor Deus: "Eis que o *Adam* já é como um de nós, ao saber o bem e o mal; e agora, que ele não estenda a sua mão e pegue também da árvore da vida, e coma e viva para sempre!". ²³E o Senhor Deus o expulsou do jardim do Éden, para servir o solo do qual fora tirado. ²⁴E baniu o *Adam*, e fez morar diante do jardim do Éden os querubins com a chama da espada fulgurante para guardar o caminho da árvore da vida.

# 1. ABORDAGEM HISTÓRICA

Aos relatos da criação, segue-se o relato da desobediência do primeiro casal a Deus, geradora de drásticas consequências para toda a humanidade.[1] Tudo isso impõe, por certo, algumas perguntas ao ouvinte-leitor: Mito ou realidade? Uma "serpente" que, com conhecimento de causa, fala à mulher que, por sua vez, compreende totalmente a fala e se deixa influenciar: Como isso é possível? Como no relato precedente, pode-se perguntar: Houve um fundo histórico para o conteúdo narrado ou, simplesmente, foi fruto da criatividade do autor inspirado? Acredito que a resposta possa ser: as duas coisas, e elas não se opõem ou se contradizem! Mas que fundo histórico teria inspirado o autor?

O sonho de quem convive com a dura realidade da aridez do solo, impróprio para o plantio e para a pastorícia, projeta a "vida feliz" em um lugar de delícias, como é o caso do "Jardim do Éden", que pode ter sido inspirado nos pomares que os reis do AOP mandavam fazer em volta de seus palácios para proporcionar beleza e, principalmente, temperaturas mais amenas. É por isso que o "Senhor Deus", tendo o autor usado a linguagem antropomórfica, não somente plantou o "Jardim do Éden", mas dele se beneficiava, caminhando, em busca de frescor, ao cair da tarde (cf. Gn 3,8). Além disso, quem não se admira ao ver as árvores frutíferas repletas de belos e saborosos frutos, ao alcance das próprias mãos?

Por experiência própria, sabe-se que a serpente rasteja sobre o próprio ventre e, segundo a mentalidade antiga, esse animal era símbolo de hostilidade de Deus ao ser humano, por ser peçonhento e muito astuto na hora de dar o bote certeiro. Além disso, sabe-se, também, que a mulher, quando está para dar a luz, sente as dores do parto; que a

Evangelização e Família

vida em uma região, pouco fértil e deserta, é muito dura, pois é difícil cultivar o solo árido e dele conseguir o pão de cada dia; que a falta do alimento leva à morte e que, passado certo tempo, do corpo sepultado fica somente pó (cf. Gn 3,14-19). A experiência do medo, pela acusação da consciência, sinal da onipresença e onisciência de Deus (cf. Gn 3,10), da dor (cf. Gn 3,16), da aflição e do cansaço (cf. Gn 3,17.19), é em tudo muito real! Nesse sentido, a vida humana, suas duras vicissitudes e o desejo de uma vida menos penosa são o fundo histórico do relato.

As dificuldades de relação entre o homem e a mulher são também reais e constantes na experiência cotidiana da vida. O desejo que impele um ao outro, muitas vezes, não é capaz de manter a unidade estabelecida entre os dois. Há constantes conflitos. O que deveria ser solidariedade no bem se torna, pela conivência na escolha indevida e errada, solidariedade no que é mal. Nota-se a alternância entre atração, por um lado, quando tudo dá certo, e forte repulsa, por outro, quando tudo dá errado. Os dois não conseguem mais se reconhecer como parceiros e complementares. O homem e a mulher, um diante do outro, não são capazes de reconhecer e afirmar as próprias culpas; preferem optar e assumir a postura de recíproca acusação.

Fica evidente, então, que o relato da desobediência original dos progenitores da humanidade nada mais é do que uma reflexão sobre a vida, a existência e as relações culturais e sociais em chave religiosa, veiculada através de uma linguagem mitológica de fácil compreensão da mensagem. Os mitos, por ser roupagem simbólica, se tornam aptos para transmitir a realidade humana.

O relato da vida do homem e da mulher no Jardim do Éden, com a consequente expulsão após o ato de desobediência ao mandamento dado pelo "Senhor Deus" (cf. Gn 2,17), permite pensar que Gn 3,1-24 tenha sido elaborado no mesmo contexto histórico do texto precedente. É, ao que parece, a sua lógica continuação, segundo um esquema predeterminado: *criação*, *queda humana*, *sentença divina* e *promessa de salvação*.

Outros elementos permitem a ligação com o texto precedente: o homem e a mulher estão juntos no Jardim do Éden, palco dos acontecimentos; a árvore da ciência do bem e do mal como elemento que dispõe o ser humano a agir em liberdade (cf. Gn 2,17; 3,1b-3); a serpente é um dos animais do campo feitos pelo "Senhor Deus" (cf. Gn 2,19; 3,1); a nudez do homem e da mulher (cf. Gn 2,25; 3,7.10-11.21). A questão central gira em torno do mesmo preceito, pelo qual Deus havia proibido o homem de comer o fruto da árvore da ciência do bem e do mal, que redundaria para ele em morte (cf. Gn 2,17).

O texto em si não é histórico, mas uma metáfora narrativa pela qual o antigo Israel buscou refletir teologicamente sobre a presença do mal no mundo e na vida do ser humano. Esta reflexão foi assumida no Novo Testamento, particularmente com relação a Gn 3,15, concretizado na encarnação do Verbo Divino no seio virginal de Maria. A obediência de Jesus e Maria figura como antítipo da desobediência de Adão e Eva (cf. DV 3; LG 55).

## 2. ABORDAGEM LITERÁRIA

Deus, o homem e a mulher, com o acréscimo da serpente enganadora e dos dois querubins, no final do relato, são os personagens que atuam no mesmo ambiente: o jardim do Éden, no qual o Senhor Deus e os progenitores da humanidade circulam livremente.

O trabalho do ser humano sobre o solo no segundo relato da criação era ameno, mas depois do pecado tornou-se uma fadiga, porque antes sua ação era de guardião do jardim, mas, a partir do momento em que foi dali banido, passou a ter, diante de si, uma terra difícil, que lhe produzia espinhos e cardos. Devia cultivar o solo do qual ele fora modelado. A mudança de ambiente retrata a perda dos dons originais.

Gn 2,4b-25 faz com Gn 3,1-24 uma unidade literária dividida em dois momentos distintos. Na primeira relata-se o que Deus é capaz de fazer de bom pelo ser humano. Na segunda, o que o ser humano é capaz de fazer ao contrário do que Deus faz. A livre decisão de Deus abre (cf. Gn 2,4b) e fecha (cf. Gn 3,23-24) os dois relatos e serve de moldura para as duas partes que se complementam. Por estes elementos sublinha-se a estreita relação que existe entre Gn 2,4b-25 e 3,1-24.

O relato da queda original é muito movimentado pelos diversos diálogos: da serpente com a mulher e de Deus com o homem. Após o narrador introduzir os dados sobre a serpente, que é a nova personagem a entrar em cena (cf. Gn 3,1), a primeira fala dela dirige-se à mulher e, por ela ser osso dos ossos e carne da carne do homem, essa fala também é endereçada a ele.

O conteúdo do diálogo parece revelar falta de conhecimento: a serpente, por um lado, não estaria bem informada quanto à extensão da proibição divina e a mulher, por outro lado, não estaria bem informada quanto às intenções de Deus ao fazer tal proibição. Nota-se, igualmente, que a mulher não repetiu, exatamente, a ordem que o homem ouvira de Deus sobre a árvore do conhecimento do bem e do mal (cf. Gn 2,9.16). Nisto está o jogo do diálogo que visa à transmissão de um conhecimento. A mulher diz, por sua vez, a verdade para a serpente que, ao contrário dela, lhe diz uma mentira, apresentando uma proposta que despertou aspirações bem profundas no íntimo do ser humano.

Na primeira parte do relato (cf. Gn 3,1-7), a serpente parece protagonizar, pois instaura um diálogo com a mulher que gira em torno da ordem divina (cf. Gn 2,17). A mulher, convencida pelos argumentos apresentados pela serpente, cede, come o fruto proibido e envolve o homem na sua ação, pois ele também come do fruto. Evidencia-se a conivência e a complementaridade às avessas. O resultado da desobediência é apresentado: a mulher e o homem não adquiriram o conhecimento do bem e do mal, mas, simplesmente, com os olhos abertos, constataram a própria nudez e não conseguiram suportá-la ou aceitá-la com naturalidade. A experiência do mal, porém, pode ser vista sob a dinâmica da consequência da desobediência, na qual o ser humano se perdeu ao querer invalidar a sua condição de criatura, para se tornar senhor de seu próprio destino.

A segunda parte do relato faz entrar em cena, novamente, o Senhor Deus e, momentaneamente, "sair" de cena o homem e a mulher que se escondem. Com uma pergunta e uma resposta, o homem e a mulher reentram em cena, da qual parece que a serpente não se ausentou, pois Deus lhe dirigiu uma sentença.

Novo diálogo se instaura, o homem revela o seu medo e a razão do mesmo. Diante disso, o Senhor Deus quer saber como se deu o fato: revelação ou desobediência? Não há confissão de culpa, mas acusação: do homem em relação à mulher e desta em relação à serpente. Os dois se defendem julgando-se enganados. Segue-se a sentença divina, em poesia, na ordem inversa, de Deus à serpente, depois à mulher e, enfim, ao homem. A maldição recaiu sobre a serpente e o solo. À mulher não coube uma maldição, mas a dificuldade ao dar a luz, bem como a sua dependência do homem, mas a este coube a dificuldade para fazer germinar o solo e dele retirar o alimento.

A conclusão revela o primeiro domínio do homem sobre a mulher: ele a chama de Eva, mãe dos viventes; revela que o Senhor Deus cobre a nudez do homem e da mulher com peles. Um dado relevante, pois a pele provém do animal. O ato exige o sacrifício em prol do bem-estar do ser humano, mas não se fala de algum animal sacrificado com essa finalidade. As túnicas de pele saem das mãos do Senhor Deus, da mesma forma que o jardim foi plantado, que o ser humano foi modelado do barro e que a mulher foi feita da costela do homem. Se o texto terminasse aqui, a sentença não seria uma condenação, mas uma proteção. Entretanto, Gn 3,22-24 introduz um diálogo do Senhor Deus, no plural, consigo mesmo (cf. Gn 1,26), que acarreta uma *constatação*: o homem conhece o bem e o mal; uma *previsão*: que não usurpe da árvore da vida e se torne imortal; e uma *atitude*: expulsão do Jardim do Éden, que recebeu querubins para proteger o caminho que conduz à árvore da vida.

# 3. ABORDAGEM TEOLÓGICA

Além dos pontos de contato literários, percebe-se, claramente, uma unidade de sentido teológico entre o relato precedente da criação (cf. Gn 2,4b-25) e o presente relato sobre a desobediência dos progenitores da humanidade. Evidencia-se a passagem de uma situação harmoniosa do ser humano com o Senhor Deus, com o qual dialoga amigavelmente e sem medos, e com toda a criação no Jardim do Éden, à situação existencial, marcada pelo medo, pela discórdia e pela mútua acusação.

Assim surge a noção bíblica de pecado, que diz respeito, então, ao rompimento da relação do ser humano com Deus e, na dinâmica do Jardim do Éden, ao fim de uma relação de paz e de harmonia. Da noção de pecado, surge a noção de pecador: é todo aquele que não obedece à voz de Deus, que rompe com a aliança e com a paz que dela deriva. A falta de obediência a Deus é, portanto, a atitude do homem contrária à aliança e à paz, à harmonia, resultante da fidelidade perene de Deus à sua criação.

O Senhor Deus, em Gn 3,1-24, continua se fazendo presente no jardim e, nele, procura pelo homem, dialoga e se interessa pela sua condição existencial. A desobediência não acontece fora do âmbito das relações entre o ser humano e Deus, que, imediatamente, torna manifesta a desobediência cometida. Deus, para além da falta cometida, tem diante de si a incapacidade do ser humano de assumir o próprio erro. Ele não escuta do ser humano a confissão do próprio erro, mas a tentativa de fazê-lo acreditar que a culpa não é sua, mas do outro. Uma culpa que recai, no final e por certo, não somente sobre a serpente sedutora, mas sobre o próprio Deus que, em última instância, é o Criador de todos os animais do campo (cf. Gn 3,1).

A partir desse momento, Deus se revela juiz, pois não deixa o homem, a mulher e a serpente impunes, mas determina as sentenças e, pela primeira vez na Bíblia, pronuncia-se uma maldição sobre a serpente que representa, de forma metafórica, a humilhação do sedutor. Também uma maldição é pronunciada sobre o solo do qual o ser humano foi tirado. Estas duas maldições se contrapõem às bênçãos que foram dadas às criaturas no primeiro relato (cf. Gn 1,22.28; 2,3).

As maldições pronunciadas ficam subjugadas, porém, à primeira promessa de salvação, que, para acontecer, deve colocar em andamento a bênção da multiplicação do ser humano (cf. Gn 1,28) que não foi revogada, mas passou a contar com o início das dores do parto. Gn 3,15 passou a ser denominado de "protoevangelho", um anúncio de salvação que foi feito exatamente após o pecado e que denota que Deus não desistiu do seu plano original para o gênero humano e nem o abandonou ao léu da sua desobediência.

Desse ponto em diante, o ser humano passou a conhecer, ao lado da sua nudez, a esperança como história da salvação, não dispensando a sua participação como protagonista da inimizade determinada pelo próprio Deus entre a descendência da serpente, isto é, dos opositores aos desígnios divinos, e da mulher, que, de geração em geração, carregará no ventre até que se realize o esmagamento da cabeça da serpente.

A tradição judaica, seguida pela tradição cristã, viu na "serpente" o maligno ou demônio, o sedutor do ser humano (cf. Rm 16,20, 2Cor 11,3; Ap 12,9; 20,2), ao qual a morte foi atribuída (cf. Sb 2,24; Jo 8,44). De Gn 3,15 se salta para Ap 12, cuja expulsão recaiu sobre o Dragão, a antiga serpente. O sentido da relação entre a "serpente" e o demônio não tem recebido dos biblistas a mesma explicação. Esta oscila como literal, alegórica, literária etc. Por certo, o relato visa mostrar que o ser humano não foi capaz, em sua consciência, de ouvir somente a voz de seu Deus criador e benfeitor, mas deixou que ela fosse invadida por uma voz sedutora.

A proibição de não comer do fruto da árvore da ciência do bem e do mal, embora tenha sido dada ao homem, passou a dizer respeito também à mulher, visto que ela foi "construída" a partir dele. A proibição divina, que dizia respeito a uma única árvore, nos lábios do tentador foi estendida a todas as árvores. Esta astuciosa exageração foi uma provocação que levou a mulher a dizer a verdade, respondendo com precisão à ordem recebida de Deus.

Visto que a tentativa de mudar a ordem divina falhou, a nova investida é feita sobre a consequência e a compreensão dessa ordem. A mentira se reveste de verdade para enganar. O que era certo passou a ser visto como errado. A nova proposta, como nova forma de visão da realidade, passa a ser objeto de desejo: "Não, não morrereis... vossos olhos serão abertos e vós sereis como Deus, conhecedores do bem e do mal" (Gn 3,4).

O ser humano, sucumbindo à tentação, revelou que possuía aspirações às quais não conseguia satisfazer. A principal delas foi o desejo de viver a partir de suas próprias decisões, no entanto, percebeu que a sua vida encontrava-se ameaçada por diversas situações de morte. O mal físico, segundo o relato bíblico, teve início depois do pecado ou foi a consequência do mal moral. A relação que pode ser estabelecida permitiria falar de causa e efeito. Pelo relato, pode-se dizer que a maldição sobre o solo denota que a natureza revolta-se contra o ser humano que se voltou contra o seu Criador.

# 4. ABORDAGEM PASTORAL

Este texto apresenta a narrativa da queda original do primeiro casal humano, pela presença e ação de uma das criaturas, a serpente, dita a mais astuta dentre todas as criaturas. No relato, usa-se a prosopopeia para abrir a reflexão sobre como o mal e o pecado entraram no mundo e passaram a conviver em cada homem e mulher.

O protagonismo das ações humanas aparece muito mais neste texto do que em Gn 2,4b-25. A desobediência acontece porque o ser humano, enganado pelo tentador, sentiu-se enganado pelos interesses de Deus e revelou que, no fundo, tinha interesse em comer o fruto proibido e, assim, enganar o seu Criador. Toda a dinâmica da narrativa se desenvolve em forma de diálogos, mostrando que, apesar de tudo, Deus não deixou de falar com a sua sublime criatura, de ser o seu interlocutor.

Em contrapartida, homem e mulher se afastaram pelas escusas que cada um colocou para se justificar diante de Deus. Teve início o conflito humano no primitivo casal. A experiência de ruptura, que revela uma ambição antes inibida, é um elemento importante na narrativa. Por causa desta queda aconteceu o afastamento do plano original de Deus que deveria ser transmitido como graça original de geração em geração. Alguns dados novos surgiram: o mal, o pecado, o peso da consciência, o juízo divino, a pena e a promessa da vitória da descendência do bem sobre a descendência do mal.

A serpente na narrativa não possuía características superiores e não era o que mais interessava ao autor, mas sim as palavras sedutoras que foram colocadas em sua boca, simbolizando o que há de hostil fora do ser humano e que pode tirá-lo do caminho da obediência a Deus. O ser humano permitiu, livremente, que uma voz estranha entrasse em seu ser e se tornasse mais forte do que a voz do seu Criador. Foi o primeiro exemplo de que o ser humano não era capaz de dominar uma criatura inferior.

Se a voz de Deus não foi ouvida, como uma exortação para o bem, ela será ouvida como sentença sobre o mal cometido. Em Deus, existe diálogo com o ser humano, mas não com a serpente, que teve somente de ouvir a sua sentença sem possibilidade de apelação. Deus não só superou o mal, mas o reduziu à insignificância.

Talvez, aqui, estivesse o desejo de mostrar ao ser humano que a idolatria também se originou por causa dessa submissão. Ex 4,3; 7,15 e Nm 21,4-9 podem estar em profunda relação. Moisés, que domina o bastão transformado em serpente, para convencer o faraó, e funde a serpente de bronze, para curar os feridos de morte no deserto, mostra que, com Deus, o ser humano não se deixa dominar pelo mal.[2]

De fato, os olhos do primitivo casal se abriram, mas não para serem como deuses e sim para verem que estavam nus. Sempre estiveram nus, mas não se envergonhavam. Agora enrubescem. Depois da decisão tomada, o que era experiência positiva tornou-se condição de indigência. Devem improvisar uma proteção para própria culpa. Ao lado disso, a tentativa de se furtar à presença de Deus foi inútil.

No quadro da narrativa, após o pecado, a sentença e o castigo, muita coisa mudou. Só o Jardim do Éden permaneceu como saudade do tempo em que a harmonia não havia sido ferida. O acesso para o jardim foi fechado, mas não se perdeu a vontade paradigmática e universal que reside em cada ser humano desejoso de felicidade. O desejo de conhecer o bem e o mal no Jardim do Éden pode ser parafraseado com o desejo de saber discernir o que aproveita ou o que causa dano à vida. Esta situação surge quase naturalmente a partir dos primeiros passos de um ser humano no dia a dia pela obtenção do domínio sobre todas as situações e circunstâncias que o envolvem na sua ambição desmedida.

A voz que ressoou na oferta do "sereis como Deus" reaparece em outras vozes e se reafirma em diversas situações nas quais o ser humano, dando ouvidos, manifesta o seu claro interesse por se rebelar contra a sua condição natural, julgando que pode realizar para si, custe o que custar, uma nova condição de vida e de existência. Quando isso acontece, repete-se a cena negativa do Jardim do Éden, pela qual o ser humano, ao ouvir uma voz que não era a de Deus, perdeu a sua referência relacional e o seu lugar aprazível. Da proteção passou à precariedade e, no lugar de ser divino, percebeu-se nu e fragilizado.

Assim, nesse relato, a imagem do ser humano aparece complexa e misteriosa, e não lhe faltam contradições entre as suas aspirações, conquistas e fracassos. Os conflitos aos quais se viu imerso deflagraram, por um lado, a falta e, por outro, o desejo de superação e de harmonia. O homem e a mulher, juntos nessa vida e marcados por suas pretensões e desmedidas ambições, passaram a reclamar não só por liberdade, mas por redenção, isto é, pela capacidade de, como ser humano, operar o que é certo e de acordo com a vontade do seu Criador. É o que João quis expressar no episódio das bodas de Caná, na qual Maria, como nova Eva, "seduziu" o Filho, novo Adão, para que realizasse o primeiro sinal, que redundou em benefício da fé dos discípulos (cf. Jo 2,1-12). É, também, o que Paulo quis expressar quando fez a distinção entre Adão, que pela sua desobediência fez com que todos se tornassem pecadores, e Jesus Cristo, que pela sua obediência fez com que todos pudessem se tornar justos (Rm 5,12-21; 1Cor 15,21-22). Paulo fez uma mudança de anúncio: em Adão se teve o anúncio da morte e em Jesus o anúncio salvífico.

A ruptura da primeira aliança representou, na lógica da revelação bíblica, a base para o surgimento de todos os desvios que investiram contra a natureza humana. Estes denigrem a imagem e a semelhança de Deus em cada ser humano. Os progenitores tiveram que deixar o Jardim do Éden sem poderem estender a sua mão para a árvore da vida, mas levaram consigo a mensagem de que a morte não teria a última palavra sobre a sua vida. O retorno à harmonia e à imortalidade passou, então, a ser o desejo que acompanha o ser humano na sua existência e, nele, se tornou, igualmente, uma característica tão forte como a morte. Isso pode ser contemplado no anúncio de esperança contido no livro do Apocalipse, no qual se anuncia uma nova ordem das coisas, pois a justiça divina triunfará e o final será a celebração das núpcias do Cordeiro Imolado, novo e definitivo Adão, com a nova Eva, a cidade Santa de Jerusalém que vem de junto de Deus e a ele é entregue.

# 5. LEITURA ORANTE — Rm 5,12-21

## "PELA OBEDIÊNCIA DE UM SÓ, TODOS SE TORNARÃO JUSTOS"

**Canto:** *Eu vim para escutar tua palavra, tua palavra, tua palavra de Amor.*

**1º Leitor:** Breve introdução.

A comunidade cristã de Roma não deveu a sua fundação e seus primórdios a um único missionário, mas se formou a partir de diversos cristãos de origem judaica e gentílica que para lá imigraram. Os cristãos de origem gentílica, por certo, eram mais numerosos que os de origem judaica. Dois mundos não mais em conflito, mas unificados pela fé em Jesus Cristo.

O apóstolo Paulo, sem ser o fundador e sem ter visitado a comunidade de Roma, dirigiu-lhe uma carta muito extensa e com diversificado conteúdo. Por meio dessa carta, ele, de alguma forma, se apresenta, pois a sua intenção era a de, terminada a sua missão nas regiões orientais do império romano, chegar a Roma e, assim, atingir a atual Espanha (cf. Rm 15,22-24).

A argumentação de fé, presente em Rm 5,12-21, pretende contrapor a vida e a ação de Adão, cabeça da humanidade pecadora, à vida e ação de Jesus Cristo, novo Adão e cabeça da humanidade redimida. Por isso, toda a argumentação foi feita em forma de paralelismo, a fim de manifestar a salvação segundo os desígnios de Deus. A família humana, originada e representada em Adão, que era figura de Jesus Cristo, obteve deste, mediante a fé, a graça da justificação. Se o esquema serviu para colocar Adão e Jesus Cristo em paralelo, deve-se notar que não há comparação entre o que Adão fez, e passou para todos os homens, e o que Jesus Cristo fez, e passou para todos os homens, porque a graça derramada foi superior e mais abundante que a desobediência geradora de todos os males da humanidade.

**Canto:** *Escuta, Israel, o Senhor teu Deus vai falar. Fala, Senhor, que teu servo vai te escutar (2x).*

Leonardo Agostini Fernandes

# 1º PASSO

Leitura da Carta de São Paulo aos Romanos 5,12-21.

[12] Visto que, como por causa de um só homem o pecado entrou no mundo e, com o pecado, a morte; assim, a morte alcançou todos os homens, porque todos pecaram. [13]De fato, até a lei existia o pecado no mundo e mesmo se o pecado não pode ser imputado quando falta a lei, [14]a morte reinou, igualmente, de Adão até Moisés sobre os que não tinham pecado com uma transgressão semelhante àquela de Adão, o qual é figura daquele que tinha de vir. [15]O dom da graça, porém, não é como a queda. Se, portanto, pela queda de um só, todos morreram, muito mais a graça de Deus e o dom concedido em graça de um só homem, Jesus Cristo, foram derramados em abundância sobre todos os homens. [16]E não aconteceu para o dom da graça; como para o pecado de um só, o juízo veio de um só ato para a condenação; o dom da graça, ao invés, de muitas quedas veio para a justificação. [17]Com efeito, se pela queda de um só a morte reinou por causa de um só homem, muito mais aqueles que recebem a abundância da graça e o dom da justiça reinarão na vida por meio de um só Jesus Cristo. [18]Como, então, pela culpa de um só a condenação se derramou sobre todos os homens, de igual modo, pela obra de justiça de um só se derrama sobre todos os homens a justificação que dá a vida. [19]De modo semelhante, como pela desobediência de um só, todos foram constituídos pecadores, assim, pois, pela obediência de um só todos serão constituídos justos. [20]A lei, portanto, serviu para dar pleno conhecimento da queda, mas onde abundou o pecado, superabundou a graça, [21]porque como o pecado tinha reinado com a morte, assim também reine a graça com a justiça para a vida eterna, por meio de Jesus Cristo, nosso Senhor.

**Canto:** *Escuta, Israel, o Senhor teu Deus vai falar. Fala, Senhor, que teu servo vai te escutar* (2x).

**2º Leitor:** O que o texto diz?

a) O pecado entrou no mundo por Adão, cabeça da humanidade, e, por ele, a morte, que é a sua consequência ou o seu efeito; pelo seu delito, a morte,

Evangelização e Família

como condenação, passou para todos os homens, porque todos herdaram dele a má inclinação e o pecado dele em todos se fez representar (v. 12). [breve pausa]

b) A lei é o que demonstra o erro e imputa a pena; mesmo sem a lei, de Adão até Moisés, o pecado existiu, porque a morte reinou, mesmo sobre aqueles que não tinham praticado uma transgressão semelhante à de Adão, que não era figura do legislador Moisés, mas "daquele que tinha de vir" (vv. 13-14). [breve pausa]

c) Por Moisés não veio a graça, mas a lei que evidencia a transgressão e imputa a pena. Não há comparação entre a graça e a queda. Por Adão veio a queda e a morte como condenação; por Moisés veio a lei e o juízo sobre a transgressão; mas, por Jesus Cristo, veio a graça da redenção, que foi derramada sobre todos os homens (v. 15). [breve pausa]

d) O pecado sentenciou de morte todos os homens, porque passou a ser parte de todo ser humano que vem ao mundo, isto é, de todo filho de Adão, mas a graça de Jesus Cristo justificou a queda de todos. Assim, o que aconteceu como consequência da queda: a morte para todos os homens, não ocorreu de igual modo com a graça, porque ela não veio para a queda de um só, mas para todos os que, além de morrerem, por causa dela, ainda se tornaram pecadores. Então, a graça não veio só para Adão, mas para todos os seus descendentes que são recriados no novo Adão (v. 16). [breve pausa]

e) Se, por causa do pecado de Adão, a morte reinou em muitos, por causa de Jesus Cristo, pelo dom da justiça, a vida passou a reinar como graça divina, isto é, como presença e ação de Deus que passa a habitar todo ser humano. Desse modo, Jesus Cristo e a sua ação justificadora são, respectivamente, as antíteses de Adão e de seu pecado. Os efeitos eficazes da superioridade de Jesus Cristo e de sua ação sobre Adão e seu pecado ficam evidenciados (v. 17). [breve pausa]

f) O anúncio da abundância da graça derramada por Jesus Cristo foi necessário para demonstrar que não se tratava de simples paralelismo entre Adão e seu pecado, com Jesus Cristo e sua graça. Não é possível se equivocar diante das etapas da história da salvação: de Adão a Moisés não houve lei e, mesmo assim, todos morreram sem justificação; de Moisés até Jesus Cristo houve a lei, mas também todos morreram sem justificação, porque a lei apenas aplica a justiça divina, mas não salva. De Jesus Cristo em diante, todos foram salvos e revivem pelo dom de sua graça que os justifica do pecado (v. 18). [breve pausa]

g) Desde o início da humanidade, desobediência e morte fazem parte da vida de Adão e, por ele, de todos os seus descendentes e, neles, ainda permanecem. Obediência e vida fazem parte da vida de Jesus Cristo e, por ele, de todos os seus descendentes e, neles, permanecem pela graça da justificação, que se recebe no batismo e que passa a orientar a nova vida da humanidade redimida (v. 19). [breve pausa]

h) O papel da lei aparece explícito: "dar pleno conhecimento da queda". É uma função pedagógica, pois coloca cada ser humano diante de suas próprias ações em desacordo com a verdade. Esta função permite ao ser humano não ter uma ideia superior de si mesmo, mas o coloca diante da fragilidade da sua natureza corrompida pelo pecado. Quando reconhece a sua condição, abre-se para necessidade de acolher a ação favorável de Deus. Se o pecado de Adão abundou em seus descendentes, a graça superabundou como dom de Deus em Jesus Cristo para toda a humanidade redimida (v. 20). [breve pausa]

i) A fé na vida eterna é condição *sine qua non* para compreender a novidade da graça como justiça. Se ocorreu a transmissão do pecado em cada descendente de Adão, criando a condição de um estado de vida passado de geração em geração: "reinado com a morte", "por meio de Jesus Cristo, nosso Senhor", teve início o novo estado de vida: "reinado da graça com a justiça para a vida eterna". A morte, então, não é mais somente a consequência do pecado de Adão, mas tornou-se, pela morte redentora de Jesus Cristo, a condição para se experimentar a sua eficácia salvífica (v. 21). [breve pausa]

**Canto:** *Eu gosto de escutar tua palavra, tua palavra, tua palavra de Amor.*

# 2º PASSO

A meditação ajuda a perceber o que o texto diz.

a) "O relato da queda (Gn 3) utiliza uma linguagem feita de imagens, mas afirma um acontecimento primordial, um fato que ocorreu *no início da história do homem* (GS, 13,1). A Revelação dá-nos a certeza de fé de que toda a história humana está marcada pelo pecado original cometido livremente por nossos primeiros pais[3]" (CatIC, n. 390). [breve pausa]

b) "Com o progresso da Revelação, é esclarecida também a realidade do pecado. Embora o Povo de Deus do Antigo Testamento tenha conhecido a dor da condição humana à luz da história da queda narrada no Gênesis, não era capaz de entender o significado último desta história, que só se manifesta plenamente à luz da morte e ressurreição de Jesus Cristo (cf. Rm 5,12-21). É preciso conhecer a Cristo como fonte da graça para conhecer Adão como fonte do pecado. É o Espírito-Paráclito, enviado por Cristo ressuscitado, que veio estabelecer 'a culpabilidade do mundo a respeito do pecado' (Jo 16,8), ao revelar aquele que é o Redentor do mundo" (CatIC, n. 388). [breve pausa]

c) "A doutrina do pecado original é, por assim dizer, 'o reverso' da Boa Notícia de que Jesus é o Salvador de todos os homens, de que todos têm necessidade da salvação e de que a salvação é oferecida a todos graças a Cristo. A Igreja, que tem o senso de Cristo (cf. 1Cor 2,16), sabe perfeitamente que não se pode atentar contra a revelação do pecado original sem atentar contra o mistério de Cristo" (CatIC, n. 389). [breve pausa]

d) "O homem, tentado pelo Diabo, deixou morrer em seu coração a confiança em seu Criador (cf. Gn 3,1-11) e, abusando de sua liberdade, *desobedeceu* ao mandamento de Deus. Foi nisto que consistiu o primeiro pecado do homem (cf. Rm 5,19). Todo pecado, daí em diante, será uma desobediência a Deus e uma falta de confiança em sua bondade" (CatIC, n. 397). [breve pausa]

e) "Neste pecado, o homem *preferiu* a si mesmo a Deus, e com isso menosprezou a Deus: optou por si mesmo contra Deus, contrariando as exigências de seu estado de criatura e consequentemente de seu próprio bem. Constituído em um estado de santidade, o homem estava destinado a ser plenamente 'divinizado' por Deus na glória. Pela sedução do Diabo, quis 'ser como Deus' (Gn 3,5), mas 'sem Deus, e antepondo-se a Deus, e não segundo Deus'"[4] (CatIC, n. 398). [breve pausa]

f) "A Escritura mostra as consequências dramáticas desta primeira desobediência. Adão e Eva perdem de imediato a graça da santidade original (cf. Rm 3,23). Têm medo deste Deus (cf. Gn 3,9-10), do qual fizeram uma falsa imagem, a de um Deus enciumado de suas prerrogativas (cf. Gn 3,5)" [CatIC, n. 399]. [breve pausa]

g) "A harmonia na qual estavam, estabelecida graças à justiça original, está destruída; o domínio das faculdades espirituais da alma sobre o corpo é rompido (cf. Gn 3,7); a união entre o homem e a mulher é submetida a tensões (cf. Gn 3,11-13); suas relações serão marcadas pela cupidez e pela dominação (cf. Gn 3,16). A harmonia com a criação está rompida: a criação visível tornou-se para o homem estranha e hostil (cf. Gn 3,17.19). Por causa do homem, a criação está submetida 'à servidão da corrupção' (Rm 8,20). Finalmente, vai realizar-se a consequência explicitamente anunciada para o caso de desobediência (cf. Gn 2,17): o homem 'voltará ao pó do qual é formado' (cf. Gn 3,19). *A morte entra na história da humanidade* (Rm 5,12)" (CatIC, n. 400). [breve pausa]

h) "A partir do primeiro pecado, uma verdadeira 'invasão' do pecado inunda o mundo: o fratricídio cometido por Caim contra Abel (cf. Gn 4,3-15); a corrupção universal em decorrência do pecado (cf. Gn 6,5.12; Rm 1,18-32); na história de Israel, o pecado se manifesta frequentemente e, sobretudo, como uma infidelidade ao Deus da Aliança e como transgressão da Lei de Moisés; e mesmo após a Redenção de Cristo, entre os cristãos, o pecado se manifesta de muitas maneiras (cf. 1Cor 1–6; Ap 2–3)" (CatIC, n. 401). [breve pausa]

i) "A Escritura e a Tradição da Igreja não cessam de recordar a presença e a *universalidade do pecado na história* do homem: 'O que nos é manifestado pela Revelação divina concorda com a própria experiência. Pois o homem, olhando para seu coração, descobre-se também inclinado ao mal e mergulhado em múltiplos males que não podem provir de seu Criador, que é bom. Recusando-se muitas vezes a reconhecer Deus como seu princípio, o homem destruiu a devida ordem em relação ao fim último e, ao mesmo tempo, toda a sua harmonia consigo mesmo, com os outros homens e com as coisas criadas' (GS, 13,1)" (CatIC, n. 401). [breve pausa]

j) "Todos os homens estão implicados no pecado de Adão. São Paulo o afirma: 'Pela desobediência de um só homem, todos se tomaram pecadores' (Rm 5,19). 'Como por meio de um só homem o pecado entrou no mundo e, pelo pecado, a morte, assim a morte passou: para todos os homens, porque todos pecaram...' (Rm 5,12). À universalidade do pecado e da morte o Apóstolo opõe a universalidade da salvação em Cristo: 'Assim como da falta de um só resultou a condenação de todos os homens, do mesmo modo, da obra de justiça de um só (a de Cristo), resultou para todos os homens justificação que traz a vida' (Rm 5,18)" (CatIC, n. 402). [breve pausa]

k) "Na linha de São Paulo, a Igreja sempre ensinou que a imensa miséria que oprime os homens e sua inclinação para o mal e para a morte são incompreensíveis, a não ser referindo-se ao pecado de Adão e sem o fato de que este nos transmitiu um pecado que, por nascença, nos afeta a todos e é 'morte da alma'.[5] Em razão desta certeza de fé, a Igreja ministra o batismo para a remissão dos pecados mesmo às crianças que não cometeram pecado pessoal"[6] (CatIC, n. 403). [breve pausa]

l) "De que maneira o pecado de Adão se tornou o pecado de todos os seus descendentes? O gênero humano inteiro é em Adão *sicut unum corpus unius hominis – como um só corpo de um só homem'.*[7] Em virtude desta 'unidade do gênero humano', todos os homens estão implicados no pecado de Adão, como todos estão implicados na justiça de Cristo. Contudo, a transmissão do pecado original é um mistério que não somos capazes de compreender plenamente. Sabemos, porém, pela Revelação, que Adão havia recebido a santidade e a justiça originais não exclusivamente para si, mas para toda a natureza humana: ao ceder ao Tentador, Adão e Eva cometem um *pecado pessoal*, mas este pecado afeta a *natureza humana*, e será por eles transmitido *em um estado decaído*.[8] É um pecado que será

Leonardo Agostini Fernandes

transmitido por propagação à humanidade inteira, isto é, pela transmissão de uma natureza humana privada da santidade e da justiça originais. E é por isso que o pecado original é denominado 'pecado' de maneira analógica: é um pecado 'contraído' e não 'cometido', um estado e não um ato" (CatIC, n. 404). [breve pausa]

m) "Embora próprio a cada um,[9] o pecado original não tem, em nenhum descendente de Adão, um caráter de falta pessoal. É a privação da santidade e da justiça originais, mas a natureza humana não é totalmente corrompida: ela é lesada em suas próprias forças naturais, submetida à ignorância, ao sofrimento e ao império da morte, e inclinada ao pecado (esta propensão ao mal é chamada 'concupiscência'). O batismo, ao conferir a vida da graça de Cristo, apaga o pecado original e faz o homem voltar para Deus. Porém, as consequências de tal pecado sobre a natureza, enfraquecida e inclinada ao mal, permanecem no homem e o incitam ao combate espiritual" (CatIC, n. 405). [breve pausa]

n) "Depois da queda, o homem não foi abandonado por Deus. Ao contrário, Deus o chama (cf. Gn 3,9) e lhe anuncia de modo misterioso a vitória sobre o mal e o soerguimento da queda (cf. Gn 3,15). Esta passagem do Gênesis foi chamada de 'protoevangelho', por ser o primeiro anúncio do Messias redentor, a do combate entre a serpente e a Mulher e a vitória final de um descendente desta última" (CatIC, n. 410). [breve pausa]

o) "A tradição cristã vê nesta passagem um anúncio do 'novo Adão' (cf. 1Cor 15,21-22.45), que, por sua 'obediência até a morte de cruz' (Fl 2,8), repara com superabundância a desobediência de Adão (cf. Rm 5,19-20). De resto, numerosos Padres e Doutores da Igreja veem na mulher anunciada no 'protoevangelho' a mãe de Cristo, Maria, como 'nova Eva'. Foi ela que, primeiro e de uma forma única, se beneficiou da vitória sobre o pecado conquistada por Cristo: ela foi preservada de toda mancha do pecado original[10] e durante toda a vida terrestre, por uma graça especial de Deus, não cometeu nenhuma espécie de pecado"[11] (CatIC, n. 411). [breve pausa]

p) *"Mas por que Deus não impediu o primeiro homem de pecar?* São Leão Magno responde: 'A graça inefável de Cristo deu-nos bens melhores do que aqueles que a inveja do Demônio nos havia subtraído'.[12] E Santo Tomás de Aquino: 'Nada obsta a que a natureza humana tenha sido destinada a um fim mais elevado após o pecado. Com efeito, Deus permite que os males aconteçam para tirar deles um bem maior. Donde a palavra de São Paulo: 'Onde abundou o pecado superabundou a graça' (Rm 5,20). E o canto do *Exultet*: 'Ó feliz culpa, que mereceu tal e tão grande Redentor'"[13] (CatIC, n. 412). [breve pausa]

**Canto:** *Eu quero entender melhor tua palavra, tua palavra, tua palavra de Amor.*

## 3º PASSO

O que o texto faz dizer a Deus em oração.

Deus, todo-poderoso e cheio de misericórdia, criastes o ser humano de modo admirável e mais admiravelmente o restaurastes. Não o abandonais em seu pecado, mas com amor paterno o acompanhais. Enviastes ao mundo vosso Filho Unigênito, para que, assumindo a fraqueza de nossa condição humana, nos desse exemplo de humildade, nos fortalecesse na tribulação, destruísse, com a sua paixão e morte de cruz, o pecado e a morte, e nos devolvesse, com a sua ressurreição, a vida e a alegria.

Derramastes em nossos corações o Espírito Santo, para que nos tornássemos vossos filhos e herdeiros. Continuamente nos renovais com os sacramentos da salvação, para nos livrar da escravidão do pecado e nos transformar cada dia em imagem mais perfeita de vosso Filho amado.

Pai santo, nós vos damos graças pelas maravilhas da vossa misericórdia, concedei-nos ser no mundo um sinal do vosso amor. Com toda a Igreja vos louvamos, cantando em vossa honra um cântico novo, com a voz, o coração e a vida. A vós a glória, agora e para sempre, por Jesus Cristo, no Espírito Santo.[14]

## 4º PASSO

Na contemplação-ação, o texto faz formular um empenho de vida.

a) "O pecado é ofensa a Deus: 'Pequei contra ti, contra ti somente; pratiquei o que é mau aos teus olhos' (Sl 51,6). O pecado ergue-se contra o amor de

Deus por nós e desvia dele os nossos corações. Como o primeiro pecado, é uma desobediência, uma revolta contra Deus, por vontade de tornar-se 'como deuses', conhecendo e determinando o bem e o mal (Gn 3,5). O pecado é, portanto, 'amor de si mesmo até o desprezo de Deus'.[15] Por essa exaltação orgulhosa de si, o pecado é diametralmente contrário à obediência de Jesus, que realiza a salvação (cf. Fl 2,6-9)" (CatIC, n. 1850). [breve pausa]

Reconheço que o pecado é uma ofensa a Deus, ao próximo e a mim mesmo? Quero praticar o amor como antídoto para o pecado, a fim de que o bem, em mim, triunfe contra o mal? Sigo a voz de Deus através dos ditames da minha consciência, que me estimula a fazer o bem e a evitar o mal? [breve pausa]

b) "Jesus é o novo Adão, que ficou fiel onde o primeiro sucumbiu à tentação. Jesus cumpre à perfeição a vocação de Israel: contrariamente aos que provocaram outrora a Deus durante quarenta anos no deserto (cf. Sl 95,10), Cristo se revela como o Servo de Deus totalmente obediente à vontade divina. Nisso Jesus é vencedor do Diabo: ele "amarrou o homem forte" para retomar-lhe a presa (cf. Mc 3,27). A vitória de Jesus sobre o tentador no deserto antecipa a vitória da Paixão, obediência suprema de seu amor filial ao Pai" (CatIC, n. 539). [breve pausa]

Percebo que o "velho Adão", com as suas paixões desordenadas, ainda vive em mim e se manifesta todas as vezes em que sucumbo à tentação do sucesso, do poder e da vida fácil? Acredito, porém, que a graça do batismo é maior que a força da tentação e que, unido a Jesus Cristo, posso obedecer à voz de Deus e viver na dinâmica do seu amor, pela docilidade ao Espírito Santo? [breve pausa]

c) "'Novo Adão, na mesma revelação do mistério do Pai e de seu amor, Cristo manifesta plenamente o homem ao próprio homem e lhe descobre a sua altíssima vocação'" (GS, 22,2). Em Cristo, 'imagem do Deus invisível' (Cl 1,15; cf. 2Cor 4,4), foi o homem criado à 'imagem e semelhança' do Criador. Em Cristo, redentor e salvador, a imagem divina, deformada no homem pelo primeiro pecado, foi restaurada em sua beleza original e enobrecida pela graça de Deus (GS 22,1)" (CatIC, n. 1701). [breve pausa]

Acolho Jesus Cristo, "Novo Adão", em minha vida e percebo que sou chamado à íntima união com Deus, com meu próximo e com a criação? Vivendo esta união, manifesto que sou imagem e semelhança de Deus restaurada, em sua forma original, pela desfiguração redentora de Jesus Cristo que me salvou? Por isso, me empenho a viver na presença de Deus, na força do seu amor, evitando todas as ocasiões próximas de pecado, para que não mais reine, sobre mim, a força do "velho Adão" que me arrasta para o mal. [breve pausa]

d) "Todo homem sofre a experiência do mal, à sua volta e em si mesmo. Esta experiência também se faz sentir nas relações entre o homem e a mulher. Sua união sempre foi ameaçada pela discórdia, pelo espírito de dominação, pela infidelidade, pelo ciúme e por conflitos que podem chegar ao ódio e à ruptura. Essa desordem pode manifestar-se de maneira mais ou menos grave, e pode ser mais ou menos superada, segundo as culturas, as épocas, os indivíduos. Tais dificuldades, no entanto, parecem ter um caráter universal" (CatIC, n. 1606). [breve pausa]

Na vida, as relações humanas não são apenas indispensáveis, mas fortalecem os laços de fraternidade, solidariedade e mútua doação. Na medida em que cresço como ser humano e descubro minha vocação matrimonial, devo me empenhar na realização do meu cônjuge como condição para a minha própria realização pessoal. Assim, procuro viver a concórdia, o serviço, a fidelidade e a promoção da paz como formas de lutar contra toda a intolerância? [breve pausa]

e) "Os próprios esposos, feitos à imagem de Deus e estabelecidos numa dignidade verdadeiramente pessoal, estejam unidos em comunhão de afeto e de pensamento e com mútua santidade,[16] de modo que, seguindo a Cristo, princípio de vida (cf. Rm 5,15.18; 6,5-11; Gl 2,20), se tornem, pela fidelidade do seu amor, através das alegrias e sacrifícios da sua vocação, testemunhas daquele mistério de amor que Deus revelou ao mundo com a sua morte e ressurreição (cf. Ef 5,25-27)" (GS, n. 52). [breve pausa]

Busco, como imagem de Deus, promover a comunhão de vida familiar, sendo sinal de santidade, amor, alegria e paz? Vivo a fidelidade a Deus na fidelidade aos princípios promotores do bem-estar físico, afetivo e espiritual, alimentando as relações pautadas no amor de Jesus Cristo? [breve pausa]

**Canto:** *O mundo ainda vai viver tua palavra, tua palavra, tua palavra de Amor.*

# NOTAS

[1]  Para o leitor interessado em aprofundar o estudo de Gn 3,1-24 (WÉNIN, 2011, pp. 83-121).

[2]  Nota-se uma passagem: se em Gn 3,1-15, a serpente foi a vilã da história, em Ex 4,3; 7,15 e em Nm 21,4-9, passou a ser um instrumento positivo, em função da salvação. No fundo, a relação intertextual que pode ser estabelecida entre os dois textos serve para afirmar que tudo está debaixo do domínio divino (Id., 2012, pp. 353-359).

[3]  Cf. Conc. de Trento: DS 1513; PIO XII, *Humani Generis*: DS 3897; PAULO VI, discurso de 11 de julho de 1966.

[4]  S. Máximo Confessor, *Ambiguorum liber:* PG 91,115bC.

[5]  Cf. Conc. de Trento: DS 1512.

[6]  Ibid., DS 1514.

[7]  Santo Tomás de Aquino, *Quaestiones disputate de malo,* 4,1.

[8]  Cf. Conc. de Trento: DS 1511-1512.

[9]  Ibid., DS 1513.

[10]  Cf. Pio IX, *Ineffabilis Deus,* DS 2803.

[11]  Cf. Conc. de Trento: DS 1573.

[12]  Serm. 73,4: PL 54,396.

[13]  S. Th. III,1.3. ad 3.

[14]  Baseada no ritual da Penitência. Tradução portuguesa para o Brasil da segunda edição típica. São Paulo: Paulus, 1999, pp. 73-75.

[15]  Santo Agostinho, *De civ. Dei,* 14, 28.

[16]  Cf. *Sacramentarium Gregorianum*; PL 78, 262.

# B) INTRODUÇÃO AO LIVRO DE OSEIAS

O livro que contém as profecias de Oseias abre o conjunto dos denominados "doze profetas menores". Oseias foi contemporâneo de Amós e de Isaías. Amós, apesar de ser de Técua, uma cidade do Reino do Sul e de fronteira com o Reino do Norte, atuou em Betel, que possuía um santuário do rei (cf. Am 7,10-17). Isaías foi um jerusalimita e atuou no Reino do Sul. Nesse sentido, Oseias é o único israelita do Norte a atuar na sua própria região. Entretanto, o Israel do Norte já havia sido contemplado com a atuação de vários profetas mencionados nos livros dos Reis: Aías de Silo (cf. 1Rs 11,29-39), um profeta anônimo de Betel (cf. 1Rs 13,11-34), Elias (cf. 1Rs 17,1-2,18), Eliseu (cf. 2Rs 2,19-13,21), Jonas, filho de Amitai (cf. 2Rs 14,25), e Miqueias, filho de Jemla (cf. 2Rs 22,8-9).

A análise dos oráculos, contidos no livro de Oseias, indica que o seu ministério teve início nos últimos anos do reinado de Jeroboão II (786-746 a.C.), quando já pairava a ameaça do juízo divino sobre a dinastia de Jeú. Oseias, porém, não viu a destruição de Samaria em 721 a.C., pois sobre esse acontecimento não há indícios no seu livro. Os 14,1 confirma esta afirmação, pois em Os 10,7 está dito: "Se está destruindo [em] Samaria o rei dela, como uma espuma sobre as faces das águas".

Os catorze capítulos do livro de Oseias podem ser divididos em duas partes: capítulos 1-3, que contêm a narrativa de uma dupla experiência matrimonial infeliz. Esta se tornou a base da forte mensagem profética de Oseias; capítulos 4-14, que contêm diversos oráculos do profeta, pelos quais foram denunciados os pecados do povo. Estes atrairiam os castigos divinos, caso não houvesse uma sincera conversão, mas, se esta viesse a acontecer, a palavra final conteria promessas de salvação. A edição final do livro deve ser colocada nas mãos de autores pertencentes ao Reino do Sul, razão pela qual Judá aparece citada no livro em diversas partes (cf. Os 1,7; 2,2; 4,15; 5,5.10.12-14; 6,4.11; 8,14; 10,11; 12,1.3). Assim, a mensagem de Oseias para o Reino do Norte foi atualizada para o Reino do Sul.

Na primeira parte do livro, a mensagem está articulada para mostrar que Oseias é obediente às ordens de Deus. Ele foi chamado para denunciar os erros do seu povo; inicialmente, através de atitudes simbólicas tanto pelo seu matrimônio como pelos nomes que foram dados aos seus três filhos. Este simbolismo serviu para mostrar que Deus ama o seu povo, apesar dos seus erros de idolatria, da mesma forma como o profeta ama a sua esposa infiel e adúltera. Oseias, de forma metafórica, compara a infidelidade matrimonial à idolatria (cf. Os 3,1; 5,3-4; 6,10; 9,1).

O juízo divino que Oseias anuncia como castigo da parte de Deus é a manifestação do seu amor traído (cf. Os 5,8-15; 13,7-8). Deus, porém, não se deixa levar pela sua ira, como faria normalmente o ser humano, e não rompe a relação porque não renuncia à palavra dada, mas procura atrair e reconquistar, na intimidade, o amor do seu povo mediante a sua misericórdia (cf. Os 2,16-25; 11,8-11).

Na segunda parte do livro, a infidelidade do povo, condenada pela pregação de Oseias contra a prática da idolatria (cf. Os 4,1–5,7), revela, igualmente, a sua posição contra a política adotada pelo Reino do Norte (cf. Os 5,13; 7,9-11; 8,4-14; 10,3-4; 12,2), tida como uma afronta, uma rejeição a Deus e a seu infinito amor traído. A descrição disso é feita através de imagens comoventes (cf. Os 2,21-22; 3,1; 11,1-4; 14,5-9). Se o amor de Deus é verdadeiro, então é exigente e requer uma sincera conversão e não atitudes frívolas e passageiras (cf. Os 4,1; 5,1-2; 6,6; 12,7).

# OSEIAS 1,2–3,5

## "EU A SEDUZIREI E A CONDUZIREI AO DESERTO, E LHE FALAREI AO CORAÇÃO"

[1,2] Início das palavras pronunciadas pelo Senhor através de Oseias. O Senhor disse a Oseias: "Anda, toma para ti uma mulher que se prostitui e [gera] filhos de prostituição, porque, certamente, o país se prostituiu, distanciando-se do Senhor". [3] Então, ele foi e tomou Gomer, filha de Diblaim. Esta concebeu e lhe gerou um filho. [4] O Senhor lhe disse: "Chama-o com o nome de *Jezrael* [*Deus semeará*] porque, em pouco tempo, vingarei, sobre a casa de Jeú, o homicídio ocorrido em Jezrael; marcarei o fim do reino da casa de Israel. [5] E isto acontecerá naquele dia, quando despedaçarei o arco de Israel no vale de Jezrael. [6] Esta concebeu novamente e deu à luz uma filha. Então, ele lhe disse: "Chama-a com o nome de *Lo-Ruhamah* [*Sem-compaixão*], porque eu não terei mais compaixão pela casa de Israel, não o suporto mais. [7] Mas terei compaixão da casa de Judá e os salvarei por obra do Senhor, seu Deus. Não os salvarei pelo arco, espada ou guerra, nem por cavalos ou carros de guerra". [8] Apenas deixou de amamentar *Sem-compaixão*, ficou grávida e deu à luz um filho. [9] Então disse: "Chama-o com o nome *Lo-Ammi* [*Não-meu-povo*], porque não sois meu povo e eu não existo para vós".

[2,1] O número dos filhos de Israel será como a areia da praia, impossível de ser medida ou contada.

Então acontecerá que exatamente no lugar onde se dizia deles:

"Não sois o meu povo",
se dirá: "Filhos do Deus vivente".

[2] Estarão juntos os de Judá e os de Israel
e elegerão um chefe comum
e subirão do país. Sim,
porque grande é o dia de Jezrael!

[3] Dizei aos vossos irmãos:
Meu-povo, e às vossas irmãs, Compaixão.

[4] Litigai com vossa mãe, litigai,
porque ela não é minha esposa e eu não sou seu esposo.

Que afaste de si as suas prostituições
e os adultérios de seus seios.

5 Do contrário, toda nua a despirei,
e a exporei como no dia do nascimento,
a reduzirei como um deserto,
a tornarei como uma terra árida,
e a farei morrer de sede.

6 Não terei compaixão de seus filhos,
porque são filhos da prostituição.

7 Sim, a sua mãe se prostituiu,
a que lhes deu à luz se cobriu de vergonha,
porque disse: "Quero andar atrás dos meus amantes,
que dão o meu pão e a minha água,
a minha lã, o meu linho, o meu óleo e as minhas bebidas".

8 Por isso, eis que vou barrar seu caminho com espinhos
e a cercarei com uma cerca, para que não encontre as veredas dela.

9 Ela perseguirá os seus amantes, mas não os alcançará;
os buscará, porém não os encontrará.

Então dirá: "Irei e regressarei ao meu primeiro esposo, pois era
para mim melhor que agora".

10 Todavia, ela não reconheceu que fui eu quem
lhe tinha dado o grão, o mosto e o azeite,
e quem lhe tinha multiplicado a prata
e o ouro que usaram para Baal.

11 Por isso, recobrarei meu grão a seu tempo
e meu mosto em sua estação
e recuperarei minha lã e meu linho,
que eram para cobrir a sua nudez.

12 E agora descobrirei as suas vergonhas aos olhos de seus amantes,
e ninguém a salvará da minha mão.

13 Farei cessar todo o seu alvoroço, sua festa, sua lua nova, seu sábado
e toda a sua assembleia.

14 Devastarei sua vinha e sua figueira, das quais dizia: "São dom de minha propriedade, o que me deram meus amantes", e os transformarei
em matagal e os devorará as bestas do campo.

Evangelização e Família

¹⁵ E castigarei, nela, os dias consagrados aos Baals, a quem queimava incenso,
enquanto se enfeitava com seu anel e colar, e andava atrás de seus amantes,
e se esquecia de mim, oráculo do Senhor.

¹⁶ Por isso, eis que eu a seduzirei e a conduzirei ao deserto,
e lhe falarei ao coração,

¹⁷ e lhe darei desde ali as suas vinhas
e o próprio vale de Acor como uma porta de esperança;
e responderá ali como nos dias de sua juventude
e como no dia em que subiu da terra do Egito.

¹⁸ E acontecerá naquele dia, oráculo do Senhor,
que ela me chamará meu esposo
e não me denominará mais meu Baal.

¹⁹ Retirarei de sua boca os nomes dos Baals,
de modo a não mais mencionar o seu nome.

²⁰ Compactuarei uma aliança a favor deles naquele dia
com as bestas do campo, com as aves do céu
e com os répteis da terra,
quebrarei na terra o arco, a espada e o que for de guerra,
e farei que descansem em segurança.

²¹ E te desposarei comigo para sempre;
sim, te desposarei comigo na justiça e no direito,
na piedade e na clemência.

²² Te desposarei comigo na fidelidade e reconhecerás o Senhor.

²³ E acontecerá, naquele dia, que responderei, oráculo do Senhor,
responderei aos céus e eles responderão à terra;

²⁴ e à terra responderá o grão, o mosto e o azeite,
e eles responderão a Jezrael.

²⁵ E os semearei para mim na terra,
e terei compaixão de Lo-Ruhamah
e direi a Lo-Ammi: "Tu és meu povo", e ele dirá: "Meu Deus".

³,¹ Então o Senhor me disse: "Anda, novamente, e ama uma mulher
amante de um amigo e que comete adultério, como o Senhor ama
aos filhos de Israel, ainda que se voltem para outros deuses e gostem
das bolos de uva-passa". ²Adquiri-a, pois, por quinze ciclos de prata,
um hômer e meio de cevada, ³e lhe disse: "voltarás para mim por

muitos dias. Não te prostituirás e não serás de ninguém, nem mesmo eu virei a ti". [4]Porque os filhos de Israel permanecerão muitos dias sem reis, sem príncipe, sem sacrifícios, sem estela, sem efod e sem terafim. [5]Depois disso, os filhos de Israel voltarão a buscar o Senhor, seu Deus, e a Davi seu rei, e virão tremendo, no fim dos dias, para o Senhor e sua bondade.

# 1. ABORDAGEM HISTÓRICA

Oseias, cujo nome significa "o que causa salvação",[1] foi um profeta que atuou, em nome de Deus, pela dinâmica do amor humano, representando o amor de Deus pelo seu povo, como um esposo traído. A respeito da sua vida não se sabe muita coisa; interessam, para este estudo, as notícias sobre o seu matrimônio com uma mulher chamada Gomer, alvo do seu amor, mas também da sua dor, devido às suas más inclinações. O título do livro afirma que Oseias era filho de Beerí. Um nome que só aparece aqui e em Gn 26,34.

O período de atuação profética de Oseias (750-725 a.C.), do ponto de vista da política internacional, coincide com o período de solidificação e grande expansão do poderio assírio, mas, do ponto de vista da política nacional, tem a ver com uma situação relativamente cômoda para os mais abastados do Reino do Norte. Entretanto, intrigas entre os membros do palácio, crimes, abusos de poder e desintegração religiosa são elementos marcantes nesta época. Em poucos anos, o Israel do Norte teve seis reis que subiram ao trono através de assassinatos e usurpação do poder. O maior mal, porém, para Oseias não era político, mas moral, que derivava da idolatria e do sincretismo praticado pelos monarcas e, por meio deles, por todo o povo.

O Norte da Palestina sempre foi mais fértil que o Sul. Os israelitas, que com o passar do tempo foram se tornando abastados agricultores e pastores de gado graúdo, muito facilmente se deixaram seduzir pelo culto cananeu a Baal e Astarte, respectivamente divindades promotoras da fertilidade do solo e dos animais. Baal, que significa "patrão" ou "marido", era considerado, na religião cananeia, o "esposo" da terra, e a ele cabia, pela chuva, fecundá-la a cada estação, a fim de propiciar uma abundante colheita. O seu culto era realizado, em particular, por sacerdotisas que praticavam a "prostituição sagrada". A elas eram atribuídos poderes capazes de tornar os homens, os animais e a terra férteis e fecundos. Por isso, a elas acorriam cananeus e israelitas prontos e bem-dispostos para satisfazer as suas paixões desordenadas e para realizar um ato cultual que era considerado sagrado e moralmente correto.[2]

Este era, de forma sintética, o ambiente sobre o qual Oseias foi chamado por Deus para atuar como profeta, que teve também, diante de si, israelitas que buscavam manter a fé livre desses erros. Oseias é, de certa forma, herdeiro da atividade profética de Elias e Eliseu, que foram os grandes defensores da religião fundada por Moisés, o *jahwismo*. Esta denominação deriva de YHWH, nome do Deus que libertou o povo da escravidão do Egito (cf. Ex 3,14).[3]

Pode-se dizer que a atuação de Oseias não se deu através de oráculos proferidos a partir de um "púlpito", mas aconteceu pelo caminho da sua integração na dinâmica da vida do seu povo, a fim de que, por um autêntico testemunho, procurasse a transformação dos vícios que estavam na base dos desvios morais da sua sociedade e do seu povo. Dócil e livre no confronto com os demais, aceita o chamado de Deus e começa o seu ministério casando-se com uma prostituta, provavelmente era uma sacerdotisa que havia sido de tantos homens, mas que no final nunca fora de ninguém. Por isso, nunca experimentou, de fato, a ternura de um verdadeiro homem até conhecer e se entregar a Oseias, que lhe deu o que não podia ter enquanto fosse sacerdotisa, filhos. Além disso, como será visto a seguir, precisou passar por um processo de libertação "psicológica" daquela que tinha sido, durante anos, a sua vida diária: uma prostituta sagrada.

Notam-se, seguindo a tradição textual, alguns indícios históricos ocorridos no Reino do Norte: a) "vingarei sobre a casa de Jeú o homicídio ocorrido em Jezrael; marcarei o fim do reino da casa de Israel" (Os 1,4; cf. 2Rs 9,1–10,36); b) "Estarão juntos os de Judá e os de Israel e elegerão um chefe comum" (Os 2,2).

A promessa de vingança, feita pelo Senhor, coloca o ouvinte-leitor entre os anos 845-743 a.C. Jeú foi ungido rei de Israel por um discípulo de Eliseu (cf. 2Rs 9,1-10), conforme a palavra do Senhor a Elias (cf. 1Rs 19,16), e reinou entre 841-814 a.C., conseguindo fixar uma dinastia de quatro gerações: Joacaz (814-798 a.C.), Joás (798-783), Jeroboão II (783-743), Zacarias (743). No juízo emitido sobre esses reis, predomina a reprovação, devido às más ações religiosas perante o Senhor. Não é fácil dizer a que "homicídio" o oráculo de Oseias se referia (v. 4). Sabe-se que Jeú banhou de sangue o território, pois eliminou violentamente toda a casa de Acab (cf. 2Rs 9,22-26; 10,1-17), rei de Israel, e todos os sacerdotes que estavam a serviço de Baal (cf. 2Rs 10,18-27). Algo que lembra a ação de Elias (cf. 1Rs 18,20-40). Jeú também matou Ocozias, rei de Judá e filho de Atalia (cf. 2Rs 9,27-29), que era neta ou filha de Amri (cf. 2Rs 8,25-26), e tinha se casado com Jorão, filho de Josafá, rei de Judá (cf. 2Rs 8,18).

A notícia da união entre Judá e Israel pode se referir ao matrimônio entre a casa de Amri (cf. 1Rs 16,23-28) e a casa de Josafá (cf. 1Rs 22,41-51), que quase foram contemporâneos. Por causa dessa união, introduziu-se no Reino do Sul uma grande instabilidade religiosa, pois, com a aliança matrimonial, a idolatria do Reino do Norte veio para o Sul. Nesse sentido, a perspectiva de futuro contida em Os 2,1-3 não seria a retomada das promessas patriarcais, mas deveria ser vista como uma ironia da parte do profeta, pois o crescimento demográfico não teria sido uma bênção do Senhor, e sim o resultado dessa aliança, considerada fruto de prostituição e de adultérios. Por essa razão, as queixas do Senhor continuam contra o Reino do Norte (cf. Os 2,4-15) até que o próprio Senhor reverta a situação (cf. Os 2,16-25).

A monarquia Davídica foi restabelecida no Reino do Sul graças à ação de Josaba, esposa do sumo sacerdote Joiada, que escondeu Joás por seis anos, durante o massacre que Atalia promoveu para permanecer no trono do Reino de Judá (2Rs 11). A monarquia unida continuou um sonho, por certo, não realizado (cf. Is 11,13-14; Mq 2,12; Jr 3,18; 23,5-6; 31,1; Ez 37,15-27; Zc 9,10).

# 2. ABORDAGEM LITERÁRIA

Os três primeiros capítulos do livro de Oseias apresentam a prosa intercalada com a poesia. Os capítulos 1 e 3 estão em prosa e tratam de ações que o profeta é chamado a realizar em relação à mulher que toma por esposa. A ênfase em Os 1 recai sobre os nomes dados aos filhos com forte simbolismo e que, por eles, Deus expressa o seu descontentamento com o seu povo. Já em Os 3,1-5, a ênfase recai sobre uma nova atitude que o profeta deve realizar: recuperar a sua esposa infiel, que se perdeu em adultérios, e por ela deve pagar o preço do resgate. Uma sentença é aplicada à mulher e serve de novo símbolo para o que Deus decidiu realizar com o seu povo. O final é positivo.

Já o capítulo 2 está escrito em poesia e apresenta, nos vv. 1-3, uma reelaboração teológica sobre o significado dos nomes dados aos filhos de Oseias com Gomer. As atitudes que Oseias, o pai, não tomou em relação à sua esposa devem os filhos tomar em relação à sua mãe (vv. 4.7). Nota-se que, sem mencionar os nomes próprios, há uma alternância entre os pronomes pessoais "eu" e "ela" que não permitem, de imediato, serem atribuídos ao profeta e a Gomer. Esta passa a representar a "terra" e o profeta representa a Deus.

As diversas ações, nos vv. 4-19, são descritas através da linguagem passional, com muitas imagens tiradas das relações de infidelidade que podem acontecer entre um homem e uma mulher. Já Os 2,20 apresenta uma linguagem teológica que lembra o livro do Gênesis: os dois relatos da criação e as consequências do pecado dos progenitores da humanidade. Depois, são retomados nos vv. 21-25 as referências do vínculo matrimonial com o significado do amor de Deus pelo seu povo, razão pela qual acontece uma renovação dos benefícios oriundos do envio das chuvas sobre a terra que, por elas, é de novo fecundada e produz abundantes frutos. Os nomes dos filhos de Oseias com Gomer são retomados, em sentido positivo, para mostrar como aconteceu a reversão da situação.

O movimento que se percebe nesses capítulos reflete, por um lado, a certeza de que assim como Gomer não consegue se livrar da prostituição, o povo não consegue se libertar das ações de infidelidade que comete em relação a seu Deus. A decisão por castigá-lo permite que sofra todas as consequências das suas opções erradas. Por outro lado, assim como Oseias não consegue deixar de amar a sua esposa prostituta, Deus não consegue deixar de amar o seu povo infiel.

Os 1,2–3,5 pode, ainda, ser subdividido em três partes (casamento – processo de divórcio – reconciliação) com seis momentos sequenciais: a) o casamento do profeta; b) o nascimento dos três filhos; c) o processo de divórcio; d) os motivos que levam ao divórcio; e) a retomada das relações positivas; f) o novo significado dos nomes dos três filhos. Os momentos (a) e (b) estão em relação com o momento (f); o momento (c) também se relaciona ao momento (f); e o momento (e) resulta como ponto de chegada dos momentos (a) e (d).[4]

## 3. ABORDAGEM TEOLÓGICA

Pode-se afirmar que Oseias, pela sua própria experiência pessoal e de vida matrimonial, compreendeu melhor a situação política e religiosa do seu povo. O seu ponto de partida, então, tinha um respaldo concreto que permitiu ao profeta a comunicação da mensagem tanto de forma falada como por meio de atitudes assumidas no confronto de Gomer, a sua esposa infiel.

Se, por um lado, Baal, uma divindade cananeia, estava "casado" com a terra, o Deus de Israel tinha desposado o povo que, pela ótica de Gn 1,26-28, devia, por ter sido criado à sua imagem e semelhança, se multiplicar, ser fecundo e dominar a terra, e não ser dominado por falsos deuses. Somente o criador de todas as coisas é o verdadeiro Deus doador da vida e da fecundidade desejada para os campos, para os animais e, principalmente, para o ser humano, que desenvolve as suas atividades como agricultor e pastor.

A prostituição sagrada, praticada no culto idolátrico a Baal e Astare, nada tem a ver com a fé e a religião que Moisés fundou e da qual Oseias se fez defensor (cf. Os 12,14). O Deus do antigo Israel, desonrado pelo sincretismo e idolatria, não ficou alheio à situação devido à sua honra e ao que "sente" pelo seu povo. No momento do castigo, Oseias representa seu Deus traído e, sua esposa, o seu povo traidor. O seu amor capaz de superar a traição que tanto lhe fez sofrer, ensinou, igualmente, que o amor de Deus por seu povo é imutável. Este amor divino tudo alcança e tudo supera quando se torna conhecimento. Deus, apesar de traído, não deixa de amar o ser humano e de lhe falar ao coração para reconquistá-lo, a fim de que entenda que "amor com amor se paga" e que o amor é feito de fidelidade e obediência.

O conhecimento de que trata Oseias não diz respeito ao intelectual, mas a uma entrega total do ser humano que se apega somente a Deus e à sua vontade. Por isso, para Oseias se conhece com o coração, sede que melhor expressa as decisões que cabem, acima de tudo, ao amor.

Oseias é o mensageiro do amor divino e humano. A sua pregação e ensinamentos, através de atitudes coerentes com a sua própria vida pessoal e matrimonial, se tornaram um exemplo sem precedentes do que o amor de Deus é capaz de realizar na vida de uma pessoa, mesmo quando traída. Nesse sentido, antecipa a máxima relação que acontecerá, oito séculos depois, na Encarnação do Verbo de Deus. Jesus Cristo, como protagonista pelo seu ministério público, viveu a total doação pelo ser humano, levando o amor às últimas consequências, com a sua morte de cruz.

Visto que a vida sedentária em Israel propiciou não somente um lugar de repouso para o povo, mas também a sua inclinação para os deuses cananeus, Deus decidiu renovar a aliança com o seu povo, fazendo-o regressar ao deserto (cf. Os 2,16). Este período foi de grande provação para os que saíram libertos do Egito, mas a convivência com o Deus único e libertador era o que garantia a vida diante das diversas dificuldades (cf. Os 9,10; 12,10; 13,5).

Os 1,2-3,5 é uma passagem importante e decisiva a favor da indissolubilidade matrimonial, quando a causa fosse o adultério. Serve para compreender o sentido de Gn 2,24 e a sua citação por Jesus em Mt 19,7, tomando posição diante da legislação que permitia o divórcio em Dt 24,1. Se o matrimônio entre Oseias e Gomer passou a ser usado, pelo próprio profeta, para significar a aliança entre Deus e o seu povo, uma atenção maior deve ser dada, sobre o plano real e histórico, ao modo como o processo de divórcio na vida do profeta culminou no perdão que resultou do amor. O que Oseias fez com Gomer foi real e inspirado no amor que Deus não cessa de oferecer a seu povo.

# 4. ABORDAGEM PASTORAL

A aplicação pastoral de Os 1,1-3,3 passa, necessariamente, pela compreensão da situação histórica que envolveu o texto e a sua mensagem. O elemento central recai sobre a relação entre um esposo que é fiel e uma esposa que é infiel, mas as faces da moeda podem ser, igualmente, invertidas, isto é, entre uma esposa fiel e um esposo infiel, visto que a dimensão profética pertence a todos os fiéis. No antigo Israel, como desejo (cf. Nm 11,29) e promessa (cf. Jl 3,1-2). No novo Israel, como cumprimento da promessa (cf. Mc 9,38-30; At 2).

Se, por um lado, o profeta e suas atitudes representam Deus e o seu amor pelo seu povo, por outro, a esposa de Oseias e as suas atitudes, devidas à sua condição de vida, representam o povo e suas constantes infidelidades em relação a seu Deus. Assim, o casamento de Oseias já começou instável pela mulher que escolheu. Isto aconteceu para se tornar símbolo da instabilidade religiosa do povo em relação a Deus. Serviu,

Leonardo Agostini Fernandes

também, para mostrar como é possível, pela conversão e perdão, acontecer a reversão da realidade, que passa da instabilidade à estabilidade.

A realidade da vida religiosa foi retratada através de uma metáfora que, para os tempos atuais, pode causar muito desconforto. A traição conjugal foi e continua sendo uma das realidades mais difíceis de ser abordada quando acontece no seio de uma família que se considerava estável. Assim como a estabilidade é concebida a partir de uma série de fatores, que levam um homem e uma mulher ao mútuo consentimento, pelo qual eles contraem o vínculo matrimonial, como ato não só social, mas acima de tudo como ato de fé; da mesma forma, a instabilidade conjugal, que pode dar início a um processo de divórcio, possui uma série de fatores. O que pesa, nos dias atuais, é o rompimento matrimonial por banalidades e, na maioria das vezes, por falta de diálogo entre os cônjuges, cujo conteúdo deveria ser o ato de colocar o amor acima das dificuldades, exatamente como remédio e antídoto para serem superadas. Muitos, nos tempos atuais, já casam com a "certeza" de que se não der certo, separam-se.

Na base de todos esses fatores está, certamente, o amor que não deve ser considerado um simples sentimento, mas a expressão do comportamento mais eloquente entre duas pessoas que se decidem pela vida em comum união. O ato de amar é a única ação capaz de sublimar todas as demais ações que devem ser encontradas em um homem e uma mulher que, antes de se casarem, já procuraram cultivá-las na própria vida e que, para batizados, resulta da fé em Deus e nos seus desígnios salvíficos a serem alcançados como família.

Pelo afeto, pela fidelidade, pela justiça e pelo direito, o amor se expressa como entrega do esposo à esposa e vice-versa. Pelo amor, um procura proporcionar ao outro os bens necessários para que a vida a dois se concretize, no dia a dia, como total entrega, a fim de se superar os altos e baixos e as dificuldades que derivam da vida conjugal. Sem essa entrega, torna-se impossível a vida em comum pelo matrimônio.

A situação de Oseias representa o lado do conhecimento e da capacidade de ser fiel a quem lhe é infiel, símbolo de Deus e do seu amor pelo seu povo; e a situação de Gomer representa a falta de conhecimento e da capacidade de ser fiel a quem lhe é fiel, símbolo do povo e da sua falta de amor por Deus. Entre Oseias e Gomer está a esperança do profeta de que a esposa mude de vida e de atitude. Esta esperança é o desejo de Deus para o seu povo. A mudança, porém, não acontecerá por iniciativa própria de Gomer, pois não é capaz, mas precisará ser

Evangelização e Família

provocada por Oseias e pela sua capacidade de ajudá-la a não mais ser infiel. Deus, da mesma forma, precisará ajudar o seu povo a ser fiel. Este auxílio verificou-se no dom da redenção em Jesus Cristo e na efusão do seu Espírito sobre toda a carne (cf. Jl 3,1-5 com At 2).

Anunciar a fidelidade de Deus ao seu povo infiel, pela experiência sofrida, mas superada por Oseias (bem como por Jeremias e Ezequiel), é uma valiosa chave de leitura que ajuda a reconhece o valor da fidelidade conjugal, mesmo diante da mais dura realidade que, socialmente falando, apelaria, com força, para o divórcio: a infidelidade. Assim, a fidelidade proposta por Gn 2,24 encontra luz na ação profética, pela qual é possível defender não apenas a indissolubilidade do vínculo matrimonial, mas de apresentar um caminho capaz de favorecer a reconciliação entre esposo e esposa em crise.

Se o matrimônio de Oseias não resulta de uma formulação metafórica, mas é fruto de uma situação real e histórica, já que não existem sérios motivos para se duvidar disso, a indissolubilidade proposta em Gn 2,4b–3,24 resulta, acima de tudo, da compreensão do vínculo matrimonial trazido do anúncio profético para a experiência da aliança, livremente querida, entre Deus e o seu povo.

É possível, ainda, interpretar a sentença que recaiu sobre Eva: "e para o teu marido o teu desejo te impelirá e ele te regerá" (Gn 3,16b), pela fala de Deus sobre o povo infiel: "Irei e regressarei ao meu primeiro esposo, pois era para mim melhor que agora" (Os 2,9b). Não se estaria falando, então, de impulso sexual, mas de reflexão diante das dificuldades.

A idolatria dos progenitores que quiseram ser "como Deus", usurpando o fruto da árvore do conhecimento do bem e do mal, e a idolatria do povo, combatida pelos profetas, atestam que o drama da aliança entre o esposo e a esposa se reflete no drama da aliança entre Deus e o seu povo. A dinâmica inversa é, igualmente, válida. No primeiro, a compreensão acontece do drama humano da aliança rompida entre os cônjuges para o sentido do drama da aliança rompida entre o povo e Deus. No segundo, a compreensão acontece do drama da aliança rompida entre o povo e Deus para o drama da aliança rompida entre os cônjuges.

## 5. LEITURA ORANTE — Jr 3,1-5.19-20
### "A OBSTINAÇÃO DO REPÚDIO CURADA PELA GRAÇA DE DEUS"

**Canto:** *Eu vim para escutar tua palavra, tua palavra, tua palavra de Amor.*

**1º Leitor:** Breve introdução.

O livro, que contém as profecias de Jeremias, não é apenas um registro dos fatos que ocorreram durante o seu ministério, mas, igualmente, uma rica interpretação da leitura e releitura que foi feita da presença e ação de Deus através desse profeta. Isto vale também para os outros livros proféticos.

O profeta Jeremias, provavelmente, presenciou todo o esforço reformador empreendido pelo rei Josias (640-609 a.C.), tanto no campo religioso como político. De acordo com 2Rs 22,1–23,30, o reinado de Josias foi impulsionado pela descoberta do livro da lei e, neste, procurou pautar as suas ações, a fim de fazer justiça a Deus, eliminando a idolatria que seu avô Manassés tinha introduzido em Jerusalém e no próprio templo. O esforço de Josias, porém, degringolou depois da sua morte violenta no campo de batalha (609 a.C.), quando procurou impedir, em Meguido, que Necao II e suas tropas seguissem para Babilônia. Devido a essa tragédia, o antigo Israel viu-se, de novo, sob dominação egípcia e, logo a seguir, esteve debaixo de dominação babilônica, que culminou com a destruição de Jerusalém e do templo no ano 587 a.C.

Em 605 a.C., Egito e Babilônia se confrontaram na batalha de Carquemish, que, a princípio, não teve um vencedor (cf. Jr 46,1-28). O que resultou dessa batalha foi a perda do domínio egípcio da Palestina para Babilônia, colocando Judá-Jerusalém em uma vassalagem ainda mais dura. Jeremias, porém, percebeu que a mudança no cenário mundial correspondia aos desígnios de Deus, e passou a adotar uma política pró-Babilônia. Isto lhe causou numerosos sofrimentos. Devido a essa postura, quando Jerusalém foi invadida e o templo destruído, Nabucodonosor concedeu a Jeremias o direito de escolha: ficar em Judá ou ir para Babilônia. O profeta optou por ficar, pois acreditou que poderia ajudar Godolias na reorganização da vida dos remanescentes, a fim de acudir os exilados, até que o regresso fosse possível. No entanto,

Godolias foi assassinado por Ismael, líder do grupo pró-Egito. Esse grupo fugiu e levou consigo Jeremias, que, pela tradição, morreu mártir no Egito. 2Rs 25,22-26 traz um resumo da situação que pode ser complementada por Jr 40,1–44,30.

De 605 a.C. até 582 a.C., o profeta Jeremias atuou com incansável tenacidade para levar os filhos de Israel à conversão a Deus pela prática do bem e da justiça. Por causa da sua posição contrária à política adotada e ao desleixo pelo culto, muito sofreu nas mãos tanto das lideranças (reis, príncipes, juízes, profetas e sacerdotes) como também nas mãos do povo manobrado por essas mesmas lideranças (cf. Jr 18,18). O profeta Jeremias foi um crítico em diversos sentidos e usou de fortes imagens para comunicar a mensagem de Deus.

A maioria de suas profecias se cumpriu, e isso permitiu que seus discípulos, em particular pelo zelo de seu secretário Baruc, reunissem seus oráculos em um livro, aguardando que as demais profecias se cumprissem. Jeremias era de linhagem sacerdotal, mas nunca exerceu esse ministério. Ao contrário, na linha de Oseias e Amós, denunciou os abusos religiosos dos que praticavam injustiças com os menos favorecidos. Em diversos aspectos, a vida e a obra de Jesus Cristo, narradas nos evangelhos, foram aproximadas ao ministério de Jeremias, que se deparou com as autoridades civis e religiosas, devido à sua postura contrária às injustiças e a seu apego a Deus em favor do ser humano, razão pela qual viveu o celibato como denúncia profética da infidelidade do povo em relação a Deus (cf. Jr 16,1-13); uma atitude muito insólita e sofrida na vida de quem incentivou o matrimônio aos exilados como solução para suportar e vencer as duras condições em Babilônia (cf. Jr 29,4-6).

O trecho dessa Leitura Orante pertence, provavelmente, às intervenções mais antigas de Jeremias, podendo inclusive ser anterior às reformas empreendidas pelo rei Josias, que tudo fez para eliminar o que fazia o povo cair na idolatria. Após a morte desse piedoso rei, houve um forte retorno da prática idolátrica. Com isso, Jr 2,1–6,30 foi atualizado para o novo momento que antecedeu a ameaça, a invasão e a destruição que Nabucodonosor realizou contra Judá-Jerusalém, levando um grande número de judaítas para o exílio em Babilônia.

**Canto:** *Escuta, Israel, o Senhor teu Deus vai falar. Fala, Senhor, que teu servo vai te escutar (2x).*

# 1º PASSO

Leitura do Livro de Jeremias 3,1-5.19-20.

[1]Diz-se: "Se um homem repudia a sua mulher e ela o deixa, e passa a ser de um outro; voltará aquele, de novo, para ela? Não estaria verdadeiramente profanado tal país? E tu que te prostituíste com muitos amantes, queres voltar para mim? Oráculo do Senhor. [2]Ergue teus olhos para os cimos e vê: Onde não foste violada? Nos caminhos te assentavas para eles, como um nômade no deserto. Poluíste o país com as tuas prostituições e com as tuas maldades. [3]Por isso as garoas foram suprimidas, e não houve as chuvas da Primavera; tu, porém, mulher de face prostituta, te recusavas enrubescer. [4]Agora mesmo, não gritas a mim: 'Meu Pai! Tu és o companheiro da minha juventude? [5]Se irritará para sempre? Guardará eternamente a sua ira?'. É assim que falas, mas cometes tuas maldades, pois és obstinada. [...] [19]E eu me perguntava: Como desejei te contar entre os filhos e te dar uma terra de delícias, a herança mais preciosa das nações? E acrescentei: Vós me chamareis, 'Meu Pai! E não me deixareis'. [20]Entretanto, como uma mulher é infiel ao seu amado, assim vós, casa de Israel, sois infiéis a mim". Oráculo do Senhor.

**Canto:** *Escuta, Israel, o Senhor teu Deus vai falar. Fala, Senhor, que teu servo vai te escutar (2x).*

**2º Leitor:** O que o texto diz?

a) Uma reflexão, em forma de oráculo, faz uso, não apenas, do ato de repúdio que um homem podia dar à sua mulher, mas também das consequências as quais ela ficaria exposta, caso outro homem a desposasse (cf. Dt 24,1-4). Como o primeiro marido não podia ter de volta a mulher, porque o repúdio foi a causa da nova união dela; da mesma forma Deus, através do profeta, diz que não poderia retomar Jerusalém como sua esposa. É preciso notar que não se está dando um juízo desfavorável à mulher repudiada, mas ao ato do marido que provocou uma instabilidade social comparada à profanação do país. Não se está comparando a nova união da mulher à de uma prostituta, mas à ação do homem que repudiou a sua mulher devido à sua prostituição. A lei que deu ao marido o direito de repudiar impediu que ela fosse retomada como esposa. O exemplo serviu para afirmar que Jerusalém tinha se prostituído com inúmeros amantes, isto é, pelo culto dado a outros deuses (v. 1).

b) A idolatria, comparada à prostituição, fica muito evidente pelos termos usados. Os cimos são os lugares altos, antigos santuários ligados aos patriarcas (cf. 1Rs 12,31; 13,33; 14,23; 17,11; Os 10,8; Am 7,9; Mq 1,5), que passaram a ser locais de adoração aos baals e às astartes, respectivamente considerados deuses que propiciavam a fecundidade do solo. Jerusalém, que representa o povo eleito, recebe um duro juízo ao ser comparada à uma prostituta que se oferecia sentada à beira do caminho ao nômade que passava. A idolatria é um ato mau na vertical, uma injustiça para com Deus, que se projeta na horizontal, causando toda espécie de injustiças contra o ser humano (v. 2);

c) Não obstante as consequências – a falta das chuvas sazonais e tardias que garantiam a fecundidade do solo e mostravam que os baals e as astares não eram deuses, pois somente o verdadeiro Deus pode abrir e fechar os reservatórios dos céus (cf. 1Rs 17,1; 18,1) –, a idolatria continuou, aumentando ainda mais a vergonha do povo que não se convertia da sua rebeldia, provocando "ciúme" no seu Deus (v. 3).[5]

d) De forma irônica, uma pergunta é colocada por Deus como se ela estivesse nos lábios de Jerusalém. Assim como Deus é, ao mesmo tempo, "pai" e "companheiro/esposo", para Jerusalém; esta é, ao mesmo tempo, filha e esposa para Deus. Aqui, "pai" e "companheiro/esposo" quase se equivalem e são formas relacionais que apontam para a dependência de Jerusalém para com Deus. Jerusalém é uma filha que foi gerada por Deus para ser dada a ele em aliança, isto é, numa relação íntima e inviolável (v. 4).

Leonardo Agostini Fernandes

e) A linguagem indica, por um lado, os sentimentos de um esposo traído, mas, por outro lado, de uma esposa que tenta esconder as suas infidelidades. No caso, porém, Jerusalém é uma esposa infiel que descaradamente rompeu o pacto e continua se achando no direito de reivindicar os favores de Deus, como se ele não soubesse das suas maldades (v. 5).

f) Se o repúdio oficializado pela nova união da mulher com outro homem não permitia mais que essa voltasse para o primeiro marido, a idolatria vista como prostituição não deveria permitir que Deus continuasse a tratar Jerusalém como esposa. Acima da lei, porém, passou a vigorar a graça e a misericórdia. Isto abriu uma nova perspectiva não somente nas relações do ser humano com Deus, mas também na possibilidade de que laços matrimoniais desfeitos por repúdio pudessem ser reatados. Se Deus pode dar a Jerusalém a graça do perdão e aceitá-la de volta, como Oseias aceitou sua esposa, assim o ser humano, homem e mulher, pode, na força da graça divina, imitar as ações do seu Deus e, no lugar do ódio, dar o perdão em prol da reconciliação (v. 19).

g) Deus sabe que Jerusalém, chamada de casa de Israel, é como uma mulher que traiu o seu amado. Assim como a traição não mudou a condição da mulher traidora, Jerusalém também não quer mudar de condição. A decisão de Deus, apesar de continuar sendo traído, não se compara ao que o homem fez com a mulher que repudiou, pois, a dinâmica mostra que Deus, apesar de ter todo o direito de repudiar Jerusalém por suas idolatrias, continuou amando-a e dando-lhe a sua graça para que se recuperasse da sua maldade (v. 20).

**Canto:** *Eu gosto de escutar tua palavra, tua palavra, tua palavra de Amor.*

## 2º PASSO

A meditação ajuda a perceber o que o texto diz.

a) "Vivendo em tal mundo, sob pressões derivadas, sobretudo, dos *mass media*, nem sempre os fiéis souberam e sabem se manter imunes diante do obscurecimento dos valores fundamentais e pôr-se como consciência crítica desta cultura familiar e como sujeitos ativos da construção de um humanismo familiar autêntico. Entre os sinais mais preocupantes deste fenômeno, os Padres Sinodais sublinharam, em particular, o difundir-se do divórcio e do recurso a uma nova união por parte dos mesmos fiéis; a aceitação do matrimônio meramente civil, em contradição com a vocação dos batizados 'a se casarem no Senhor'; a celebração do sacramento do matrimônio sem uma fé viva, mas por outros motivos; a recusa das normas morais que guiam e promovem o exercício humano e cristão da sexualidade no matrimônio" (FC, n. 7). [breve pausa]

b) "A comunhão de amor entre Deus e os homens, conteúdo fundamental da Revelação e da experiência de fé de Israel, encontra uma sua significativa expressão na aliança nupcial que se instaura entre o homem e a mulher. É por isto que a palavra central da Revelação, "Deus ama o seu povo", é também pronunciada através das palavras vivas e concretas com que o homem e a mulher se declaram o seu amor conjugal. O seu vínculo de amor torna-se a imagem e o símbolo da Aliança que une Deus e o seu povo. E o mesmo pecado, que pode ferir o pacto conjugal, torna-se imagem da infidelidade do povo para com o seu Deus: a idolatria é prostituição, a infidelidade é adultério, a desobediência à lei é abandono do amor nupcial para com o Senhor. Mas a infidelidade de Israel não destrói a fidelidade eterna do Senhor e, portanto, o amor sempre fiel de Deus põe-se como exemplar das relações do amor fiel que devem existir entre os esposos" (FC, n. 12). [breve pausa]

c) "Difunde-se sempre mais o caso de católicos que, por motivos ideológicos e práticos, preferem contrair só matrimônio civil, rejeitando ou pelo menos adiando o religioso. A sua situação não se pode equiparar certamente à dos simples conviventes sem nenhum vínculo, pois que ali se encontra ao menos um empenhamento relativo a um preciso e provavelmente estável estado de vida, mesmo se muitas vezes não está afastada deste passo a perspectiva de um eventual divórcio. Procurando o reconhecimento público do vínculo da parte do Estado, tais casais mostram que estão dispostos a assumir, com as vantagens, também as obrigações. Não obstante, tal situação não é aceitável por parte da Igreja. A ação pastoral procurará fazer compreender a necessidade da coerência entre a escolha de um estado de vida e a fé que se professa, e tentará todo o possível para levar tais pessoas a regularizar a sua situação à luz dos princípios cristãos. Tratando-as embora com muita caridade, e interessando-as na vida das respectivas comunidades, os pastores da Igreja não poderão infelizmente admiti-las aos sacramentos" (FC, n. 82). [breve pausa]

**Canto:** *Eu quero entender melhor tua palavra, tua palavra, tua palavra de Amor.*

# 3º PASSO

O que o texto faz dizer a Deus em oração.

Senhor nosso Deus, desde o afastamento de nossos progenitores do seu plano de amor original, nosso mundo continua experimentando que espinhos e cardos crescem e se multiplicam, tornando a vida humana, realmente, difícil e desafiadora. Para os que creem em vós, pela vossa revelação, como autodoação e entrega, a história da salvação passou a marcar a vida humana e vem se desenvolvendo, mostrando as conquistas da verdade que chega ao mundo pela fé e pela razão.

A humanidade caminha, pela ciência, a passos largos e cada vez mais o saber se difunde, de diversos modos, sobre a face da terra, ajudando o ser humano a superar muitas dificuldades e alcançar grandes e sublimes vitórias. Contudo, o conhecimento e a difusão do vosso amor não possuem o mesmo ritmo que o saber científico. Senhor, em muitos irmãos e irmãs, não tem havido um real progresso na assimilação e prática da fé e dos seus conteúdos.

Existem, em um grande número dos vossos filhos e filhas, incredulidade e desconfiança na vossa existência por conta da própria ciência com a qual foram dotados por vós. Isto se faz sentir, em um modo particular, no âmbito das relações, pois os povos ainda estão divididos em suas crenças e as religiões reivindicam não só autonomia, mas o direito de ser o critério do conhecimento e do comportamento. Falam em vosso nome, usam até nomes diferentes para vos chamar, mas ainda não vos ouvem em vossa Palavra Encarnada. Fazem dela motivo de rivalidades e, com isso, enfraquecem, em suas vidas e decisões, a força da vossa presença e da vossa ação no mundo.

Senhor, se a fé e a ciência progredissem de igual modo no coração e na mente dos vossos filhos e filhas, de modo que a soberba e orgulho não continuassem a fazer tantos estragos, o homem e a mulher se completariam não somente no uso de seus corpos, mas no amor sincero e despojado de vãos interesses. Um seria para o outro uma fonte de virtudes, sempre a saciar a sede dos bens que realmente importam para cultivar a felicidade, qual tanto almejam. Senhor, que a força e a graça do Batismo não sejam ignoradas pelos cristãos.

Que os discípulos e discípulas do vosso Filho, Jesus Cristo, como Igreja viva, se distingam no mundo pelo comportamento condizente com a fé, a esperança e, principalmente, pela caridade que os torna imagem, semelhança e imitadores do seu irrenunciável modo de ser presença eficaz e operosa em suas vidas. Que o compromisso com o bem, a justiça e a verdade imprima, no mundo, o ritmo capaz de transformar as estruturas e as instituições sociais e religiosas, para que sejam cada vez mais humanas, pois, só assim, serão cada vez mais divinas e orientadas para a realização do vosso plano original de amor. Na força orientadora do vosso Espírito Santo, sejam os batizados luz do mundo e sal da terra, transformando a vida humana redimida pelo vosso Filho Jesus Cristo, que convosco vive e reina, pelos séculos dos séculos. Amém.

# 4º PASSO

Na contemplação-ação, o texto faz formular um empenho de vida.

a) "A experiência cotidiana mostra, infelizmente, que quem recorreu ao divórcio tem normalmente em vista a passagem a uma nova união, obviamente não com o rito religioso católico. Pois que se trata de uma praga que vai, juntamente com as outras, afetando sempre mais largamente mesmo os ambientes católicos, o problema deve ser enfrentado com urgência inadiável. Os Padres Sinodais estudaram-no expressamente. A Igreja, com efeito, instituída para conduzir à salvação todos os homens e, sobretudo, os batizados, não pode abandonar aqueles que – unidos já pelo vínculo matrimonial sacramental – procuraram passar a novas núpcias. Por isso, esforçar-se-á infatigavelmente por oferecer-lhes os meios de salvação" (FC, n. 84).

A situação de desagregação familiar constatada passou a exigir maior atenção pastoral da Igreja. Não se trata, simplesmente, de conter o avanço do divórcio, mas de promover uma formação cristã sólida e permanente em cada batizado, a fim de que, ao discernir que o matrimônio é o estado de vida que deseja assumir, saiba-se preparado para assumir, com coragem evangélica, todas as consequências que derivam de uma vida a dois. Ninguém, por certo, se saberá plenamente preparado para a vida matrimonial, esta preparação advém, igualmente, pela experiência que os cônjuges passam a ter através da nova condição de vida. O amadurecimento da fé se torna uma essencial condição para a superação das limitações. A convivência com outros casais na comunidade de fé torna-se um importante apoio e ponto de referência para quem está iniciando uma vida matrimonial, mas também para quem já conta muitos anos de vida conjugal. [breve pausa]

b) "Saibam os pastores que, por amor à verdade, estão obrigados a discernir bem as situações. Há, na realidade, diferença entre aqueles que sinceramente se esforçaram por salvar o primeiro matrimônio e foram injustamente abandonados e aqueles que, por sua grave culpa, destruíram um matrimônio canonicamente válido. Há ainda aqueles que contraíram uma segunda união em vista da educação dos filhos, e, às vezes, estão subjetivamente certos em consciência de que o precedente matrimônio irreparavelmente destruído nunca tinha sido válido" (FC, n. 84).

O bom senso e o discernimento solicitado aos pastores devem ser estendidos, também, para os agentes de pastoral, em particular os que integram as pastorais e movimentos familiares. Este discernimento solicitado serve para se evitar a discriminação que, geralmente, pesa sobre os que passaram pela experiência do falimento matrimonial. Para a correta aplicação desse discernimento, percebe-se a necessidade da formação cada vez mais profunda dos pastores e dos agentes de pastoral. É preciso aprofundar os estudos bíblicos, teológicos, pastorais e do próprio direito canônico, inclua-se ainda a necessidade de tato e pedagogia para um profícuo atendimento aos casais. O despreparo de muitos pastores e de vários agentes de pastorais para lidar com tais situações, muitas das vezes, é o que leva um grande número de fiéis para a margem da vida na comunidade de fé. É lamentável, pois deveria acontecer, exatamente, o contrário. [breve pausa]

c) "Juntamente com o Sínodo exorto vivamente os pastores e a inteira comunidade dos fiéis a ajudar os divorciados, promovendo com caridade solícita que eles não se considerem separados da Igreja, podendo, ou melhor, devendo, enquanto batizados, participar na sua vida. Sejam exortados a ouvir a Palavra de Deus, a frequentar o Sacrifício da Missa, a perseverar na oração, a incrementar as obras de caridade e as iniciativas da comunidade em favor da justiça, a educar os filhos na fé cristã, a cultivar o espírito e as obras de penitência para assim implorarem, dia a dia, a graça de Deus. Reze por eles a Igreja, encoraje-os, mostre-se mãe misericordiosa e sustente-os na fé e na esperança" (FC, n. 84).

A caridade pastoral, que deriva do amor misericordioso do próprio Deus, é a ação primária e a mais necessária, pois é ela que sublima todas as iniciativas da Igreja. Quando uma pessoa casada passa pela experiência do divórcio, mas encontra acolhida na comunidade cristã, recebe forças para continuar a luta com uma fé ativa. Se, por acaso, sente-se abandonada, vai deixando pouco a pouco a prática da fé que lhe serve de sustentação para vencer as dificuldades que se originam com a separação. Os filhos, em particular, perdem seus pontos de referência. Muitas das vezes, o acompanhamento dos cônjuges divorciados, separados ou em vias de separação poderia encontrar, no ambiente de fé, a graça do perdão que ajudaria a trazer, de volta, a reconciliação e a reunião de cônjuges separados ou em vias de separação. [breve pausa]

d) "A Igreja, contudo, reafirma a sua práxis, fundada na Sagrada Escritura, de não admitir à comunhão eucarística os divorciados que contraíram nova união. Não podem ser admitidos, do momento em que o seu estado e condições de vida contradizem objetivamente aquela união de amor entre Cristo e a Igreja, significada e atuada na Eucaristia. Há, além disso, um outro peculiar motivo pastoral: se estas pessoas fossem admitidas à Eucaristia, os fiéis seriam induzidos em erro e confusão acerca da doutrina da Igreja sobre a indissolubilidade do matrimônio" (FC, n. 84).

Este ponto da *Familiaris consortio* levanta uma questão muito delicada: fala da impossibilidade de divorciados se aproximarem da comunhão. A razão advém da nova união, seja no foro civil ou pela convivência marital. Este ponto foi um dos principais temas em discussão no Sínodo extraordinário dos bispos, realizado em outubro de 2014. Quem celebrou um matrimônio válido, se divorciou e contraiu uma nova união, colocou o impedimento para acessar à comunhão eucarística. O amor indissolúvel de Cristo pela Igreja é a base para a proibição, visto que o sacramento do matrimônio não somente sela o vínculo entre os cônjuges, mas ambos passam a representar esse amor. Colocar o amor-próprio acima do amor a Cristo e à sua Igreja contradiz a essência e a dinâmica específica do sacramento do matrimônio. Sabe-se, porém, que o povo de Deus não vive a fidelidade a Cristo; muitas das vezes é infiel e, ao longo dos séculos, produziu várias separações. Cristo, apesar de tudo, não repudia o seu povo e não deixa de amá-lo; antes, continua orando por sua unidade (cf. Jo 17). Na instituição da última ceia ficou claro que Jesus se entregava aos que estavam podados pela sua palavra (cf. Jo 13,10-11; 15,3), sem com isso negar que a comunhão fosse, realmente, o grande objetivo a ser alcançado pela Eucaristia. O acesso à comunhão eucarística não deveria ser apenas uma reivindicação de quem se divorciou, mas um forte motivo de reflexão para se pensar nas causas da separação e, com honestidade, reconhecer as poucas vezes em que fez da vida de fé um motivo para lutar contra o divórcio. O drama aumenta quando batizados divorciados reencontram o sentido da fé e se sabem sem acesso à Eucaristia. O que antes era ignorância se torna o martírio da vontade. [breve pausa]

Evangelização e Família

e) "A reconciliação pelo sacramento da penitência – que abriria o caminho ao sacramento eucarístico – pode ser concedida só àqueles que, arrependidos de ter violado o sinal da Aliança e da fidelidade a Cristo, estão sinceramente dispostos a uma forma de vida não mais em contradição com a indissolubilidade do matrimônio. Isto tem como consequência, concretamente, que, quando o homem e a mulher, por motivos sérios – quais, por exemplo, a educação dos filhos – não se podem separar, 'assumem a obrigação de viver em plena continência, isto é, de abster-se dos atos próprios dos cônjuges'" (FC, n. 84).

Ligada ao tópico anterior, está a recepção do sacramento da reconciliação. O acesso a ele também pode ser negado a quem, depois do divórcio, passou a uma nova união. A Igreja abre-se para dar tanto o sacramento da reconciliação como o da comunhão a quem assume a plena continência, quando dessa nova união vieram filhos que não têm culpa de ser o fruto de pais divorciados. Em muitos casos, quando acontece uma sincera conversão e quando o amor a Cristo e à Igreja são sublimados, de comum acordo, esses fiéis assumem o compromisso de viverem não como marido e mulher, mas como irmãos. Não é fácil, mas nesses casos, é possível celebrar o sacramento da reconciliação e permitir o acesso à comunhão eucarística. [breve pausa]

f) "Igualmente o respeito devido quer ao sacramento do matrimônio quer aos próprios cônjuges e aos seus familiares, quer ainda à comunidade dos fiéis proíbe os pastores, por qualquer motivo ou pretexto mesmo pastoral, de fazer em favor dos divorciados que contraem uma nova união, cerimônias de qualquer gênero. Estas dariam a impressão de celebração de novas núpcias sacramentais válidas, e consequentemente induziriam em erro sobre a indissolubilidade do matrimônio contraído validamente" (FC, n. 84).

Não é incomum que divorciados peçam uma bênção da Igreja para selar o compromisso dessa nova união. É duro para um pastor de almas dizer que não pode realizar tal pedido, pois seria negar a indissolubilidade do matrimônio canônico contraído validamente. Se a bênção não pode ser dada, cada pastor deve ser misericordioso com tais fiéis e se dispor a acompanhá-los, seja com a oração, seja com a formação. Em muitos casos, é possível perceber que existe matéria para se encaminhar ao tribunal eclesiástico e iniciar um processo que leve à declaração de nulidade do matrimônio, pois, lamentavelmente, vários matrimônios são nulos e os próprios implicados não o sabem. Sem o cuidado pastoral devido, isso não poderia ser percebido. [breve pausa]

g) "Agindo de tal maneira, a Igreja professa a própria fidelidade a Cristo e à sua verdade; ao mesmo tempo comporta-se com espírito materno para com estes seus filhos, especialmente para com aqueles que, sem culpa, foram abandonados pelo legítimo cônjuge. Com firme confiança ela vê que, mesmo aqueles que se afastaram do mandamento do Senhor e vivem agora nesse estado, poderão obter de Deus a graça da conversão e da salvação, se perseverarem na oração, na penitência e na caridade" (FC, n. 84).

A Igreja e, nela, todas as suas ações existem em função da salvação do ser humano. Para realizar a sua vocação e missão no mundo, a Igreja não pode renunciar à sua fidelidade a Jesus Cristo, seu fundador, e à doutrina que dele herdou. A Igreja, missionária por natureza, existe para ensinar o que aprendeu do Senhor e para fazer discípulos coerentes na fé, isto é, para gerar no mundo homens e mulheres capazes de testemunhar o amor acima de qualquer apego ou compreensão subjetiva da verdade. Ser cristão é, em muitos casos, um sinal de contradição no mundo; é remar contra tudo e todos que não conhecem Cristo nem o seu Evangelho, e questionam a fé da Igreja, da qual cada batizado não é apenas um membro, mas um arauto comprometido. É lamentável que muitos batizados não procurem uma sólida formação cristã e não tenham, por isso, critérios e argumentos para viver, defender a verdade contida na fé e dar razões da esperança que os anima a viver na caridade as dificuldades. [breve pausa]

**Canto:** *O mundo ainda vai viver tua palavra, tua palavra, tua palavra de Amor.*

# NOTAS

[1] Josué, antes de passar para o serviço de Moisés, que mudou o seu nome (cf. Nm 13,16), também se chamava Oseias (cf. Nm 13,8; Dt 32,44). A mudança do nome ressignificou a missão: de Oseias, "o que causa salvação", para Josué, "YHWH é salvação".

[2] No mundo greco-romano essa prática foi realizada no culto a Baco-Dionísio.

[3] Oseias combateu a idolatria como se fosse um novo Moisés (cf. Ex 32–34), para que a aliança não fosse anulada (WÉNIN, 1998, p. 26).

[4] Casamento–Processo de Divórcio–Reconciliação seriam os três momentos sucessivos presentes em Os 1,2–3,5 (Id., 1998, pp. 13-15).

[5] Para o ouvinte-leitor desejoso de aprofundar o tema (DA SILVA, 2006).

# C) INTRODUÇÃO AO LIVRO DE MALAQUIAS

Este livro não encerra apenas a coleção dos escritos proféticos, mas é o último livro do Antigo Testamento nas edições cristãs da Bíblia. Pelo livro de Malaquias criou-se uma ponte dinâmica entre o Antigo e o Novo Testamento, pois, no final do livro, Deus afirma que o profeta Elias virá com uma missão de reconciliação familiar, a fim de se evitar um possível castigo.

O livro apresenta a atividade de um profeta denominado Malaquias, nome que significa "meu mensageiro" ou "meu anjo" e que deriva, provavelmente, de uma afirmação contida no próprio livro: "pois ele é um mensageiro do Senhor dos Exércitos" (Ml 2,7); "Eis que envio o meu mensageiro e preparará um caminho diante de mim" (Ml 3,1). Somente neste livro encontra-se a locução "meu mensageiro", usada como nome próprio. Sobre a existência de um profeta com esse nome, os debates são muitos e sem uma palavra final.

O autor do livro, então, não é confundido com o profeta. Ele, porém, demonstra ter conhecimento da situação sociorreligiosa da sua época e do seu povo. Diante desta, assume uma clara posição quando apresenta "as queixas" de Deus em relação à indiferença nas atitudes dos sacerdotes. Estes deveriam orientar, com seriedade, a vida e a prática religiosa do povo, mas não o estavam fazendo com o devido zelo. Por causa disso, a situação era difícil em todos os sentidos e em todos os níveis. O pior mal era a apatia da fé, o pouco caso no rigor da prática religiosa e de suas normas, quer dizer, da vida regida pela vontade de agradar a Deus. Havia um latente laxismo na prática da fé expressa, principalmente, através do culto sacrifical oferecido no templo.

Nesse sentido, por um lado, o conteúdo do livro revela a insatisfação de Deus com os responsáveis pelo culto e, por eles, com todo o povo; por outro lado, anuncia o fim dos sacrifícios imperfeitos e a vinda de um "mensageiro precursor", que preparará os caminhos e, por isso, precede a chegada e o ministério do "mensageiro da aliança", isto é, do futuro Messias. No alvo do profeta estão, no particular, os sacerdotes e, no geral, todo o povo. Ambos são os destinatários das profecias contidas no livro, que pode ser dividido em duas partes emolduradas por uma introdução e uma conclusão.

Na introdução (cf. Ml 1,2-5), diante das dúvidas sentidas quanto ao amor de Deus, o profeta assegura a predileção divina, relembrando um fato particular do passado: a escolha de Jacó no lugar de Esaú (cf. Gn 25,23). A escolha de Deus seguiu a opção de Rebeca por Jacó e não a de Isaac por Esaú (cf. Gn 25,24-28). Prevaleceu a escolha e o papel da mãe no que dizia respeito à bênção a ser dada pelo pai ao filho antes de morrer. Por causa disso, gerou-se uma situação de conflito entre esses dois filhos, o qual, segundo a tradição bíblica, nunca foi superado.

Na primeira parte (cf. Ml 1,6–2,16), o profeta, falando em nome de Deus, apresenta as diversas situações que lhe desagradaram, o que causou o litígio contra os sacerdotes pela falta de qualidade nos sacrifícios oferecidos (cf. Ml 1,6–2,9); causou, também, o litígio contra os que praticaram os casamentos mistos e o divórcio (cf. Ml 2,10-16). Esta seção pode ser considerada central no livro, pois acentua o tema da aliança mencionada em quatro versículos precedentes (cf. Ml 2,4.5.8.10) e em um versículo subsequente (cf. Ml 3,1).

A segunda parte (cf. Ml 3,1-21) é aberta e fechada pelo anúncio do "Dia do Senhor" (Ml 2,17; 3,22-24). A chegada deste dia será como uma causa que produz um duplo efeito: consolo para os justos e castigo para os que não se converterem. Este dia revelará que Deus é justo juiz e que, por isso, não se compraz com a impiedade e a iniquidade.

A conclusão ou epílogo (Ml 3,22-24) é um último apelo de Deus ao seu povo, que deve se lembrar da Lei de Moisés, para colocá-la em prática, e de Elias, como exemplo de executor desta Lei, que será enviado para restaurar as relações entre pais e filhos e entre filhos e pais, isto é, restaurar a vida e o sentido da família conforme os desígnios de Deus.[1]

# NOTA

[1]  O alvo, na mudança de dimensão, reflete a esperança de que sobre a terra reine a paz, a justiça e a fraternidade entre os homens. Este desejo é a base do último alerta feito em Ml 3,22.23-24 (FERNANDES, 2014, p. 368).

# MALAQUIAS 2,13-16

## "NÃO SEJAS UM TRAIDOR"

[13]E isto, em segundo lugar, fazeis: cobris de lágrimas, prantos e gemidos o altar do Senhor. Por causa disso, não há como olhar para a oferta e tomar favoravelmente o que há em vossas mãos. [14]Então dizeis: "Por quê?". Porque o Senhor é testemunha entre ti e a mulher da tua juventude que tu, contra ela, foste um traidor, pois ela é tua consorte, e é a mulher da tua aliança. [15]Não fez ele um único ser de carne dotado de espírito? O que busca este único ser? Uma descendência de Deus. Guardai-vos sobre o vosso espírito e com a mulher de tua juventude e não sejas um traidor. [16]Porque, odeia repudiar, diz o Senhor Deus de Israel; e quem cobre de violência a sua veste, diz o Senhor dos Exércitos! Guardai-vos sobre o vosso espírito e não sejais um traidor.

## 1. ABORDAGEM HISTÓRICA

A época da atuação do profeta Malaquias não pode ser determinada com exatidão, mas se situa durante o período da dominação persa, quase cem anos após Ciro conquistar Babilônia (538 a.C.), isto é, pelos anos 450-440 a.C. Em Ml 1,8 encontra-se o termo "governador"; uma menção que coaduna bem e reflete a época do domínio persa que assegurava o controle das nações através dos seus representantes (*sátrapas*). Com base no conteúdo do livro é possível dizer que os tempos eram difíceis e as condições econômicas não eram, por certo, as mais favoráveis.

O fato de haver seleção nas ofertas, pois as melhores não eram ofertadas a Deus e sim as piores, permite pensar em certa estabilidade, que vai admitida, porém, nas mãos de alguns mais abastados. Não é, também, uma época de visões proféticas, mas de sérias reflexões religiosas sobre o comportamento moral do povo orientado por sacerdotes relapsos, que são chamados a pautar suas vidas na Lei de Moisés e na fidelidade de Elias, tendo a aliança como critério de discernimento das atitudes cultuais, familiares e sociais.

Por causa disso, é possível reconhecer, igualmente, que o conteúdo do livro atesta um período em que o templo de Jerusalém estaria em plena atividade, com todas as funções sacerdotais previstas, não obstante graves negligências estivessem sendo praticadas pela classe sacerdotal e pelo povo.

É também uma época de ceticismo sobre a presença e a proteção de Deus, ligadas a bênçãos abundantes. Isto parecia contradizer, por exemplo, a profecia de Ageu, que tinha deixado, como um legado, a promessa das bênçãos na medida em que o povo se empenhasse em reconstruir o templo com a mesma glória que possuía antes de ter sido destruído pelos babilônios (Ag 2). Este legado tardava a se cumprir, foi o que, provavelmente, levou Malaquias a interpretar a situação e os problemas cotidianos, a fim de encontrar as razões para as bênçãos não estarem acontecendo como esperadas. Sacerdotes e povo não estavam cumprindo, corretamente, com as suas obrigações de fé, tendo ações injustas. Todos queriam as bênçãos, mas sem o compromisso com a prática do bem, da justiça e da verdade, isto é, sem observar a Lei de Deus.

Ao lado dessas situações, encontram-se os frequentes abusos matrimoniais que denotam a falta de respeito à aliança.[1] A infidelidade a Deus, com as consequentes negligências nas ofertas, tinha o seu eco nas infidelidades praticadas contra as legítimas esposas. Os matrimônios mistos, tidos como uniões ilegítimas pelo profeta, foram alvo de denúncias porque enfraqueciam a prática da observância da religião nos moldes da aliança entre Deus e o seu povo. Neemias tomou medidas drásticas em relação a essas uniões (cf. Ne 13,23-31). A forma, porém, como o caso é tratado no livro de Malaquias não é violenta nem, tampouco, tem o mesmo rigor como relatado em Esd 10. Pode ser, então, que a intervenção de Malaquias seja anterior aos reformadores Esdras e Neemias.

Todavia, a profecia de Malaquias é, de algum modo, precursora das ações de Esdras, que foi o grande reformador dos costumes religiosos no antigo Israel, pois a ele se atribui a fundação da nova modalidade religiosa: o judaísmo, que passou a ter como base a Torá de Moisés (instrução, ensinamento, lei), que se chama Pentateuco na Bíblia grega e cristã. Talvez, por isso, a tradição judaica posterior viu em Esdras a realização da profecia contida em Ml 3,22-24 e a ligação dele com Malaquias.[2]


## 2. ABORDAGEM LITERÁRIA

Vocabulário rebuscado, fluidez literária e estilo definido não são alguns dos fortes elementos distintivos do livro de Malaquias. O vocabulário é simples e o estilo é catequético. Através de uma linguagem mais sensível e direta, mas fortemente enérgica, o autor não só busca

Evangelização e Família

impressionar o seu ouvinte-leitor, mas quis impactar com a sua reflexão e, por ela, conduzir à renovação do modo de pensar e de agir tanto dos sacerdotes como do povo, em particular dos que repudiaram as suas legítimas esposas para se unirem a mulheres estrangeiras. É o que se considera matrimônio misto no livro. Uma união, por certo, considerada ilegítima pelos mais religiosos, como Malaquias.

A estrutura retórica ou dialógica, que veicula as palavras polêmicas, entre o profeta e os seus destinatários segue um esquema claro: apresentação de uma constatação ou acusação feita por Deus; reação ou objeção dos destinatários, colocando em dúvida a acusação; refutação da objeção por parte de Deus ou do profeta, justificando a acusação; e, enfim, tem-se um posicionamento ou desenvolvimento da ação a ser assumida como solução para o problema.

No livro de Malaquias, por causa dessa forma exaltada de discussão (diatribe), a profecia alcança uma forma mais dialógica entre o que Deus fala, em primeira pessoa ou através do profeta, e o que o povo responde, também intermediado pelo profeta (cf. Ml 1,2.6-7.12-13; 2,14.17; 3,7-8.13-15).[3] Um olhar atento para essa forma literária revela que o profeta é quem protagoniza tanto a fala de Deus como dos destinatários.


# 3. ABORDAGEM TEOLÓGICA

Deus, na profecia de Malaquias, é, por um lado, a parte lesada tanto pelos sacerdotes, que oferecem os sacrifícios, como pelo povo que traz ofertas indignas; por outro lado, é o defensor do direito e da justiça, em particular a favor dos que estão sendo lesados. Por isso, afirma-se que o Senhor não atende aos apelos, mesmo se feitos com lamentos e prantos diante do seu altar. É um Deus que "odeia" o repúdio, porque, segundo o conteúdo de Gn 2,18-25, ele foi a principal testemunha da opção pelo matrimônio, embora continue amando os que praticam o repúdio, esperando que se convertam desse ato. A posição de Deus no livro de Malaquias, entretanto, não contradiz a possibilidade de o divórcio acontecer, como previsto na lei promulgada por Moisés (cf. Dt 24,1-4), mas também não o endossa, pois os casos são distintos. Se Malaquias admite um divórcio, o faz em relação à união ilegítima, dos que deixaram as suas esposas para se unirem às mulheres estrangeiras.

135

Leonardo Agostini Fernandes

A relação entre ações cultuais e sociais, no contexto do livro de Malaquias, é inseparável. Esta relação aparece através do vocabulário fidelidade e infidelidade dentro da pregação contra a ação relapsa dos sacerdotes, contra os matrimônios mistos e o repúdio da mulher legítima pelo divórcio. "Assim, vida familiar, vida social e vida moral aparecem profundamente ligadas e orientadas pela vida cultual."[4]

Por um lado, o matrimônio misto criava obstáculos, pois, pela lógica da fé, ameaçava enfraquecer as tradições religiosas, principalmente a santidade concebida como fruto da união entre o homem e a mulher no antigo Israel, com base na aliança entre Deus e o seu povo. É o que se acusa em Ml 2,10-12.

Por outro lado, o ato de repudiar a mulher da juventude era uma traição no que diz respeito ao que Deus uniu e tornou os dois uma só carne em vista da vida a ser perpetuada. Este obstáculo impedia que a oração e a oferta, feitas no templo, pudessem agradar a Deus e alcançassem o fim desejado. É o que está denunciado em Ml 2,13-16. Entretanto, uma distinção aparece e precisa ser apontada: Ml 2,10-12 e 2,13-16 tratam de pactos distintos, unidos somente pelo termo matrimônio.

Pelo contexto, é possível admitir que os homens casados tivessem repudiado as suas esposas legítimas para se unirem a mulheres estrangeiras e, com elas, se está a um passo da idolatria e do sincretismo. Por isso, faz sentido a afirmação: "Judá profanou o santuário que o Senhor ama, desposando a filha de um deus estrangeiro" (Ml 2,11).

A religião da prole, que surgiria dessas uniões, corria o risco de não seguir a fé no Deus do antigo Israel e poderia ser considerada, caso habitasse na Palestina, prole indigna das bênçãos de Deus. Algo que parece estar na base da indignação de Jesus com os seus discípulos por causa das crianças apresentadas para que ele as abençoasse (cf. Mc 10,13-16; Mt 19,13-15; Lc 18,15-17 deslocou o feito do contexto do divórcio).

Para compreender, corretamente, a questão do divórcio no livro de Malaquias, é preciso aceitar que o profeta não estava referindo-se ao direito de indivíduos ou da família no sentido universal, mas olhava com uma particular atenção para a situação concreta do seu povo. Malaquias defendeu a eleição divina e a escolha do antigo Israel como uma criação particular de Deus para fazer dele a testemunha e o mediador da sua soberania diante dos outros povos. Por isso, a afirmação da paternidade única e exclusiva citada em Ml 2,10.

A indissolubilidade matrimonial apregoada e defendida por Malaquias está de acordo com a estreita concepção que aparece afirmada em Gn 2,18-25. Assim, a postura do profeta não pode ser interpretada como algo meramente civil ou secular, mas, segundo a ótica religiosa do povo, de quem se sabe consagrado para tutelar a vontade de Deus diante dos demais povos.

O não cumprimento do preceito divino (cf. Gn 2,18.25) tem implicações na vida de todos os que se professam praticantes da religião monoteísta, porque a união conjugal sancionada pela bênção matrimonial torna-se algo a mais em relação à simples união natural entre um homem e uma mulher. Malaquias defende a seriedade da fé, que deve ser mantida e transmitida aos filhos pelo vínculo matrimonial, sinal da íntima união entre Deus e o ser humano, criado à sua imagem e semelhança (cf. Gn 1,26-27).

Nesse sentido, quanto ao que diz respeito à indissolubilidade do matrimônio, Ml 2,16 parece ter servido de base, juntamente com Oseias e Jeremias, para a explícita palavra de Jesus Cristo sobre o divórcio (cf. Mt 19,3-10). Fica quase evidente a razão pela qual houve uma aproximação entre João Batista e o "mensageiro da aliança", anunciado por Malaquias (cf. Ml 3,1), como citado no Novo Testamento (cf. Mt 11,10; Mc 1,2; Lc 1,17.76; 7,27; At 13,24-25).

# 4. ABORDAGEM PASTORAL

A postura sobre o divórcio atestada e refutada no livro de Malaquias continua atual. Na base da sua reflexão está a certeza de que o matrimônio é uma instituição sagrada (cf. Gn 2,24), pois Deus é a testemunha original. É um forte sinal da aliança entre Deus e o seu povo, razão pela qual é indissolúvel.

As razões, que levaram o profeta a defender a indissolubilidade conjugal, revelam a sua preocupação com a preservação da fé por meio da formação religiosa da família, razão pela qual foi contra os matrimônios mistos, que estavam na base do abandono das mulheres legítimas. A missão de Elias de reconduzir o coração dos pais aos filhos e dos filhos aos pais permite, por um lado, afirmar que o amor de Deus por seu povo é a razão para se continuar insistindo na conversão dos que têm praticado toda sorte de injustiças; por outro lado, significa continuar insistindo na identidade e na missão da família.

A desagregação de uma família, na maioria das vezes, é acompanhada de muitos sinais de desespero e desrespeito entre o homem e a mulher. Por certo, algumas questões surgem para ambas as partes, em particular para batizados que levam a sério a fé e os costumes: Poderei ser feliz com outra mulher ou outro homem? Serei capaz de conduzir a vida sem outra pessoa? Que fazer com os filhos? Que pensar sobre a lei de Deus quanto ao divórcio?

A postura de Malaquias, que se posiciona contrário ao divórcio, continua atual quando um homem repudia a mulher, que desposou na juventude, passando a se interessar por outra mulher, simplesmente, por causa do peso dos anos vividos juntos, devido ao tédio do dia a dia, ou, pior, pela falta de controle do homem diante da paixão desordenada.

A aliança indissolúvel entre Deus e o antigo Israel formalizou-se de diferentes maneiras, mas, particularmente, através da imagem esponsal, isto é, do amor conjugal exclusivo e fiel entre um homem e uma mulher. Nesse sentido, pode-se admitir que a profecia de Malaquias sobre o divórcio serviu, pela dinâmica da revelação, para afirmar e fundamentar as razões pelas quais o matrimônio requer unidade e indissolubilidade. Assim, percebe-se melhor a posição que Jesus Cristo assumiu diante da questão do divórcio que lhe foi apresentada (cf. Mc 10,1-12; Mt 19,1-9). Ele se coloca na esteira profética que não apenas defendeu a indissolubilidade matrimonial, mas talvez tenha sido a base para a doutrina que encontrou o seu lugar em Gn 1,1–3,24.

# 5. LEITURA ORANTE – MI 2,13-16

## "O SENHOR É TESTEMUNHA ENTRE TI E A MULHER"

**Canto:** *Eu vim para escutar tua palavra, tua palavra, tua palavra de Amor.*

**1º Leitor:** Breve introdução.

Para judeus e cristãos, a Sagrada Escritura contém a revelação da verdade salvífica e é aceita como critério de juízo sobre a realidade humana. Por isso, a formulação das leis, ao longo dos séculos, em quase todo o Ocidente, derivou em grande parte das leis contidas na Sagrada Escritura. Admitida como paradigma de vida, ela passou a formar, orientar e reger a consciência e a conduta humana.

Do ponto de vista antropológico, um homem e uma mulher, ao se unirem de forma natural, demonstram o impulso e o desejo de se completarem pela entrega de um ao outro e de constituírem uma comunhão de vida estável. Por força dessa união, a fidelidade e a indissolubilidade se tornam uma exigência de unidade que proporciona uma garantia para os dois. Caracteriza-se, assim, de forma específica o ser-homem e o ser-mulher, isto é, a distinção do gênero que qualifica o ser humano e manifesta o direito natural, fundado tanto na distinção como na recíproca cooperação que os torna "uno" (cf. Gn 2,24).

O livro de Malaquias, encerrando a coleção dos escritos proféticos, no cânon da Bíblia seguido pelas edições cristãs da Bíblia, cria uma ponte entre o Antigo e o Novo Testamento. Nesse livro, encontra-se um firme testemunho sobre a graça que Deus é capaz de conceder ao indivíduo que vive a sua fé na dinâmica da comunidade. A questão do divórcio tratada em Ml 2,13-16 quer mostrar como em um momento do judaísmo a divina revelação não só influenciou, mas foi decisiva para reverter uma mentalidade que se propagava.

**Canto:** *Escuta, Israel, o Senhor teu Deus vai falar. Fala, Senhor, que teu servo vai te escutar* (2x).

# 1º PASSO

Leitura da profecia de Malaquias 2,13-16.

[13]E isto, em segundo lugar, fazeis: cobris de lágrimas, prantos e gemidos o altar do Senhor. Por causa disso, não há como olhar para a oferta e tomar favoravelmente o que há em vossas mãos. [14]Então dizeis: "Por quê?". Porque o Senhor é testemunha entre ti e a mulher da tua juventude que tu, contra ela, foste um traidor, pois ela é tua consorte, e é a mulher da tua aliança. [15]Não fez ele um único ser de carne dotado de espírito? O que busca este único ser? Uma descendência de Deus. Guardai-vos sobre o vosso espírito e com a mulher de tua juventude e não sejas um traidor. [16]Porque, odeia repudiar, diz o Senhor Deus de Israel; e quem cobre de violência a sua veste, diz o Senhor dos Exércitos! Guardai-vos sobre o vosso espírito e não sejas um traidor.

**Canto:** *Escuta, Israel, o Senhor teu Deus vai falar. Fala, Senhor, que teu servo vai te escutar* (2x).

**2º Leitor:** O que o texto diz?

a) A quem se dirige o profeta? Por certo, diretamente, aos homens e, indiretamente, às mulheres, que eram as vítimas deles. Por isso, o Senhor não aceita o que é oferecido por mãos injustas. Contudo, toda a comunidade passa a ser culpada por ser omissa pela aliança rompida. O erro é defraudado, pois Malaquias não é conivente com a infidelidade dos maridos às legítimas esposas (v. 13). [breve pausa]

b) A questão central, então, é a disseminação da prática do repúdio contra a esposa legal para se contrair uma nova união, considerada ilícita. O repúdio é comparado à profanação do templo, pois é como a traição da aliança com Deus. "Lágrimas, prantos e gemidos" são, provavelmente, ações das mulheres repudiadas (v. 13). [breve pausa]

c) O Senhor, porque vê o sofrimento delas, não ouve nem responde com seus favores aos sacrifícios oferecidos pelos homens. Antes, coloca-se como uma testemunha a favor das vítimas e contra a conduta dos que considera injustos, porque estes fizeram vítimas as suas mulheres legítimas. A expressão – "a mulher da tua aliança" – indica a obrigação contraída por meio de juramento religioso, razão pela qual a fidelidade foi exigida de forma absoluta (v. 14). [breve pausa]

d) O argumento irrefutável é o feito de Deus. O ser humano é único e vive porque foi dotado de espírito. Pela prole, a vida continua o seu processo de transmissão. Visto que Deus é uno (cf. Dt 6,4) e essa verdade tornou-se a base da fé do antigo Israel, para ser imagem e semelhança de Deus, o marido deve ser fiel à sua esposa e vice-versa (v. 15). [breve pausa]

e) A ação atribuída ao Senhor, "porque odeia o repudiar", se contrapõe, pela lei do talião, à ação de quem repudia a própria mulher e, assim, cobre de violência a própria veste. Fica em evidência que a aliança matrimonial, contraída diante do Senhor, não pode ser revogada. É o sentido dado por Jesus Cristo (cf. Mt 19,6; Gn 2,24), quando interrogado sobre a liceidade do homem repudiar a sua mulher: "o que Deus uniu o homem não separe" (v. 16). [breve pausa]

**Canto:** *Eu gosto de escutar tua palavra, tua palavra, tua palavra de Amor.*

# 2º PASSO

A meditação ajuda a perceber o que o texto diz.

a) Deus é, por um lado, a parte lesada tanto pelos sacerdotes que aceitam oferecer sacrifícios inadequados à sua dignidade, como pelo povo que traz ofertas indignas; por outro lado, é o defensor do direito e da justiça. Por isso, Deus não atende aos apelos, e se "odeia" o repúdio é porque aparece em Gn 2,18-25 como criador e principal testemunha do matrimônio. [breve pausa]

b) O ato de repudiar a mulher da juventude era considerado uma traição no que diz respeito ao que Deus uniu e tornou uma só carne em vista da espécie e da vida humana a ser perpetuada. Esta injustiça impedia que a oração e a oferta, feitas no templo, agradassem a Deus e alcançassem o fim desejado. [breve pausa]

c) Pelo contexto, é possível admitir que os homens casados tivessem repudiado as suas esposas legítimas para se unirem a mulheres estrangeiras, passando, com elas, à idolatria e ao sincretismo. Por isso, está dito: "Judá profanou o santuário que o Senhor ama, desposando a filha de um deus estrangeiro" (Ml 2,11). [breve pausa]

d) A indissolubilidade matrimonial apregoada e defendida por Malaquias está de acordo com a estreita concepção afirmada em Gn 2,18-25. Assim, a postura do profeta não pode ser interpretada como algo meramente civil ou secular, mas segundo a ótica religiosa de um povo que foi consagrado para anunciar e tutelar a vontade de Deus diante dos demais povos. Para isso, porém, devia, por primeiro, aceitar e colocar em prática a vontade de seu Deus. Do contrário, o seu testemunho não se tornaria digno de crédito diante dos outros povos. [breve pausa]

e) O não cumprimento do preceito divino (cf. Gn 2,18.25) tem implicações na vida de todos os que se professam praticantes da religião monoteísta, porque a união conjugal sancionada pela bênção matrimonial torna-se algo a mais em relação à simples união natural entre um homem e uma mulher. Malaquias defende a seriedade da fé a ser mantida e transmitida aos filhos pelo vínculo matrimonial, pois este é o sinal da íntima união entre Deus e o ser humano, criado à sua imagem e semelhança (cf. Gn 1,26-27). [breve pausa]

**Canto:** *Eu quero entender melhor tua palavra, tua palavra, tua palavra de Amor.*

# 3º PASSO

O que o texto faz dizer a Deus em oração.

Deus, Pai santo, nós acreditamos que pelo vosso infinito poder fizestes do nada todas as coisas e, na harmonia primordial do universo, formastes o homem e a mulher à vossa imagem e semelhança, dando um ao outro a graça de serem companheiros inseparáveis, pois os dois se tornam uma só carne. E assim nos ensinastes que nunca é lícito separar o que vós unistes.

No grande mistério do vosso amor, concedestes à primordial comunidade humana a vossa bênção, que nem a pena do pecado original, nem o castigo do dilúvio nem criatura alguma puderam abolir; e consagrastes a aliança matrimonial, tornando-a símbolo da aliança de Jesus Cristo com a Igreja. Pelo sacramento do matrimônio, o amor humano é elevado, consagrado e se torna sinal e penhor do vosso amor divino. Na vossa providência e na vossa graça, enquanto pelo nascimento de novas criaturas se povoa e embeleza o mundo, pelo renascimento espiritual, no santo batismo, edificais de modo inefável a vossa Igreja, esposa do vosso Filho.

Olhai benignamente para todos os casais unidos pelo vínculo do matrimônio, para que, com o auxílio da vossa bênção, pela graça do Espírito Santo e pelo vosso amor derramado em seus corações permaneçam fiéis na aliança conjugal. Nós vos pedimos que os noivos se preparem para assumir as responsabilidades do matrimônio, que permaneçam firmes na fé e na observância dos mandamentos.

Que esposo e esposa sejam fiéis um ao outro; sejam capazes de dar a todos, na integridade da sua vida, o bom testemunho de Jesus Cristo. Fortalecidos pela sabedoria do Evangelho, recebam os filhos como dom precioso; sejam pais de virtude comprovada; possam ver os filhos dos seus filhos; e, depois de uma vida longa e feliz, alcancem o reino celeste, na companhia dos santos. Por Nosso Senhor Jesus Cristo, vosso Filho, que é Deus convosco, na unidade do Espírito Santo. Amém.

# 4º PASSO

Na contemplação-ação, o texto faz formular um empenho de vida.

a) "Infelizmente a mensagem cristã acerca da dignidade da mulher vem sendo impugnada por aquela persistente mentalidade que considera o ser humano não como pessoa, mas como coisa, como objeto de compra-venda, a serviço de um interesse egoístico e exclusivo do prazer: e a primeira vítima de tal mentalidade é a mulher. Esta mentalidade produz frutos bastante amargos, como o desprezo do homem e da mulher, a escravidão, a opressão dos fracos, a pornografia, a prostituição — sobretudo quando é organizada — e todas aquelas várias discriminações que se encontram no âmbito da educação, da profissão, da retribuição do trabalho etc." (FC, n. 24).

Acredito que Deus não só criou o gênero humano, mas o elevou a uma grande dignidade, por isso aceito a união nupcial do homem e da mulher como bênção e imagem viva do seu amor? [breve pausa]

b) "Além disso, ainda hoje, em grande parte da nossa sociedade, permanecem muitas formas de discriminação aviltante que ferem e ofendem gravemente algumas categorias particulares de mulheres, como, por exemplo, as esposas que não têm filhos, as viúvas, as separadas, as divorciadas, as mães solteiras. Estas e outras discriminações foram veementemente deploradas pelos Padres Sinodais. Solicito, pois, que se desenvolva uma ação pastoral específica mais vigorosa e incisiva, a fim de que sejam vencidas em definitivo, para se poder chegar à estima plena da imagem de Deus que resplandece em todos os seres humanos, sem nenhuma exclusão" [FC, n. 24).

Quero aprender a não julgar os divorciados e os casais em segunda união, mas, seguindo o exemplo de Jesus Cristo, bom Pastor, promover uma pastoral capaz de ajudá-los a viver com fé e esperança? [breve pausa]

c) "Motivos diversos, quais incompreensões recíprocas, incapacidade de abertura a relações interpessoais etc., podem conduzir dolorosamente o matrimônio válido a uma fratura muitas vezes irreparável. Obviamente que a separação deve ser considerada remédio extremo, depois que se tenham demonstrado vãs todas as tentativas razoáveis" (FC, n. 83).

Porque Deus firmou uma nova aliança com o gênero humano, pelo mistério redentor da morte e ressurreição de Jesus Cristo, acredito no matrimônio como sinal dessa aliança e prova do seu amor? [breve pausa]

d) "A solidão e outras dificuldades são muitas vezes herança para o cônjuge separado, especialmente se inocente. Em tal caso, a comunidade eclesial deve ajudá-lo mais que nunca; demonstrar-lhe estima, solidariedade, compreensão e ajuda concreta de modo que lhe seja possível conservar a fidelidade mesmo na situação difícil em que se encontra; ajudá-lo a cultivar a exigência do perdão própria do amor cristão e a disponibilidade para retomar eventualmente a vida conjugal anterior" (FC, n. 83).

Quero conhecer mais e melhor a doutrina bíblico-teológica, na qual se encerra o valor e o sentido do matrimônio cristão, a fim de ajudar os jovens e os casais a vivê-lo na força do amor de Deus? [breve pausa]

e) "Análogo é o caso do cônjuge que foi vítima de divórcio, mas que – conhecendo bem a indissolubilidade do vínculo matrimonial válido – não se deixa arrastar para uma nova união, empenhando-se, ao contrário, unicamente no cumprimento dos deveres familiares e na responsabilidade da vida cristã. Em tal caso, o seu exemplo de fidelidade e de coerência cristã assume um valor particular de testemunho diante do mundo e da Igreja, tornando mais necessária ainda, da parte desta, uma ação contínua de amor e de ajuda, sem algum obstáculo à admissão aos sacramentos" (FC, n. 83).

Quero ser um agente evangelizador da família, ajudando em particular os membros mais sofridos a enfrentar as dificuldades à luz da Palavra de Deus e do ensinamento da Igreja? [breve pausa]

f) "Na sua realidade mais profunda, o amor é essencialmente dom e o amor conjugal, enquanto conduz os esposos ao 'conhecimento' recíproco que os torna 'uma só carne', não se esgota no interior do próprio casal, já que os habilita para a máxima doação possível, pela qual se tornam cooperadores com Deus no dom da vida a uma nova pessoa humana. Deste modo os cônjuges, enquanto se doam entre si, doam para além de si mesmo a realidade do filho, reflexo vivo do seu amor, sinal permanente da unidade conjugal e síntese viva e indissociável do ser pai e mãe" (FC, n. 14).

Acolher os filhos que Deus permitir, como frutos do amor, fortalece a vida conjugal e impede que se fechem numa relação egoística. Quero cooperar com Deus na transmissão da vida, manifestando que a prole eleva a condição de esposo e esposa a um grau mais elevado como pai e mãe, tornando-os mais próximos da ação criadora de Deus? [breve pausa]

**Canto:** *O mundo ainda vai viver tua palavra, tua palavra, tua palavra de Amor.*

# NOTAS

[1] A religião da mãe, ainda nos dias atuais dentro do judaismo, é que determina a religião dos filhos, porque é da mãe que advém a identidade e a pertença ao antigo Israel, pela raça e pela fé. É na família que o judeu recebe a sua primeira formação religiosa (SOGGIN, 1987, pp. 428-429).

[2] Não é possível uma simples identificação de Esdras com o profeta denominado Malaquias, pois se, por um lado, existem pontos de contato, por outro lado, existem pontos divergentes, por exemplo, com relação ao modo como os sacerdotes são tratados (CARBONE; RIZZI, 2001, p. 383; LUÍS SICRE, 2011, p. 556).

[3] Este gênero literário encontra-se em outros textos proféticos: Mq 2,6-11; Ag 1,4-6; 2,3-5; Jr 2,23-25.29-32; 28,1-11; 29,24-32.

[4] FERNANDES, 2014, p. 370.

SEGUNDA PARTE

# TEXTOS DO NOVO TESTAMENTO

N os textos neotestamentários, estudados nessa seção, encontram-se aspectos essenciais do ensinamento sobre a vida matrimonial e suas exigências.

Os dois primeiros contêm a doutrina recebida de Jesus Cristo, no contexto das oposições, e giram em torno do tema da dureza do coração que não apenas permite, mas até incentiva o divórcio, ao invés de se seguir, salvo a exceção das uniões ilícitas, a ordem estabelecida pelo Criador quanto à união indissolúvel (Mt 5,27-32; Mt 19,3-12). Já nos textos usados na Leitura Orante (1Cor 7,1-6.10-16), está o ensinamento do apóstolo Paulo no que diz respeito à vida da comunidade diante de certos dilemas quanto à opção pelo celibato ou pelo matrimônio. Não se privilegia um em detrimento do outro. Ambos estão orientados para a perfeição da vida cristã, duas faces da mesma moeda. A opção do apóstolo Paulo pela vida celibatária não invalida o matrimônio nesta vida em função da vida futura na parusia. Não se admite que a vida nova advinda pelo batismo interfira no cumprimento dos deveres que derivam da vida matrimonial. Pelo contrário, o esposo e a esposa são uma só carne e, portanto, um pertence ao outro.

A presença de Jesus, com seus discípulos, em uma festa de casamento, na qual aconteceu o seu primeiro milagre (Jo 2,1-12), atesta a importância e o valor dessa instituição no plano de Deus, que nela infunde o seu amor como graça. A Leitura Orante é feita com o Prólogo (Jo 1,1-18), no qual está a plena revelação de Deus que lança as bases do cristianismo e que são decisivas para formar e determinar o comportamento condizente com o conhecimento que derivou da glória de Deus manifestada em Jesus Cristo. Acolher a luz é abrir-se para Deus.

O cristianismo primitivo conheceu um vigente código de conduta familiar. A partir deste, o apóstolo Paulo procurou instruir a família cristã com tudo o que ela comporta, em particular no que diz respeito à mutua obediência, seguindo o exemplo do amor de Jesus Cristo por sua Igreja e vice-versa (Ef 5,21–6,9). Dessa relação brota o sentido sacramental do matrimônio. O texto usado na Leitura Orante é um paralelo ao texto de Efésios e serve para aprofundar o sentido cristão do modelo familiar vigente naquela sociedade, explicando como viver o amor conjugal e realizar os deveres domésticos (Cl 3,18–4,1).

A tradição petrina possui, igualmente, um ensinamento com vários conselhos para a família cristã a partir do código familiar vigente no primeiro século (1Pd 3,1-7). A maior parte desses conselhos é dirigida às mulheres cristãs, cujos maridos ainda não se converteram à fé cristã. Um particular destaque recai sobre o ornamento que as mulheres cristãs devem possuir: a conduta íntegra. Por meio desta, os maridos podem ser edificados e se colocará um fim nas suspeitas de que os cristãos se consideram livres de responsabilidades cívicas. Este ensinamento foi aprofundado na Leitura Orante com um texto da mesma carta, no qual os cristãos são exortados a exercer, com dignidade, os deveres cívicos em todas as camadas, sejam eles livres ou escravos (1Pd 2,13-25).

Enfim, para sublimar a dinâmica das bodas de Caná da Galileia (Jo 2,1-12) usou-se o texto que alude às bodas do Cordeiro Imolado, o esposo imaculado, com a nova Jerusalém, a esposa santa e ima-culada, que desce do céu de junto de Deus (Ap 21,1-2.9-14; 22,17). Nesta relação matrimonial, Deus faz novas todas as coisas que são contrapostas ao que caducou, devido às injustiças e infidelidades dos que não se converteram. O aprofundamento da imagem celestial da nova Jerusalém foi feito através da missão profética do vidente João, que recebe, depois de visto e ouvido o que vai acontecer no final, um livrinho que contém a doçura dos frutos que derivam da fé inabalável em Deus, mas que também é um alimento que amarga no estômago, porque povos, nações e reinos não se convertem e lhes espera um trágico fim (Ap 10,1-11).

# D) INTRODUÇÃO AO EVANGELHO SEGUNDO MATEUS

O evangelho segundo Mateus abre o cânon do NT, não porque foi o primeiro relato sobre Jesus Cristo, mas porque a Igreja reconheceu e atribuiu um evangelho ao apóstolo Mateus, que também era conhecido pelo nome de Levi. Este deixou tudo para seguir Jesus (cf. Mt 9,9-13; 10,2-4; Mc 2,14-17; 3,16-19; Lc 5,27-32; 6,14-16). Não obstante, o evangelho segundo Mateus foi o mais citado e comentado pelos Padres da Igreja, bem como o mais usado na Liturgia desde os inícios. Percebe-se que o grande objetivo deste evangelho é apresentar Jesus de Nazaré como o messias, isto é, o ungido, que fora predito na Lei e anunciado pelos Profetas (cf. Mt 1,23 cf. Is 7,14; Mt 2,6 cf. Mq 5,1-3; Mt 4,15-17 cf. Is 8,23–9,1; Mt 21,5 cf. Zc 9,9).

A redação final desse evangelho, que inicialmente teria conhecido uma versão mais breve em aramaico, foi feita em grego, fora da Palestina, e pode ser colocada entre os anos 80-90 d.C. A razão mais forte para isso deve-se ao fato de que no ano 70 d.C. aconteceu a destruição de Jerusalém. Este fato é um dado importante, pois Mt 22,7 apresenta uma reflexão apurada a respeito dessa destruição, dando a entender que esse fato já teria acontecido. Com isso, a dinâmica desse evangelho reflete, também, as dificuldades que os seguidores de Jesus encontraram a partir desse trágico fato. O consolo adveio da certeza que os acompanha: "Eis que eu estou convosco todos os dias" (Mt 28,20).

Mateus apresenta a Boa-Nova de Jesus Cristo realçando os traços que eram mais importantes para os destinatários diretos do escrito. Estes, ao que tudo indica, foram, primeiramente, judeus que aceitaram Jesus Cristo como Messias. Não foi, por certo, uma conversão fácil. Como um judeu piedoso, em particular aquele que vivia à margem, podia permanecer fiel ao Deus de Abraão e, ao mesmo tempo, crer em Jesus de Nazaré? Como compreender a imagem do Messias crucificado? Estas são algumas das perguntas respondidas no evangelho segundo Mateus. Seguir Jesus, como seu discípulo, não constituiu em uma apostasia à fé dos pais, mas a certeza de que Deus cumpriu todas as suas promessas. Depois, na redação final, houve uma abertura para os não judeus, dando à mensagem uma característica mais universal.

Leonardo Agostini Fernandes

A organização do evangelho gira em torno da conexão entre os fatos e as palavras de Jesus. Através desses dois elementos literários, devidamente intercalados em uma estrutura simétrica, o elemento narrativo e o discurso evidenciam que no centro da atividade de Jesus estava o Reino dos Céus. Evita-se dizer, nesse evangelho, a expressão "Reino de Deus", por respeito ao nome divino. Jesus é o Mestre que ensina com autoridade, é o Profeta por excelência, anunciado por Moisés (cf. Dt 18,18-19). Em Jesus, a Lei e as Profecias se cumpriram. Com os que ele chamou, teve início uma comunidade de vida e de fé que se caracteriza pela novidade do seu modo de se relacionar com Deus e com o semelhante.

A. NARRATIVA: Nascimento e início da atividade de Jesus (cc. 1-4).

B. DISCURSO: As Bem-Aventuranças = proclamação do Reino (cc. 5-7).

C. NARRATIVA: Autoridade do Mestre e convite a entrar no Reino (cc. 8-9).

D. DISCURSO: Sobre a missão da Igreja (c. 10).

E. NARRATIVA: Cristo rejeitado por esta geração (cc. 11-12).

F. DISCURSO: As Parábolas do Reino (c. 13).

E'. NARRATIVA: Os apóstolos reconhecem o Cristo (cc. 14-17).

D'. DISCURSO: Sobre a Igreja (c. 18).

C'. NARRATIVA: Autoridade do Filho do Homem e convite ao Reino (cc. 19-20).

B'. DISCURSO: Maldições – alcançar o Reino (cc. 23-25).

A'. NARRATIVA: Morte e Ressurreição = novo início (cc. 26-28).

A teologia, articulada, por meio dessa estrutura, apresenta uma continuidade da imagem de Deus no Antigo Testamento e da sua ação em relação à humanidade, de modo particular em relação ao antigo Israel. Jesus é o Messias, Filho de Davi (cf. Mt 16,16), mas não o Messias rei e líder político, como aguardado pelo povo. Ele assumiu o messianismo do Servo Sofredor (cf. Mt 12,18-20; cf. Is 42,1-4), que realiza a obra redentora através da sua total entrega na paixão e morte de cruz. Ele é o Messias humilde, um amigo dos pobres, porque se fez um deles e igual a eles. O que Jesus exige nas Bem-Aventuranças aparece, claramente, que ele, em primeiro lugar, é quem as realiza (cf. Mt 5,3-12).

Jesus é o fundador de uma comunidade de discípulos, que, depois da sua morte de cruz e de sua ressurreição, o aceitou como Senhor e

Salvador de todo o gênero humano. Nesta comunidade se prega e se pratica uma palavra exigente: o Reino dos Céus. Nele se entra e se participa recebendo o batismo "em nome do Pai e do Filho e do Espírito Santo" (Mt 28,19). A Boa-Nova é a nova lei desta comunidade.

A Igreja foi confiada a Pedro (cf. Mt 16,13-20) e aos demais apóstolos, administradores do perdão (cf. Mt 18,15-22). Nota-se, por isso, que a tradição petrina está bem presente no evangelho de Mateus (cf. Mt 4,18; 10,2; 14,28-31; 15,15; 16,13-20.22s; 17,24-27; 18,15-22; 21,20; 26,69-75; 28,18-20). Mateus deixa claro que os primeiros destinatários da Boa-Nova, ao rejeitarem Jesus, perderam seus privilégios (cf. Mt 8,11-13; 21,43; 23,37).

As polêmicas com os fariseus, saduceus e doutores da Lei não foram sinais somente da hostilidade em relação a Jesus, mas também em relação à Igreja. Por meio dessas polêmicas, a mensagem de Jesus transpareceu com clareza e a comunidade dos seguidores se definiu por sua adesão a ele e à sua palavra, concretizada em seus gestos salvíficos. O comportamento cristão deve superar toda forma de puritanismo, por meio dele, cada discípulo demonstra a sua fé de forma madura e condizente com o bem, a justiça e a verdade atuados por Jesus Cristo. Os dois textos que se seguem, fazem parte dessas polêmicas. No centro está a dignidade da pessoa humana, em particular da mulher. A Igreja, por Jesus, recebeu a verdadeira interpretação da lei de Moisés.

# MATEUS 5,27-32

## "FOI DITO... EU, PORÉM, VOS DIGO"

[27]"Ouvistes o que foi dito: Não adulterarás! [28]Eu, porém, vos digo: Qualquer um que olhar uma mulher por desejo, já cometeu adultério, com ela, no seu coração. [29]E se o teu olho direito te é de escândalo, arranca-o e lança-o fora de ti. É melhor, de fato, para ti se um de teus membros perecesse, antes que todo o corpo seja lançado na Geena. [30]E se a tua mão direita te é de escândalo, corta-a e lança-a fora de ti. É melhor, de fato, para ti se um de teus membros perecesse, antes que todo o teu corpo acabe por terminar na Geena. [31]Foi dito: Quem repudiar sua mulher, entregue-lhe uma carta de repúdio. [32]Eu, porém, vos digo: Quem repudia sua mulher, a não ser por união ilícita, faz com que ela se torne adúltera; e quem desposa uma mulher repudiada comete um adultério."

## 1. ABORDAGEM HISTÓRICA

Mt 5,31-32 não deveria ser lido sem Mt 5,27-30, pois, pelo conjunto, existe uma argumentação que permite alcançar uma conclusão moral, da parte de Jesus, muito mais abrangente e orientadora. O ensinamento de Jesus sobre o sexto mandamento (Ex 20,14; Dt 5,18; de acordo com a versão grega, Ex 20,13; Dt 5,17) não é uma mera casuística, mas se desdobra e chega à questão do escândalo, isto é, ao que faz o ouvinte-leitor tropeçar na vida.

Os vv. 29-30, inseridos no contexto do adultério, adquiriram um sentido diferente em relação a Mt 18,8-9 e Mc 9,42-48, que estão situados no contexto do escândalo. Lucas omitiu, pela dificuldade que seus destinatários teriam para compreender, uma ideia vinculada ao modo oriental de dizer o rigor das opções. Por detrás desse modo, encontra-se a lógica da radicalidade que deve seguir e orientar as decisões e opções morais. Renunciar ao "olho direito" e à "mão direita" significava sacrificar algo de importante e precioso, pois na cultura antiga o lado "destro" era mais importante que o "sinistro" (Sl 16,8; 110,1; Mt 20,23; 22,44). Contudo, uma luz pode advir de Zc 11,17. Este oráculo traz uma sentença, fazendo alusão ao olho direito e à mão (direita?), contra o pastor insensato que abandona as ovelhas. Jesus, ao contrário dos rabinos de sua época, se demonstrou um pastor que não só não abandonou as pessoas que haviam sido excluídas por seus erros, mas veio ao encontro e as acompanhou com solicitude (Mt 9,13; 11,28-30).

O direito matrimonial judaico garantia a união entre um homem e uma mulher e punia, rigorosamente, a violação desse direito com a pena de morte. Não obstante isso, os direitos não eram aplicados de forma equitativa para o homem e para a mulher. A mulher podia pretender o divórcio, mas somente o homem podia escrever o ato de repúdio. Não se punia o judeu casado por manter relações com uma mulher solteira ou com uma não judia, mas a judia casada era adúltera se tivesse uma relação fora do seu casamento, e, se flagrada, aplicava-se a ela a pena capital (Jo 8,1-11). Não resulta difícil compreender a índole da conversa que Jesus teve com a mulher samaritana e por que pediu que ela, depois que lhe pediu a água viva, fosse chamar o próprio marido (Jo 4,16-19). Esta atitude de Jesus encontra-se diametralmente oposta à de muitos fariseus que nem sequer olhavam para as mulheres por considerá-las uma fonte de pecado. De tal modo que, para esses, o centro da questão não dizia respeito à ofensa praticada contra a esposa ou o marido ofendido, mas ao direito violado. A Lei estava acima do bem das pessoas.

O adultério, sem dúvida, era uma falta muito grave tanto para o homem como para a mulher que já estavam sob um contrato de matrimônio. Esse contrato podia ser feito pelos pais desde a menor idade dos filhos, mas as núpcias somente se concluíam a partir da maior idade dos futuros esposos. No caso da mulher, era preciso esperar a sua primeira menstruação, que a tornava "apta" para engravidar. Em geral, o homem era mais velho que a mulher. A norma valia para os membros do antigo Israel. Caso um homem adulterasse com uma mulher pagã, o reato não recebia a pena de morte prevista na lei (Lv 20,10), mas o homem adúltero era um infiel e o seu ato considerado como uma idolatria. Então, o adultério, no antigo Israel, era tido como uma violação do direito de propriedade do homem (Ex 20,17; Dt 5,21).

Não há um único elemento histórico por detrás de Mt 5,27-32, mas vários. Em primeiro lugar, uma tradição escrita sobre o divórcio que remonta a Moisés e à sua autoridade (Dt 24,1-4). Em segundo lugar, se houve esse ensinamento, admite-se que a prática do divórcio vinha acontecendo desde os tempos do grande legislador. Em terceiro lugar, é preciso admitir que o divórcio, em si, era uma realidade que antecedia a própria constituição do antigo Israel como povo da Torá e que,

Evangelização e Família

em determinado momento, tornou-se uma lei que passou a permitir e regulamentar a sua prática.

A expressão "foi dito" pode ser uma referência a Moisés e à sua autoridade que passou para as mãos dos mestres e doutores da Lei. Estes, pertencentes ao grupo dos escribas e fariseus, passaram a se sentar na cátedra de Moisés, isto é, tinham assumido o ensinamento e o poder de tomar decisões em nome do legislador (Mt 23,2).

Assim como o matrimônio, pela difusão da escrita, passou a ter um "contrato por escrito" (Tb 7,12-14), também o "ato de repúdio" era escrito. Por este, a mulher passava a ter, em mãos, um documento legal que a declarava livre para regressar para a casa paterna e contrair novas núpcias. Para uma família, ter a filha repudiada era uma desonra, que se agravava se o motivo fosse a sua esterilidade. O documento, contudo, consistia numa garantia para que a mulher, caso vista com outro homem, não fosse acusada de adultério e, assim, declarada réu de morte. O homem que escrevia o "ato de repúdio" não podia se casar novamente com a mulher que repudiara. Então, o divórcio era definitivo.

Ml 2,13-16, por ser um texto profético contrário ao divórcio, pode ser tomado como uma tradição precedente ao posicionamento de Jesus que, por sua vez, contraria o conselho de se separar de uma mulher má e desobediente (Eclo 25,26). Contudo, parece que Jesus, no seu ensinamento, foi além dessa tradição e reafirmou o impedimento com uma nova ênfase: "quem desposa uma mulher repudiada comete um adultério". A intenção é ideal: não havendo mulher repudiada, não haveria quem pudesse cometer adultério com ela.

Os motivos que podiam levar um homem a escrever um "ato de repúdio" iam dos mais sérios aos mais banais. Havia, na época de Jesus, muita disputa a respeito e a questão oscilava entre o rigorismo de Shammai ("caso tenha encontrado algo de vergonhoso", como é o caso da fornicação e do adultério),[1] a indulgência de Hillel ("quebrar um prato ou queimar a comida") e a estética de Akiba ("se não encontrou mais graça aos seus olhos").[2] Jesus, com o seu ensinamento, colocou-se firme no sentido da união matrimonial e no sentido oposto ao dos rabinos: quem repudia comete um erro, se a separação não for por motivo de união ilícita, e quem se une a uma repudiada comete adultério com ela. Jesus, também, se coloca contrário ao privilégio do homem sobre a mulher quanto ao falso poder matrimonial: não é lícito infringir o matrimônio do próximo, visto que o próprio estava em suas mãos. Em outras palavras, a dignidade da mulher estava nas mãos do seu marido, que dela dispunha segundo os seus interesses. O que Jesus declarou sobre a questão não constituiu uma lei sobre o matrimônio, mas tratou de dar a direção moral a ser assumida.

A cláusula, no que concerne à possibilidade da separação, é algo ainda aberto. "Dogmativismo" e "progressivismo" não são as melhores posturas. O contexto judaico permite admitir que a sua aplicabilidade pudesse ocorrer tanto nos casos de união ilegítima como nos casos em que a mulher fosse a causadora, devido às difamações às quais expusesse o seu marido. Isso, porém, seria passível da pena capital e não haveria necessidade do ato de repúdio. Assim sendo, parece que não se estaria colocando a ênfase em algum ato sexual errôneo cometido pela mulher, mas na união matrimonial contraída entre partes proibidas por grau de parentesco (Lv 18,6-18). Talvez este seja o sentido que se encontra na recomendação feita aos cristãos que vinham da gentilidade: abster-se das uniões ilícitas (At 15,29). Se for assim, o próprio Jesus estava confirmando essa legislação. A comunidade cristã de Mateus, pela cláusula colocada, encontrou um caminho para tratar das questões que fossem surgindo no dia a dia. A reconciliação era o mais objetivado, procurando seguir, em todas as situações, o exemplo que Jesus deu com sua morte na cruz. Assim, o repúdio não encontraria espaço em uma comunidade que tinha o amor como norma suprema de vida até as últimas consequências, como é o caso da importância da moral doméstica e, principalmente, do martírio.

## 2. ABORDAGEM LITERÁRIA

No contexto do Sermão da Montanha, Mt 5,27-32 oferece uma breve instrução matrimonial, cujo tema central é o adultério ao lado do tema do divórcio. O contexto, portanto, é o do ensinamento aos discípulos com base nas questões disputadas entre os escribas, mestres e doutores da lei. Os vv. 31-32 não possuem elementos explicativos, como é o caso dos vv. 29-30 em relação aos vv. 27-28, porque o sentido do adultério aparece conexo ao ato de repúdio.

De algum modo, transparece que a iniciativa do divórcio advém do adultério cometido pelo homem, que era quem possuía a faculdade de escrever o ato de repúdio e mandar a mulher embora. A combinação do repúdio com a nova união não deixa clara uma questão: trata-se da mulher repudiada ou da nova união com uma repudiada? Em ambos os casos, porém, nota-se que o homem é o sujeito ativo.

Admitindo-se que Ml 2,13-16 seja um fundo para o ensinamento de Jesus, a forma e o conteúdo apresentam decisões que dizem respeito às normas e regras éticas tanto para o indivíduo como para a comunidade de fé (*halakah*). Mt 19,1-12, que será comentado a seguir, possui a versão mais desenvolvida quanto ao ensinamento de Jesus sobre o divórcio.

A formulação introdutória do v. 31 é mais breve que a do v. 27, mas isso não quebra a conexão. A construção dos versículos aparece de forma rítmica, consoante com a realidade, mas em estilo hiperbólico. O foco passa do que ocorre no externo ao que se concebe no interno. A ação é julgada pela intenção. Com isso, ficam em evidência as antíteses. Foi dito uma coisa, mas é outra que deve ser seguida. A lógica é fazer sobressair o ensinamento de Jesus. O que o olho não vê devidamente provoca o tropeço que leva à queda. O que a mão não segura devidamente, deixa cair.

# 3. ABORDAGEM TEOLÓGICA

O coração era considerado a sede das decisões certas e erradas. Assim, assumido, o divórcio, antes de passar para o papel, já havia sido realizado no coração de quem olhou com a intenção de possuir a mulher do próximo. Jesus não se pronunciou apenas sobre o pecado sexual em si, mas igualmente contra o desvio dos afetos. Fica claro que se existe o adultério cometido no coração, também existe o divórcio cometido no coração, sem que haja qualquer ato jurídico ou documento comprobatório de que a separação aconteceu.

Pelo sentido do texto, o peso da sentença recai muito mais sobre o homem, visto que, na sociedade, a mulher era a parte mais vulnerável, por ser propriedade do homem pelo dote que versou ou pelo tempo de serviço que prestou ao pai da moça para, enfim, obtê-la como mulher. Resulta do ensinamento, em um contexto social de igualdade, que a sentença é aplicável tanto ao homem como à mulher. Jesus tomou posição com uma proibição que definiu, como adultério, o simples olhar com má intenção, pois desencadearia o desejo que poderia levar à fornicação. Nesse sentido, um homem solteiro ou casado comete adultério ao olhar para uma mulher casada e vice-versa, uma mulher solteira ou casada comete adultério ao olhar para um homem casado. O olhar libidinoso de um homem solteiro para uma mulher solteira, e vice-versa, levaria à fornicação, à incontinência ou ao abuso sexual.

A maior dificuldade reside na compreensão quanto à ordem da mutilação dos dois membros, "olho direito" e "mão direita", que são os meios para se cometer o erro. Não vão, por certo, tomados em sentido literal, mas no sentido simbólico. O que o olho vê, a mão quer pegar! A ordem é clara: livrar-se da má inclinação que conduz ao erro. Não é lícito possuir o que pertence a outrem. É melhor ficar sem uma parte do que levar o todo à ruína. Jesus, por meio da sua sentença, quis ir além do aspecto legal, a fim de superar a incapacidade dos implicados em demonstrar o erro digno de punição.

O ato do adultério não pode ser pensado como passível de condenação sem o desejo do coração. Disto deriva o sentido da ordem de mutilação dos membros corruptos. No fundo, por derivação, se chegaria a dizer: "se o teu coração te escandaliza, arranca-o e lança-o fora de ti". Isto não seria algo possível, pelo sentido literal, mas seria possível pelo sentido alegórico: arranca de dentro de ti o que te faz errar por fora. O olho e a mão, vinculados ao coração, não podem ser membros autônomos e, sem o coração, não podem ser sujeitos de ações nem certas nem erradas. O apelo é pela integridade, a fim de que "todo o corpo" não seja passível de ruína, isto é, que não recaia sobre a pessoa uma condenação.

# 4. ABORDAGEM PASTORAL

Apesar da terminologia empregada não ser propriamente a mesma, é possível reconhecer que em 1Cor 7,10 encontra-se um exemplo de aplicação pastoral do ensinamento de Jesus contido em Mt 5,31-32. Nota-se, porém, que a exortação para não se separar é feita à mulher, que se deve opor ao divórcio. Isto quer dizer que a situação era diferente da que havia na Palestina, pois, no mundo greco-romano, o divórcio podia ser praticado pela iniciativa da mulher. Mc 10,12 é uma adaptação da cláusula contida em Mt 5,31-32, que se adéqua ao direito romano que concedia à mulher a iniciativa do divórcio.

Paulo apela não para o seu ensinamento, mas para o que disse Jesus sobre o divórcio. Isto indica que se levava muito a sério o ensinamento de Jesus. Para Paulo tratar do fato na carta, é sinal de que ele esteve ciente do que aconteceu. É o que se depreende das duas opções oferecidas para a mulher: "se separar, não se case de novo, ou se reconcilie com o marido". Também, nessas palavras, é possível ver que, à diferença do divórcio consumado entre os judeus, a reconciliação era recomendada. No calor das discussões e da separação, a verdade não é enxergada. O pedido para que o marido não se separe da mulher pode derivar do fato de ter sabido que ela teria tido a intenção de se casar de novo. Um novo matrimônio, para um cristão, só seria possível se a parte não cristã tomasse a decisão do divórcio. Aplicava-se, para a parte cristã, o privilégio paulino, e esta podia se casar de novo (1Cor 7,15).

Surge, quase que naturalmente, uma questão: É possível viver o que Jesus exige? Ao lado desta, outra deve ser formulada: A realidade não é a comprovação de que o que Jesus exige é impossível de se concretizar? Se o que Jesus ensina a praticar é impossível, então ele é injusto. Mas que dizer de Mt 5,20? "Se a vossa justiça não abundar sobre a dos escribas e fariseus, não entrareis no Reino dos Céus." Não é a realidade humana que é capaz de fixar o sentido da vontade de Deus, mas o contrário. Pelo adultério e o divórcio do coração, tanto o homem como a mulher podem viver a ilusão de se sentirem ligados à outra pessoa. Quantos cristãos já vivem assim entre nós?

Em muitos lares, o divórcio do coração é o primeiro prelúdio do divórcio legal. Quando não existe mais entre os cônjuges a vontade de perdoar ou de buscar a reconciliação; quando se perde a estabilidade emocional ou quando a instabilidade se faz visível na indiferença que fere e a hostilidade aflora de diversas maneiras, por agressões verbais e físicas, o mal já se instalou. Para muitos, o divórcio é visto como a melhor solução. Adeus se dá ao sacrifício da cruz! É triste, mas muitos casais só conseguiram "progredir" nos desafetos do coração e nos litígios.

Deus deixa de ser honrado não só pelo uso indevido da lei, mas, também e principalmente, pelo mau uso da liberdade que Jesus Cristo nos readquiriu pela sua total entrega. A lei foi dada para garantir a vida e não para promover a morte. Quem se esforça por amar o próximo como a si mesmo, progride no uso consciente da liberdade e consegue ficar acima do que permite ou proíbe a lei. Nenhuma lei pode se colocar acima da dignidade humana ou defender o direito de ser feliz. Não se pode reduzir a questão do divórcio apenas ao aspecto jurídico e legal, transformando-o em sinal de liberdade para se unir ou se separar quantas vezes o ser humano entender.

Se, no passado, a comunidade cristã de Mateus se viu ameaçada pela incompreensão da "lei da liberdade", visto que havia na lei de Moisés muitas brechas; no presente, cada cristão é chamado a se defender contra todas as formas de incompatibilidade entre as leis civis e a excelência do amor, pelo qual o direito fica submetido a ele e se torna passível de ser renunciado na medida em que está em jogo a salvação e o bem do próximo.

As leis de Deus foram promulgadas em função da liberdade e para serem operadas na força do amor, como fez Jesus e como ensinou a seus discípulos. Ele foi capaz de se fazer fraco pelos irmãos, a fim de que a sua força não fosse uma realidade esmagadora da humanidade, mas se tornasse um critério capaz de demonstrar que na fraqueza do ser humano Deus manifesta a sua força.

Jesus não aboliu a lei do divórcio, mas ensinou como fazer para que ela não tenha necessidade de ser usada e, se for, em que casos. Antes da remissão dos pecados, a lei era o elemento controlador dos apetites vorazes e sem controle do ser humano. Com a salvação realizada e o dom do Espírito Santo derramado sobre a Igreja, tem início a novidade da lei do amor. Vinho novo em odres novos! O progresso que Jesus Cristo trouxe com o seu ensinamento é uma fonte renovadora das estruturas, na medida em que cada discípulo se converte e se deixa modelar pelo seu ser. Isso, porém, requer tempo, muito empenho e paciência para que a sociedade se renove.

A "mutilação" sugerida de forma metafórica por Jesus pode ser tomada de forma literal: arrancar do coração tudo o que leva à separação com Deus e com o próximo. A justiça que Jesus exige não diz respeito somente ao reto agir diante de Deus, mas exige, igualmente, o comportamento reto em relação ao próximo. Para estar ao lado de Deus é preciso não renunciar a estar ao lado do semelhante, em particular do que possui grandes dificuldades para caminhar com Jesus Cristo e com as exigências do seu evangelho: "misericórdia eu quero e não sacrifício; não vim chamar os justos, mas os pecadores" (Mt 9,13).

O que de bom e de mau os olhos veem e as mãos tocam, deriva, de acordo com a concepção semita, do coração. Se Deus instituiu a união matrimonial, cabe ao ser humano preservá-la, em particular do perigo do adultério e do divórcio. O que no contexto vital do ensinamento de Jesus valeu, particularmente, para o homem, a fim de salvaguardar a mulher, nos dias atuais também vale para ela. Se, para os rabinos, não era permitido ao homem olhar para a mulher e vice-versa, para Jesus o desejo impuro é que não é permitido. Não é possível amar o próximo de um jeito cristão, se as relações não são vividas e santificadas em/ por/com Jesus Cristo. Nesse sentido, não é possível haver amor sem sacrifícios e sem a prática da reconciliação.

A comunidade de Mateus, seguindo o ensinamento de Jesus, no qual a cláusula faz parte, procurou considerar e encontrar a melhor solução para os problemas conjugais do seu tempo. Se isso é compreensível, cabe

Evangelização e Família

à Igreja, de cada época, sob a ação do Espírito Santo, que inspirou as Escrituras, adotar critérios que salvaguardem, fielmente, o ensinamento e o seu sentido. Não pode esquecer, porém, que a salvação do ser humano é a principal norma de vida que Jesus lhe confiou.

## 5. LEITURA ORANTE – 1Cor 7,10-16
### "ORDENO, NÃO EU, MAS O SENHOR"

**Canto:** *Eu vim para escutar tua palavra, tua palavra, tua palavra de Amor.*

**1º Leitor:** Breve introdução.

A comunidade cristã de Corinto foi próspera em carismas e ministérios, uma das mais bem formadas pelo apóstolo Paulo, pois conviveu com ele por mais ou menos um ano e meio (cf. At 18,11). Uma convivência nada fácil, devido ao perfil tanto do apóstolo como dos membros da comunidade. Quando as duas cartas aos Coríntios são lidas com toda a atenção, percebe-se, claramente, que se está diante de dois apaixonados em contínuo litígio por causa da força dos temperamentos.

Por um lado, a comunidade, devido à sua posição geográfica (junção entre uma via terrestre e uma via marítima, com um porto) e sua cultural composição mista, estava marcada por uma realidade eclética muito acentuada. Pessoas de locais e culturas diversas afluíam em grande número em Corinto. Era uma "Rio de Janeiro" da época, com todos os tipos de prazer e lazer oferecidos a turistas, razão pela qual a fama de imoral pesava muito sobre essa comunidade. A população dessa cidade, naquela época, era estimada em quinhentos mil habitantes, isto é, metade da população de Roma, capital de todo o Império.

Por outro lado, o apóstolo Paulo também possuía um forte caráter, devido à sua origem judaica, pela raça, mas romana pela cidadania, e sua incondicional adesão a Jesus Cristo. A estratégia utilizada na missão era a de se aproximar através dos seus irmãos de raça, aos quais dirigia a primeira evangelização. Não sendo acolhido, dirigia-se aos pagãos, formando novas comunidades. Por onde passou, não chamou apenas atenção para o Evangelho, mas também provocou, sobre si, a rejeição de muitos.

A dinâmica que animava o apóstolo Paulo e a comunidade de Corinto era uma explosiva relação de amor. Disciplina e normas de conduta moral fazem parte das palavras que o apóstolo dirigiu aos membros da comunidade, visto que surgiram diversos problemas. Estes eram devidos aos esforços de adequação da conduta à fé em Jesus Cristo. Dentre os temas tratados, a questão sexual, que envolve o celibato e o casamento, ocupa todo o capítulo 7 da Primeira Carta aos Coríntios. O trecho escolhido para essa Leitura Orante contém o famoso "privilégio paulino", no qual o divórcio é permitido e novas núpcias podem, sob condição, ser contraídas. Deve-se, porém, acolher a distinção entre "ordem do Senhor" e "conselho de Paulo".

**Canto:** *Escuta, Israel, o Senhor teu Deus vai falar. Fala, Senhor, que teu servo vai te escutar* (2x).

# 1º PASSO

Leitura da Primeira Carta de São Paulo aos Coríntios 7,10-16.

[10]Aos casados, ordeno, não eu, mas o Senhor: a mulher não se separe do homem; [11]– se, porém, se separa, permaneça sem se casar, ou se reconcilie com o homem – e o homem não abandone a mulher! [12]Aos outros, porém, digo eu, não o Senhor: se um irmão tem mulher não crente e esta consente em coabitar com ele, não a abandone. [13]E, se uma mulher tem homem não crente e este consente em coabitar com ela, não abandone o homem. [14]Pois o homem não crente é santificado pela mulher [crente], e a mulher não crente é santificada pelo irmão. De outro modo, os vossos filhos seriam impuros, quando são santos. [15]Se, porém, o não crente quer se separar, separe-se! O irmão ou a irmã não estão vinculados neste caso; mas, na paz, Deus vos chamou. [16]Acaso sabes, ó mulher, se salvarás o homem? Ou acaso sabes, ó homem, se salvarás a mulher?

**Canto:** *Escuta, Israel, o Senhor teu Deus vai falar. Fala, Senhor, que teu servo vai te escutar* (2x).

Evangelização e Família

**2º Leitor:** O que o texto diz?

a) O apóstolo Paulo deixa claro que a palavra dirigida aos casados não é sua, mas é uma "ordem" que vem do Senhor, isto é, de Jesus Cristo: "a mulher não se separe do homem [...] e o homem não abandone a mulher. Esta ordem parece fazer eco ao que se encontra em Mc 10,2-12; Mt 5,27-32; 19,3-12. Entretanto, chama a atenção o fato de colocar a separação como atitude que parte da mulher e o abandono como atitude que parte do homem, sem aludir, nesse momento, ao que teria provocado tanto a separação como o abandono. No que tange à mulher, ficam duas possibilidades: "se, porém, se separa, permaneça sem se casar"; ou "se reconcilie com o homem". A ênfase sobre a mulher permite pensar que a incidência maior sobre ela derive do fato de a comunidade ser composta mais por mulheres do que por homens (vv. 10-11). [breve pausa]

b) A "ordem do Senhor", pelo contexto, diz respeito aos batizados casados. Para estes, a separação da mulher em relação ao homem e o abandono do homem em relação à mulher devem ser evitados. Caso não sejam, impedem-se as novas núpcias, mas se prioriza a reconciliação. A palavra, agora, dirige--se "aos outros", isto é, aos que possuem uma condição diferente, e não é uma "ordem do Senhor", mas uma palavra do apóstolo Paulo. A questão é colocada na condicional tanto para o homem crente, que está casado com uma mulher não crente, como para a mulher crente, que está casada com um homem não crente. Em outras palavras, entre um batizado casado com uma não batizada e uma batizada casada com um não batizado. Havendo consentimento entre as partes, não há motivos para que a parte crente abandone a parte não crente (vv. 12-13). [breve pausa]

c) A razão para se evitar o abandono da parte não batizada reside na missão que cabe à parte batizada: santificar a parte não batizada. O uso de "irmão" no lugar do esperado "homem" não causa perplexidade, mas coloca um sentido a mais no que se espera como fruto da missão do homem crente e da mulher crente na relação com a parte não crente: a fraternidade batismal. O olhar do apóstolo para os filhos é resultado do amor entre os cônjuges. Isto advoga a favor do que se espera da parte batizada: o testemunho que convence a parte ainda não crente. De algum modo, abre-se uma nova perspectiva, pois os filhos gerados de matrimônios mistos não são frutos de um ato impuro, mas são santos porque um de seus genitores já é batizado e, por certo, deve buscar o batismo da prole (v. 14). [breve pausa]

d) O apóstolo Paulo está consciente de que não pode legislar sobre a parte não crente. Por isso, não coloca algum tipo de obstáculo, caso a parte não crente queira se separar da parte crente. O tratamento, "irmão" e "irmã", substitui "batizado(a)"; para a parte crente, o "divórcio", nessa situação, não é permissão, mas consequência do abandono da parte não crente. Não há peso de consciência, caso a parte crente não tenha sido o motivo. O critério é claro: o chamado de Deus, isto é, a vocação cristã é para a paz (v. 15). [breve pausa]

e) Ao que tudo indica, o apóstolo Paulo não se estaria posicionando contrariamente ao desejo salvífico que advém da parte crente, mas, ao colocar a questão para o homem e a mulher crente, busca evitar uma possível obstinação. A salvação desejada não é fruto da ação humana, mas, sim, dom de Deus para quem se abre à fé em Jesus Cristo. Isto não é "frieza" paulina, e sim coerência que não invalida o que foi dito no v. 14, mas também não impõe um peso sobre a parte crente, cujo papel é auxiliar no processo de santificação da parte não crente, isto é, concorrendo para a sua adesão a Jesus Cristo pelo batismo (v. 16). [breve pausa]

**Canto:** *Eu gosto de escutar tua palavra, tua palavra, tua palavra de Amor.*

# 2º PASSO

A meditação ajuda a perceber o que o texto diz.

a) No início do cristianismo, cada comunidade surgia a partir da realidade social e religiosa vigente. Não havia cristandade, como houve até certo tempo atrás, mas existia a enorme pluralidade social greco-romana e judaica, que desafiava tanto evangelizadores como evangelizados. Nesse sentido, aderir a Jesus Cristo e seguir a sua doutrina foram ações geradoras de sérias mudanças no modo de pensar e de agir em cada cristão. Muitas práticas eram abandonadas e assumia-se um novo estilo de vida. Com a força da fé, aderia-se a todas as consequências a ela inerentes, pois acreditar em Deus, acolher a sua salvação em Jesus Cristo e deixar-se conduzir pelo Espírito Santo têm seu preço. A opção pela fé cristã não era uma questão de conveniência. [breve pausa]

b) O apóstolo Paulo, dirigindo-se aos cristãos de Corinto, não apenas lembrou os princípios da vida nova de batizados, mas colocou, diante de cada um deles, o sentido da doutrina ensinada pelo próprio Senhor a ser assumida. O agir condizente de cada cristão, então, testemunha que não se está seguindo apenas uma moral, mas o próprio Senhor. O discipulado é viver tendo Jesus Cristo como critério de atitudes. Assim, não faria sentido aderir a Jesus Cristo, que veio reconciliar a humanidade com Deus, e se tornar causa de separação em família. No fundo, o que acontecesse em uma família cristã, de algum modo, envolve toda a comunidade. Fica evidente o apelo à reconciliação, pois a força do perdão manifesta uma perfeita configuração a Jesus Cristo. [breve pausa]

c) Não se têm notícias de algum caso bíblico em que o privilégio paulino tenha sido aplicado. Pode-se supor que tenha ocorrido na comunidade de Corinto. Apesar disso, a flexibilidade usada pelo apóstolo Paulo, ao permitir a separação conjugal, não fez dela a regra, mas uma exceção. Esta flexibilidade levou em consideração a parte batizada que foi deixada pela parte não batizada. Não está dito que a parte batizada pudesse se separar, mas houve uma concessão a favor da parte não batizada que manifestou a intenção de se separar da parte batizada, sem mencionar os motivos. Com isso, fica evidente que a parte batizada não poderia ser causa de separação, mas se isso viesse a acontecer, também não poderia ser causa de escândalo na comunidade. A parte batizada abandonada, nesse caso, podia se casar novamente, desde que com outro batizado, ficando ambos debaixo do preceito do Senhor. [breve pausa]

d) É certo que, em uma comunidade cristã, a vida de cada membro é medida pela sua configuração a Jesus Cristo, mediante o batismo. Esta configuração se fortalece sempre mais pela oração e pelo testemunho coerente. A formação humana, a busca pela salvação e a vocação à santidade não são três objetivos separados, mas integram o caminho que cada batizado necessita empreender. O dilema nos problemas atuais aponta para uma séria constatação: muitos batizados não vivem o seu batismo e não possuem uma vida de fé configurada a Jesus Cristo. Muitos vivem, até mesmo, como se não fossem batizados e, mesmo assim, ainda se casam na Igreja. Se, por um lado, não se pode negar o direito de um batizado receber o sacramento do matrimônio, salvo se houver impedimentos dirimentes; por outro lado, nem todos os batizados estariam aptos a receber o sacramento do matrimônio, exatamente por não terem uma vida de fé conformada a Jesus Cristo e à sua doutrina. [breve pausa]

e) A comprovada virtude de um batizado deveria ser um critério irrenunciável para se conceder o acesso ao sacramento do matrimônio. Isso poderia não impedir o fracasso de certas uniões lícitas e válidas, mas permitiria que a vida a dois, assumida no Senhor, fosse selada com a graça e com o conhecimento das consequências que dele derivam. Assim, os esposos estariam mais orientados e empenhados em salvaguardar a sua dignidade batismal como cônjuge e a assumir o encargo da maternidade e da paternidade responsável diante dos filhos, zelando pela educação na fé dos mesmos, a fim de que cada futura geração consiga ser mais preparada para enfrentar os desafios de cada época com uma fé cada vez mais madura. [breve pausa]

f) Ao lado dos genitores, os filhos são membros ativos no seio da família. Eles, ao buscarem a sua própria santificação, estão contribuindo para a santificação dos próprios pais. A vida em família exige, de todos os membros: entrega, gratidão, empenho, piedade e amor diante de todos os bens recebidos e das dificuldades que, de uma forma ou de outra, todos experimentam. A família cristã, nascida do matrimônio entre batizados, torna-se imagem e viva participação na aliança de amor entre Jesus Cristo e a sua Igreja. No seio da sociedade, a presença e a Palavra do Senhor se difundem no mundo através do amor dos cônjuges, que se manifesta pela unidade, fidelidade e, de modo particular, mas não exclusivo, pela fecundidade e abertura à prole. [breve pausa]

**Canto:** *Eu quero entender melhor tua palavra, tua palavra, tua palavra de Amor.*

# 3º PASSO

O que o texto faz dizer a Deus em oração.

Senhor, nosso Deus e Pai de bondade, a humanidade deve sua existência ao vosso amor infinito, que foi confiado à união natural entre um homem e uma mulher, para que fossem fecundos, enchessem a terra e que a sua união fosse a primeira expressão da comunhão viva entre as pessoas.

A força desse vínculo, ao longo dos séculos, foi se solidificando e mostrando que não se tratava apenas da forma para se perpetuar a espécie, mas era o meio eficaz de revelar como o amor humano é belo, sublime e santo, porque reproduz o vosso próprio amor criador. A sua descoberta suplantou a força do instinto e introduziu na história o testemunho formador da sociedade.

Desde então, família e sociedade se tornaram alvo de relações recíprocas. Uma já não vive sem a outra, mas, nem sempre, estão em harmonia uma com a outra. Se a prioridade é da família, não quer dizer que a sociedade é menos importante ou sirva apenas de suporte para a família. Ao contrário, como a família é o alimento da sociedade, esta existe, na sua totalidade, se promover o bem-estar integral dos sócios, isto é, de cada membro familiar.

Pela encarnação do vosso Filho Unigênito, a família humana descobriu algo ainda mais importante: é imagem e semelhança da vossa comunhão trinitária. É um passo grandioso, pois, se em Jesus Cristo cada ser humano tem resgatada a sua imagem e semelhança, pelo sacramento do matrimônio, cada família se torna imagem e semelhança do amor que uniu, definitivamente, Jesus Cristo à sua Igreja. Nesse amor, se recriou a humanidade para que ela se revelasse uma alteridade em cada nova família que se constitui pelo vínculo do matrimônio.

Que o vosso projeto de amor para o ser humano, redimido pelo mistério da paixão, morte e ressurreição do vosso Filho, seja cada vez mais robustecido pela presença e ação do vosso Espírito Santo. Que em cada família o amor supere o ódio e o perdão favoreça a reconciliação, a fim de que o divórcio não tenha a última palavra na vida e relação dos casais em crise. Que no exemplo da Sagrada Família de Nazaré, cada família encontre inspiração e força para lutar contra as adversidades e as dificuldades, mantendo-se firme na fé, solicita na esperança. Que o amor seja o bálsamo cicatrizador de todas as feridas e o principal agente mediador diante dos cônjuges em conflito, dos pais e filhos em desavenças e dos irmãos em litígio. A vós, Deus Uno e Trino, família divina, seja a honra e a glória, pelos séculos dos séculos. Amém.

## 4º PASSO

Na contemplação-ação, o texto faz formular um empenho de vida.

a) A vida de batizado é uma configuração a Jesus Cristo e, por isso, requer o empenho que brota do conhecimento e do exercício da fé. A prática do Batismo das crianças não contradiz esse princípio, mas exige dos pais, dos padrinhos e de toda a comunidade o compromisso com o que ele representa. Este, na verdade, não se reduz, apenas, à formalidade do curso de preparação e das respostas que são proclamadas durante a celebração. A comunidade, na qual o Batismo é administrado, é o sinal da família cristã na qual cada batizado deve encontrar o ambiente e o espaço favoráveis ao seu crescimento na fé. De que modo isso tem sido feito nas comunidades? Os batizados e seus familiares recebem uma justa acolhida e o acompanhamento na fé? [breve pausa]

b) Após o Batismo, tem início o processo de formação e de amadurecimento da fé recebida. A graça do Batismo não faz tudo sozinha, mas requer a iniciativa de cada membro da família, em particular dos pais, que devem ser, em primeiro lugar, as principais testemunhas do amor de Deus. O que ocorre, na maioria das vezes, é que pais e padrinhos não são plenamente iniciados na fé e, por conseguinte, não são pessoas maduras e comprometidas com a vida da comunidade. Esta, por sua vez, presta os serviços necessários, mas não possui uma forma eficaz para envolver e de acompanhar. As atividades pastorais existem, mas nem sempre alcançam os fins desejados. Que medidas devem ser adotadas para que esse processo de formação seja revitalizado em cada comunidade, a fim de que cada pastoral se desenvolva de forma integrada, de modo que uma prepare a outra e todas atuem em conjunto? [breve pausa]

c) A pastoral familiar vem sendo concebida de diversas maneiras e de acordo com as várias necessidades. Iniciativas não faltam para comunicar a Boa-Nova da esperança. As futuras gerações de batizados aguardam ser iluminadas com a luz da fé, alimentadas na esperança e enriquecidas na caridade, a fim de que a sua inserção e o seu espaço no seio da comunidade tenham o seu centro na celebração da Eucaristia. Para isso, necessitam ver nos seus pais, padrinhos e agentes de pastorais o entusiasmo e o zelo por viver a fé com a força do testemunho. Nesse sentido, a pastoral familiar não apenas deve contar com catequistas bem preparados, mas ela mesma deve ser um celeiro de bons catequistas para todos os níveis. Que tem sido feito para preparar os agentes de pastorais, a fim de que possam enfrentar os desafios e as dificuldades que os tempos atuais impõem na formação? [breve pausa]

d) Famílias bem estruturadas na fé derivam de cristãos bem formados. E estes não surgem de uma hora para outra, mas resultam de um processo formativo permanente, sempre atento às mudanças do mundo pelo cultivo de uma viva e cuidadosa espiritualidade. O cristão adulto é o cristão maduro na fé, capaz de dar razão da sua esperança e de colaborar com a comunidade de forma ativa, competente e qualificada. Se as novas famílias forem constituí-das por cristãos maduros na fé, as futuras gerações terão mais chances de superar os novos desafios. No fundo, existe uma relação de causa e efeito, de ação e reação na vida dos batizados, isto é, de cada um que cultiva a sua profunda amizade com Jesus Cristo. Como cada cristão tem procurado viver a sua experiência pessoal com o Senhor. Como a experiência pessoal tem se tornado empenho familiar e comunitário? [breve pausa]

e) O apóstolo Paulo para dizer o que disse demonstrou que conhecia bem os cristãos de Corinto, suas capacidades, seus interesses, suas dificuldades e suas sensibilidades. Nota-se que a força da palavra dirigida estava acompanhada do interesse que a comunidade manifestou por respostas que ajudassem a solucionar as interrogações existenciais. A base da mensagem foi lembrada na referência ao Senhor e ao seu projeto de vida para os seus seguidores. A vida destes passou a ser orientada pela vida e pelos ensinamentos do Senhor. O que foi dito não foi algo atraente, mas empenhativo; a sua força residiu quer no interesse dos fiéis, quer no interesse do apóstolo Paulo. A verdade não foi dita com conceitos e linguagem desproporcionada ou desapropriada para o caso, mas adequada à sua compreensão, pois não foi estranha à vida dos fiéis. É isso que torna a mensagem encarnada e capaz de iluminar a experiência humana. Diante de tantos matrimônios fracassados, de novas uniões constituídas sem a bênção do Senhor e de novos filhos e filhas gerados nessas circunstâncias, o Evangelho da família teria perdido a sua força? Como reaproximar os cristãos da vida da comunidade, sem preconceitos ou discriminações? [breve pausa]

f) A luta pela não separação não obterá vitória sem a reconciliação. Um olhar para a humanidade, desde os dias de Adão e Eva, expulsos do paraíso, mostra, segundo o relato bíblico, que muitas vezes as dificuldades foram vistas quase como instransponíveis. Os laços familiares que se estabeleceram ao longo da história da revelação indicam o quanto esposo e esposa jogam um papel sem igual na orientação da vida religiosa e de fé dos filhos. Essa história aparece perpassada de inúmeras vicissitudes, de altos e baixos, mas, acima de tudo, profundamente marcada pela presença e ação de Deus providente e previdente. Nessa história, a vida familiar não foi somente valorizada, mas colocada como centro da reorganização da própria humanidade, desde que houvesse interesse e abertura para as futuras gerações, pois estas carregam o futuro da existência humana na face da terra. A transmissão da vida se faz acompanhada da transmissão de valores culturais, nos quais os valores morais não existem desvinculados dos valores religiosos, cujo principal objetivo é religar o ser humano com o próximo, com a criação e com o Criador. Como o cristão tem percebido a sua identidade e como tem procurado realizar a sua missão como serviço à reconciliação? Como ajudar os casais cristãos a viver a sua fé como serviço e solidariedade conjugal? Como a fé e a disciplina dos pais devem ser transmitidas aos filhos e filhas?

Como ajudar os filhos e filhas a não rejeitarem o ensinamento de seus pais? Como a troca de experiências de pais e filhos pode enriquecer toda a família, a fim de que o amor, o perdão e o serviço ocupem sempre o centro das relações, para que as separações e o abandono de uns pelos outros não fragilize os membros? [breve pausa]

**Canto:** *O mundo ainda vai viver tua palavra, tua palavra, tua palavra de Amor.*

# NOTAS

[1] O marido que continuasse unido à sua mulher, que não se afastou do seu adultério, se tornava partícipe do seu estado de pecado e consorte no seu adultério. Nota-se que, nesse caso, a frequência do adultério constituiu um estado de pecado. Se o judaísmo admitia a pena de morte para a mulher adúltera, o cristianismo primitivo não seguiu essa norma, mas não obrigou o marido a continuar convivendo com a sua mulher adúltera. A Igreja passou a tolerar a separação, sem que isso se constituísse em nova oportunidade de núpcias para o homem. O mesmo vale para a mulher, cujo marido não se afasta do seu adultério. Em ambos os casos, a Igreja sempre procurou ser mediadora e empenhada a auxiliar a parte pecadora a abandonar o seu erro.

[2] "Então, quando os discípulos de Shammai e de Hillel se tornaram numerosos e não serviam mais [os seus mestres] como teria sido necessário, as disputas em Israel se multiplicaram e surgiram duas torot [leis]" (STEMBERGER, 2000, p. 203).

# MATEUS 19,3-12

## "QUEM CONSEGUIR COMPREENDER, COMPREENDA!"

[3]Alguns fariseus se aproximaram dele para colocá-lo à prova e perguntaram-lhe: "É lícito a um homem repudiar a sua mulher por um motivo qualquer?". [4]Respondeu-lhes: "Não lestes que o Criador, desde o começo, fez o varão e a virago e acrescentou: [5]Por isso, o homem deixará seu pai e sua mãe, se unirá à sua mulher; e serão dois em uma carne? [6]Assim, já não são dois, mas uma só carne. Portanto, o que Deus uniu, não separe o homem". [7]Disseram-lhe: "Por que, então, Moisés ordenou dar um certificado de repúdio e rejeitar [a ela]?". [8]Jesus respondeu-lhes: "Moisés, pela dureza de vosso coração, concedeu-vos repudiar as vossas mulheres; mas no começo não foi assim. [9]Digo-vos: quem repudia a sua mulher, exceto por união ilícita, e desposa outra, adultera". [10]Disseram-lhe os seus discípulos: "Se essa é a condição do homem, quanto à mulher, não convém se casar!". [11]Mas, respondeu-lhes: "Nem todos compreendem a palavra, mas aos que foi dado. [12]Existem eunucos que são desde o ventre da mãe, existem eunucos que foram feitos eunucos pelos homens e existem eunucos que a si mesmos se fizeram eunucos pelo Reino dos Céus. Quem conseguir compreender, compreenda!".

## 1. ABORDAGEM HISTÓRICA

Na época de Jesus, como em qualquer época, as questões pungentes tomavam o centro das disputas entre os sábios competentes, a fim de se ver quem conseguia dar a melhor resposta e, assim, dirimir os dilemas que angustiavam a vida do ser humano.

O local do debate não era a sala de aula, mas a via pública, a praça, e, em particular, a sinagoga. Locais onde o povo podia ouvir e aprender coisas novas. Nesse sentido, para questões públicas o ensino tinha que ser público. Jesus teve tal preocupação quando falou: o que foi dito às escuras, deve ser dito às claras e o que foi dito ao pé do ouvido, deve ser proclamado sobre os telhados (cf. Mt 10,27). Importa fazer brilhar a verdade diante do ser humano.

Não é possível refazer o cenário original em que essa questão sobre o divórcio teria acontecido. Seguindo o texto, a motivação que gerou a disputa é evidente: os fariseus se aproximaram de Jesus para colocá-lo à prova. Ao lado disso, o contexto oferece um importante registro geográfico: "Terminados esses discursos, Jesus partiu da Galileia e andou no território da Judeia, além do Jordão" (Mt 19,1). A mudança de lugar assinala o término da atividade pública de Jesus na Galileia. Pela lógica do evangelho segundo Mateus, de acordo com o evangelho segundo Marcos, Jesus, desse momento em diante, seguiu na direção da sua meta: Jerusalém. É o local do pleno cumprimento do seu messianismo de reconciliação do gênero humano, entre si e com Deus.

A primeira questão, que surgiu nessa nova fase e no novo território, foi a do divórcio. O problema era comum demais para que não tivesse uma base histórica. A interlocução feita pelos fariseus, que surgiram, por certo, não como "seguidores", mas como "alfandegários", também não seria um mero recurso literário. O fato de não se encontrar uma referência nominal, quanto ao lugar da disputa, não diminui o valor da questão. Sem a determinação de um lugar específico, criava-se uma abertura maior e a ênfase recaiu muito mais sobre as pessoas com as quais Jesus se encontrou do que sobre o lugar.

A pergunta feita a Jesus, pelos fariseus, estava na linha do ensinamento de Hillel: era lícito ao homem se divorciar "por um motivo qualquer". De acordo com o regime judaico em vigor, o homem era quem detinha o direito de tomar a iniciativa e repudiar a mulher, dando-lhe o certificado de repúdio. Não se quis colocar Jesus em confronto com a corrente interpretativa, representada por Hillel, mas de como ele lia e interpretava Dt 24,1. Esses fariseus, por certo, não se mostraram interessados em aprender o ensinamento de Jesus, mas em encontrar alguma matéria de acusação, pois ele entrou no território mais jurídico da Palestina. Por isso, a classificação de "alfandegários". A tarifa a ser paga dizia respeito à forma como se lia a Torá.

Além disso, por detrás da disputa com os fariseus pode-se pensar que essa questão ainda estivesse sem solução entre os cristãos da comunidade de Mateus. Esta, inicialmente, foi formada por judeus convertidos que traziam consigo toda a bagagem religiosa proveniente da Torá e do ensinamento dos grandes rabinos. Sabe-se que os convertidos continuaram frequentando tanto o templo como as sinagogas. Assim, a diferença marcante entre os seguidores de Jesus, dentro do judaísmo, não se constituiu por elementos externos, mas, principalmente, pelo comportamento condizente com os seus ensinamentos.

Evangelização e Família

Do ponto de vista histórico, nota-se a profunda relação entre o que se deu com Jesus Cristo e o que a comunidade cristã continuou enfrentando. As questões disputadas com Jesus passaram para os seus seguidores. Assim, a cristologia e a eclesiologia não viveram, na comunidade de Mateus, algum tipo de dicotomia, mas de superação das dificuldades, para se consolidar na unidade. Estava em jogo tanto a identidade de Jesus como da comunidade. Serve citar, como exemplo, uma palavra de Jesus a seus discípulos, no contexto da última ceia, sobre as dificuldades que eles enfrentariam no mundo: "O servo não é maior que o seu senhor. Se me perseguiram, perseguirão a vós também; se guardaram a minha palavra, guardarão também a vossa" (Jo 15,20).

## 2. ABORDAGEM LITERÁRIA

Mt 19,3-12 é formado por dois momentos. As multidões, que seguem Jesus e, por ele, são curadas, compõem a cena e conferem maior amplitude ao fato. No primeiro, a disputa dos fariseus com Jesus, que lhe fizeram duas perguntas e, consequentemente, obtiveram duas respostas de Jesus (vv. 3-9). No segundo, a pergunta dos discípulos, que faz de ponte (v. 10), provocou uma nova resposta de Jesus, que originou a ocasião para colocar o celibato como opção pelo Reino dos Céus (vv. 11-12).

As questões são tratadas diretamente e sem elementos introdutórios. Não há, inicialmente, uma estrutura do tipo antitético: "foi dito isso... eu, porém, vos digo isso". A última palavra de Jesus aos fariseus, em primeira pessoa, serviu como afirmação para encerrar a questão (v. 9). A intervenção dos discípulos, que se segue na narrativa, não parece que tenha ocorrido dentro do quadro da disputa com os fariseus, mas nada impede que dela tenha derivado. Outro elemento interessante recai sobre o fato de que, nesta disputa, não foi Jesus o ponto de partida, como ocorreu em Mt 5,31-32, mas a questão partiu dos opositores. Na perspectiva do Evangelho, a questão serviu para continuar afirmando que Jesus e o seu ensinamento causavam inquietação nos que, na época, detinham a responsabilidade de formação religiosa do povo.

A combinação entre disputa com os fariseus e diálogo com os discípulos permitiu que a questão, tratada por Jesus, passasse para a esfera da Igreja, que, ao longo dos séculos, se ocupará também de questões semelhantes. De algum modo, matrimônio e celibato foram reunidos em um contexto que ligou o fórum jurídico com o moral. Os dois são as duas faces da mesma moeda, determinados, porém, pela livre opção

177

do discípulo pelo matrimônio ou pelo celibato. Os dois estão a serviço do Reino dos Céus, mas cada um a seu modo e de acordo com o estado de vida assumido de forma incondicional. Nos dois casos, a fidelidade é condição essencial.

Nota-se que a resposta dada por Jesus não condiz, diretamente, com a pergunta feita. Jesus não disse: é lícito ou não é lícito, mas colocou diante dos seus interlocutores se sabiam ou não sabiam ler/entender o que está contido em Gn 1,26-27 e 2,24. A sua intenção resulta clara: a resposta para a questão está na própria ação de Deus criador. Se a pergunta foi: "É lícito a um homem repudiar a sua mulher por um motivo qualquer?"; a resposta que deriva das primeiras páginas do Gênesis foi: "o que Deus uniu não separe o homem".

A resposta de Jesus fez surgir a nova pergunta que colocou em evidência Moisés e a ordem que deu. Estão em jogo as consequências tiradas da lei dada por Moisés em Dt 24,2-4. A resposta de Jesus salvaguardou Moisés e atualizou a questão para os fariseus que tinham assumido a cátedra de Moisés. Com isso, Jesus deixou os fariseus com uma questão de consciência em relação à lei do divórcio que vinham praticando, mas colocando-a a favor do homem e acima da dignidade e do direito da mulher. Na verdade, Moisés havia feito uma concessão que fora assumida como lei. A passagem da argumentação, quanto ao que Deus uniu e o que Moisés permitiu separar, colocou em evidência a dificuldade humana diante do projeto de Deus para o homem e para a mulher que se decidiram pela vida conjugal.

A sentença final de Jesus (v. 9), retomando a questão da liceidade do repúdio colocada no v. 6, constituiu a sua resposta. Por um lado, ele não admitiu o repúdio, mas, por outro lado, parece que se posicionou de acordo com a cláusula que previa a separação somente no caso de união ilegítima. Isso não significa dizer que Jesus tenha afirmado o ensinamento de Shammai e se colocado contrário a Hillel.

A união ilegítima, como visto em Mt 5,31-32, não é uma matéria simples de ser tratada. Supondo que um homem tivesse dado o ato de repúdio à sua mulher e esta tivesse contraído nova união, o que repudiou, segundo Dt 24,2-4, não podia retomar a repudiada de novo como esposa. É possível interpretar a cláusula como indicando a separação para quem contraiu matrimônio com uma mulher repudiada? Se for esse o caso, não se estaria diante de um novo endurecimento do coração? A resposta de Jesus não teria aumentado o dilema, fazendo com que os discípulos assumissem uma via mais cômoda ao homem?

O v. 12 está construído sobre três asserções que representam três grupos: no primeiro e no segundo, o sujeito é passivo, e não teve liberdade de escolha (cf. At 8,26-40); no terceiro, ao contrário, o sujeito é ativo e em pleno uso da sua liberdade. A ênfase recai sobre o terceiro, fazendo com que os dois primeiros sirvam de base para o terceiro, que representa o ponto alto do ensinamento de Jesus. Nos dois primeiros grupos, não existe idoneidade para o matrimônio, por se tratar de pessoas consideradas incapazes, mas, no terceiro grupo, a atitude é louvável e assumida positivamente, não em si mesma, mas enquanto renúncia livre da união matrimonial em função do Reino de Deus.

## 3. ABORDAGEM TEOLÓGICA

O homem não tem poderes para separar o que foi unido por Deus. Isso se torna aceitável e compreensível, assumindo a convicção de que Deus une cada homem à sua mulher e vice-versa. Surge uma questão: Pode-se dizer que a união livre entre um homem e uma mulher, pelo mútuo consentimento, é suficiente para se declarar que foi Deus quem uniu e, portanto, o homem não pode separar? O que Deus uniu significa que colocou sob o mesmo jugo, daí o termo cônjuge para indicar, por um lado, as dificuldades próprias da união matrimonial, e, por outro lado, a tarefa que o homem e a mulher possuem para estabelecer e se manter como uma só carne. Não se pode esquecer que a história familiar, que se segue ao relato da criação, não retrata uniões monogâmicas, mas admite a poligamia que, dentro do próprio judaísmo, foi deixando de ser praticada. Como ficaria, então, a questão do divórcio nesses casos? O uso que Jesus fez de Gn 1,26-27 e 2,24 não se aplicava mais a esses casos, pois a prática já não admitia a poligamia?

Se a união matrimonial entre o homem e a mulher é fruto do querer de Deus, o repúdio é fruto da dureza do coração do homem. Este se tornou não somente insensível à mulher, mas até mesmo à vontade de Deus. É necessário retornar ao princípio sem que nada esteja acima da vontade de Deus.

A posição que Jesus assumiu, ao que tudo indica, causou grande espanto e pareceu excessiva aos discípulos: "Se essa é a condição do homem, quanto à mulher, não convém se casar!". É uma constatação que não vai ser interpretada só diante do que Jesus falou, mas, principalmente, diante da postura de vida que ele mesmo assumiu: se fez eunuco. Um ou outro discípulo deve ter pensado ou questionado: Por que Jesus não se casou? Na época, não era comum que um homem viril ficasse sem se casar, pois a obrigação era de ter muitos filhos (cf. Gn 1,28; Sl 127,3), salvo se tivesse nascido mutilado ou tivesse sido mutilado. Jeremias foi um profeta eunuco de Deus a favor do povo (cf. Jr 16,2).

Se Jesus quis aplicar a si esse ensinamento, talvez tenha feito de um insulto, que lhe fora dirigido, uma explicação mais forte para a sua opção pelos que viviam à margem do legalismo farisaico. A comparação com Jeremias não deveria ser despropositada (cf. Mt 16,14). Eunuco por opção pelo Reino dos Céus soou como uma novidade ainda maior nos ouvidos dos discípulos.[1]

Na comunidade dos seus seguidores, isso não devia ser assim. Na cabeça dos discípulos, existiam certezas: o matrimônio era algo querido pelo próprio Deus e o divórcio estava previsto na sua lei. Assim, o matrimônio, sem a possibilidade do divórcio, pareceu-lhes absurdo. É melhor, então, renunciar ao matrimônio! Jesus não disse sim ou não, mas colocou uma nova e mais sublime possibilidade no exercício da liberdade: o matrimônio pode ser renunciado não somente por incapazes, mas por quem fez opção pelo Reino dos Céus. A renúncia, motivada pelo Reino, e o matrimônio, assumido pelo Reino, fazem parte do projeto salvífico de Deus. Por isso, são duas faces da mesma moeda.

É possível pensar que, entre os seguidores de Jesus, alguns podiam estar se divorciando de suas mulheres com o pretexto de seguir Jesus de uma forma mais radical. Daí a palavra esclarecedora sobre o celibato, como opção pelo Reino dos Céus, vir depois da questão do repúdio. Em outras palavras: É lícito ao seguidor de Jesus repudiar a sua mulher para segui-lo de forma celibatária? A resposta foi: Não! Pois o que Deus uniu, o homem não separe. Para seguir Jesus Cristo e optar pelo Reino dos Céus, como eunuco, é possível, mas a opção tem que ser anterior ao casamento.

A escolha do exemplo é, definitivamente, muito forte. O eunuco era uma categoria que, por um lado, podia ter uma vida privilegiada, quando assumia, na corte, a função de guardião do harém ou ministro (At 8,27-28),[2] mas, por outro lado, podia ser um simples escravo mutilado ou um doméstico incapaz de aumentar o número de escravos do seu senhor. A lei considerava o eunuco uma abominação (cf. Dt 23,2-4); bem como animais com testículos esmagados, atrofiados ou cortados não podiam ser oferecidos a Deus (cf. Lv 22,24).

# 4. ABORDAGEM PASTORAL

Por certo, os debates sobre o divórcio são mais antigos do que as disputas nas quais Jesus esteve envolvido, que os registros contidos no evangelho segundo Mateus e, até mesmo, mais antigos que a própria lei de Moisés, pois pertencem à esfera do ser humano e à sua trajetória existencial.

Nos tempos de Jesus, a compreensão da ordem de repúdio dada por Moisés oscilava entre os grandes rabinos. A posição de Jesus seguiu um princípio mais equilibrado: "o que se encontra na origem e é o mais autêntico", isto é, a ação criadora de Deus é o ensinamento mais original, pois fez o homem e a mulher para se realizarem em uma só carne, em uma vida de comunhão e não de recíproco repúdio.

É preciso reconhecer que o ensinamento sobre a indissolubilidade do matrimônio fez parte da doutrina de Jesus porque era condizente com a vontade de Deus. Por isso, o que Jesus proclamou, a Igreja continua seguindo e ensinando. Ela não pode mudar uma verdade ensinada, mas pode perceber se existem situações às quais não se aplica. Quanto a isso, a sua maior obrigação não é, simplesmente, a de comunicá-la, mas a de favorecer a sua assimilação pelos fiéis.

Como nos tempos de Jesus, da comunidade cristã de Mateus e de cada época, diante da lei, é comum encontrar duas atitudes que, comumente, são radicais e opostas: o rigorismo e o laxismo. Os que seguem a primeira tomam a lei ao pé da letra, em toda a sua materialidade. Os que seguem a segunda tomam a lei quase com desprezo e assumem uma postura permissiva. A postura de Jesus ante a lei de Moisés serviu e serve para reorientar a postura que cada cristão é chamado a assumir no que diz a Lei de Deus e o costume que vigora na Igreja.

O modo como Jesus se colocou, diante das questões legais que lhe foram apresentadas, não só manifestou o seu conhecimento das leis, como revelou a sua total liberdade no seu confronto, pois não veio para abolir a Lei, mas para dar-lhe pleno cumprimento. Em outras palavras, dar-lhe pleno sentido e levá-la à perfeição (cf. Mt 5,17). Ao ouvir Jesus, muitos judeus, em particular os fariseus, sentiram dificuldade em classificar a sua pessoa e a sua obra perante a lei de Moisés. A razão para isso era óbvia: se a lei de Moisés era a expressão da vontade de Deus, esta tinha que ser aceita em sua totalidade. O ponto de discórdia era, porém, a interpretação e a sua aplicação favorável somente ao homem em detrimento da dignidade da mulher, que, no final, saía repudiada.

Este é o princípio geral que norteia a ação dos fariseus. Contudo, entre eles, a aplicação da lei mosaica não seguia o mesmo rigor. Jesus, no tocante à lei que dava ao homem o direito de repudiar a sua mulher, posicionou-se eliminando a distinção entre intenção e ação, como faziam, exatamente, os fariseus. Com isso, estabeleceu a ordem da primazia: a vontade de Deus está acima de toda e qualquer regra, permissão ou interpretação humana.

O critério que Jesus usou para interpretar a ordem de Moisés foi duplo: o repúdio não é lícito de ser praticado pelo homem, porque fere a ordem estabelecida na criação e porque a união é ratificada pelo próprio Criador; o repúdio defendido é a manifestação do estado de endurecimento do coração. Admitir o repúdio, como uma solução para os problemas matrimoniais, é, por um lado, insistir na incapacidade humana de resolver as incompatibilidades pelo diálogo, e, por outro lado, é tratar o matrimônio com superficialidade e não como dom de Deus. É, também, não acreditar na força do perdão e da conversão do coração endurecido. Insistir no repúdio é desistir de viver a graça do amor conjugal como seguimento perfeito de Jesus, pela prática da misericórdia e da superação dos conflitos pelo amor.

No caso do eunuco pelo Reino dos Céus, ao se abrir mão do matrimônio, de conviver com uma mulher, de ter muitos filhos e de constituir uma família, não se estava compreendendo como castração, mas como uma opção para servir a Deus e à sua justiça, com perfeição, nos moldes que foram assumidos e ensinados por Jesus Cristo (cf. Mt 6,33).

Mt 19,3-12 é um ensinamento tanto sobre o valor do matrimônio como do celibato.[3] Ambos, na comunidade cristã, devem ser vividos como dom e serviço ao Reino dos Céus. Pelo matrimônio e pelo celibato, a Igreja se edifica na atuação do que é próprio de cada estado de vida. A interpretação que Jesus deu para Dt 24,1-4, com o acréscimo da opção válida pelo celibato, permitiu que a comunidade de Mateus caminhasse na tolerância e na certeza de que o seguimento de Jesus exige que o comportamento moral não seja apenas legalista, mas, principalmente, condizente com a dignidade humana.

# 5. LEITURA ORANTE — 1Cor 7,1-7

## "NÃO VOS RECUSEIS"

**Canto:** *Eu vim para escutar tua palavra, tua palavra, tua palavra de Amor.*

**1º Leitor:** Breve introdução.

Corinto era uma cidade portuária e fazia a ligação do Oriente com o Ocidente, razão pela qual havia uma movimentação intensa no comércio, na economia, na cultura e, também, na prática religiosa. Assim, o pensamento grego e o oriental se encontravam e se confrontavam sob diferentes aspectos em Corinto, que era quase uma segunda Roma. As ideias e os ideais circulavam nas ruas e nas praças aconteciam os debates públicos.

A comunidade cristã de Corinto foi fundada pelo apóstolo Paulo em torno do ano 51 d.C. Pode-se dizer que as cidades de Éfeso (cf. At 19,1; 1Cor 16,8) e Corinto foram dois locais de grande atividade missionária do apóstolo Paulo, quer pessoalmente, quer por cartas (cf. 1Cor 5,9-11; 2Cor 2,3-5; 7,8-10). De acordo com At 18,11, Paulo permaneceu cerca de um ano e meio em Corinto. Tempo suficiente para fazer nascer e crescer uma vigorosa comunidade cristã, que muito se desenvolveu e se demonstrou rica de dons e carismas, mas também produziu dor e sofrimento na vida de Paulo, com diversas notícias sobre facções que ameaçavam a unidade da comunidade (cf. 1Cor 1,10-13), sobre um caso de incesto que denegria a honra da comunidade (cf. 1Cor 5,1-13) e que o fez, inclusive, escrever entre lágrimas (cf. 2Cor 2,4; 7,8-12).

"A Primeira Carta aos Coríntios é importante, antes de tudo, porque nos permite colher, em primeira mão, a situação e as dificuldades internas de uma comunidade jovem, substancialmente étnico-cristã, e de ver qual era a sua relação com o mundo pagão circunstante, quais os problemas que derivaram disso, quais eram as suas misérias morais e a sua vida litúrgica. [...] 1Cor é a carta que nos permite reconhecer, em um modo mais rico e profundo, o modo como Paulo edificou e guiou uma comunidade, como todas as exortações e instruções miraram a 'edificação' da comunidade no seu complexo."[4]

**Canto:** *Escuta, Israel, o Senhor teu Deus vai falar. Fala, Senhor, que teu servo vai te escutar* (2x).

# 1º PASSO

Leitura da Primeira Carta de São Paulo aos Coríntios 7,1-7.

[1]Quanto às coisas que me escrevestes, é bom para o homem não tocar em uma mulher; [2]contudo, para evitar o perigo das uniões ilícitas, cada um tenha a sua própria esposa e cada mulher o seu próprio esposo. [3]Que o esposo cumpra o seu dever para com a esposa; igualmente, também, a esposa em relação ao esposo. [4]A esposa não é dona do próprio corpo, mas o seu esposo; de igual modo, o esposo não é dono do próprio corpo, mas a sua esposa. [5]Não vos recuseis, entre vós, a não ser de comum acordo e por tempo determinado, para dedicar-vos à oração, e depois tornai-vos a vos unir, a fim de que Satanás não vos tente nos momentos de paixão. [6]Isto, porém, eu vos digo não como uma ordem, mas por concessão. [7]Queria que todos os homens fossem como eu, mas cada um possui o dom dado por Deus, quem de um modo, quem em outro modo.

**Canto:** *Escuta, Israel, o Senhor teu Deus vai falar. Fala, Senhor, que teu servo vai te escutar* (2x).

**2º Leitor:** O que o texto diz?

a) Indagado sobre o matrimônio, o apóstolo Paulo respondeu com uma afirmação: "é bom para o homem não tocar em uma mulher". Essa resposta foi dada segundo um princípio ascético e não tem nada a ver com aversão ao matrimônio, pois, mais adiante, disse que era um conselho e não uma ordem ou uma regra geral a ser vivida como norma na comunidade (v. 1). [breve pausa]

b) Sabedor, porém, de que as uniões ilícitas, a incontinência e a fornicação não são fáceis de serem dominadas, mesmo por quem se dedica a uma vida de ascese, o apóstolo aconselhou, então, que cada homem tivesse a sua esposa e cada mulher o seu esposo, pois este é o caminho ordinário e

Evangelização e Família

natural, assumido pelo homem e pela mulher com vocação conjugal (v. 2). [breve pausa]

c) Uma vez, porém, que houve a decisão pelo matrimônio, tanto o homem como a mulher passaram a ser regidos não só pelos direitos, mas também pelos deveres próprios desse estado de vida (v. 3). [breve pausa]

d) Pelo matrimônio, surge uma nova realidade que passa a condicionar a vida dos cônjuges: o corpo do esposo pertence à esposa e o corpo da esposa pertence ao esposo, já que os dois se tornam uma só carne. Assim, além de ser uma opção lícita na vida dos cristãos, o matrimônio é, no caso de muitos, um remédio para a concupiscência (v. 4). [breve pausa]

e) As relações sexuais fazem parte do direito da vida matrimonial e são regra humana e digna na vida do esposo e da esposa; abster-se delas é uma exceção e não se pode dar sem uma justa causa, pois seria uma violação desse direito e uma ofensa ao cônjuge que reclama por esse direito. Contudo, por um motivo justo, "para dedicar-se à oração" (união íntima do fiel com Deus), as relações sexuais poderiam deixar de acontecer, desde que fosse de comum acordo e por um tempo determinado. Nota-se que a ascese encontra seu espaço na vida matrimonial. Terminado, porém, esse tempo, os cônjuges deveriam se unir novamente e evitar que as paixões, como uma fraqueza, se manifestassem e fossem usadas pelo inimigo. Evita-se a fornicação e o adultério (v. 5). [breve pausa]

f) O dito foi um conselho e não uma ordem, revelando que a decisão, de acolhê-lo ou não, cabe aos cristãos, destinatários da carta (v. 6). [breve pausa]

g) O conselho termina com a expressão de uma vontade, quase como começou, no qual o apóstolo apresentou a sua opção de vida como critério de escolha, consciente de que cada cristão deve seguir a sua própria vocação. Percebe-se que o princípio da abstinência sugerida não é uma disciplina a ser imposta, mas denota, sem dúvida, a preferência do apóstolo Paulo pela opção do celibato, que é, ao lado do matrimônio, um dom de Deus, concedido a alguns, em favor do exercício ministerial em prol do Reino de Deus (v. 7). [breve pausa]

Leonardo Agostini Fernandes

**Canto:** *Eu gosto de escutar tua palavra, tua palavra, tua palavra de Amor.*

# 2º PASSO

A meditação ajuda a perceber o que o texto diz.

a) "Neste particular, tem grande importância aquele estado de vida que é santificado por um sacramento especial, isto é, a vida matrimonial e familiar. Nela se encontra um exercício e uma alta escola de apostolado dos leigos, quando a religião cristã penetra toda a organização da vida e a transforma cada dia mais. Nela têm os cônjuges a própria vocação para serem, um para o outro e para os filhos, testemunhas da fé e do amor de Cristo. A família cristã proclama em alta voz as virtudes presentes do Reino de Deus e a esperança da vida plena. Assim, com seu exemplo e seu testemunho, acusa o mundo de pecado e ilumina aqueles que procuram a verdade" (GS, n. 35). [breve pausa]

b) "A íntima comunidade de vida e de amor conjugal, fundada pelo Criador e dotada de leis próprias, é instituída por meio do contrato matrimonial, ou seja, com o irrevogável consentimento pessoal. Deste modo, por meio do ato humano com o qual os cônjuges mutuamente se dão e recebem um ao outro, nasce uma instituição também ante a face da sociedade, confirmada pela Lei divina. Em vista do bem tanto dos esposos e da prole como da sociedade, este sagrado vínculo não está ao arbítrio da vontade humana" (GS, n. 48). [breve pausa]

c) "Quanto à sexualidade humana e ao poder gerador do homem, eles superam de modo admirável o que se encontra nos graus inferiores da vida; daqui se segue que os mesmos atos específicos da vida conjugal, realizados segundo a autêntica dignidade humana, devem ser objeto de grande respeito. Quando se trata, portanto, de conciliar o amor conjugal com a transmissão responsável da vida, a moralidade do comportamento não depende apenas da sinceridade da intenção e da apreciação dos motivos; deve também determinar-se por critérios objetivos, tomados da natureza da pessoa e dos seus atos; critérios que respeitem, num contexto de autêntico amor, o

Evangelização e Família

sentido da mútua doação e de procriação humana. Tudo isto só é possível se se cultivar sinceramente a virtude da castidade conjugal. Segundo estes princípios, não é lícito aos filhos da Igreja adotar, na regulação dos nascimentos, caminhos que o Magistério, explicitando a Lei divina, reprova"[5] (GS, n. 51). [breve pausa]

d) "Os esposos, na sua vontade de conduzir harmonicamente a própria vida conjugal, encontram frequentes dificuldades em certas circunstâncias da vida atual; que se podem encontrar em situações em que, pelo menos temporariamente, não podem aumentar o número de filhos e em que só com dificuldade se mantém a fidelidade do amor e a plena comunidade de vida. Mas, quando se suspende a intimidade da vida conjugal, não raro se pode pôr em risco a fidelidade e comprometer o bem da prole; porque, nesse caso, ficam ameaçadas tanto a educação dos filhos como a coragem necessária para ter mais filhos" (GS, n. 51). [breve pausa]

e) "Uma mesma santidade é cultivada por todos aqueles que, nos vários gêneros de vida e nas diferentes profissões, são guiados pelo Espírito de Deus e, obedecendo à voz do Pai e adorando-o em espírito e verdade, seguem a Cristo pobre, humilde e carregado com a cruz, para merecerem participar da sua glória. Cada um, segundo os dons e as funções que lhe foram confiados, deve enveredar sem hesitação pelo caminho da fé viva, que excita a esperança e opera pela caridade" (LG, n. 41). [breve pausa]

f) "Fomentam também a santidade da Igreja, de modo especial, os muitos conselhos cuja observância o Senhor propõe aos seus discípulos no Evangelho.[6] Entre eles sobressai o dom precioso da graça divina, que o Pai concede a alguns (cf. Mt 19,11; 1Cor 7,7), para os levar com maior facilidade a consagrarem-se inteiramente a Deus na virgindade ou no celibato, sem repartirem o coração (cf. 1Cor 7,32-34).[7] Esta continência perfeita por causa do Reino dos Céus, sempre foi tida pela Igreja em singular estima, como sinal da caridade, e como fonte peculiar de fecundidade espiritual no mundo" (LG, n. 42). [breve pausa]

**Canto:** *Eu quero entender melhor tua palavra, tua palavra, tua palavra de Amor.*

## 3º PASSO

O que o texto faz dizer a Deus em oração.

Senhor, nosso Deus, fonte e origem de todas as vocações e ministérios na Igreja e na sociedade, que a uns destes o dom do celibato e da virgindade consagrada, e a outros o dom do matrimônio. Inspirados em vossa Palavra, percebemos que cada vocação é um modo concreto para se realizar o vosso projeto de santidade para o ser humano, criado à vossa imagem e semelhança.

Pela vocação consagrada, homens e mulheres passam a viver e a testemunhar, já na terra, a união incondicional de vida convosco. Pela vocação matrimonial, homens e mulheres passam a viver e a testemunhar, já na terra, a aliança incondicional e definitiva convosco. Não há, então, vocação melhor ou pior, mais perfeita ou menos perfeita, mas cada estado de vida, abraçado e vivido como dom, serve para refletir o vosso amor pela família, pois é dela que novos filhos e filhas continuam a receber a sua própria vocação.

Que os vossos filhos e filhas, contraindo o sacramento do matrimônio, vivam a fidelidade conjugal na fidelidade à vossa Palavra, celebrando frutuosamente a vida a dois em uma só carne, repartindo o jugo de uma só esperança no mútuo serviço. Que sejam honestos um para com o outro, abertos ao dom dos filhos e que, publicamente, testemunhem que a vida matrimonial expressa o mistério de união entre Jesus Cristo e sua Igreja. Que busquem, cotidianamente, alimentar o amor conjugal e, assim, lutem contra todas as formas de invasão e de violação do sagrado vínculo. Que a vossa bênção copiosa seja derramada sobre cada família e, nela, sobre cada membro, a fim de que possam viver num só amor, perseverantes no fervor, constantes na oração e solícitos na caridade que faz prosperar a paz, a harmonia e toda sorte de bens espirituais e materiais necessários para que, como Igreja doméstica, se viva com dignidade.

Senhor, nosso Deus, humildemente ainda vos pedimos por todos os batizados que abraçaram a vida sacerdotal e religiosa, para que, na vivência do celibato, fielmente e com alegria testemunhem a força que vem do discipulado e em tudo sigam os exemplos de vosso Filho Jesus Cristo, que convosco vive e reina, na unidade do Espírito Santo, pelos séculos dos séculos. Amém.

# 4º PASSO

Na contemplação-ação, o texto faz formular um empenho de vida.

a) "Finalmente os esposos cristãos, pela virtude do sacramento do matrimônio, que faz com que eles sejam símbolos do mistério de unidade e de amor fecundo entre Cristo e a Igreja, e que do mesmo mistério participam (cf. Ef 5,32), ajudam-se mutuamente a conseguir a santidade na vida conjugal e na aceitação e educação dos filhos, e gozam, para isso, no estado e na função que lhes são próprios, de um dom característico dentro do povo de Deus (cf. 1Cor 7,7)"[8] (GS, n. 11).

A indissolubilidade do matrimônio, de acordo com o ensinamento da Igreja, não é incompatível com a natureza humana, ao contrário, é uma exigência que, nela, manifesta o que é constitutivo do amor que não aceita rupturas. Sei e tenho procurado tornar conhecidas as exigências do amor matrimonial, não como um peso a ser carregado, mas como graça sacramental? [breve pausa]

b) "É realmente desta união que procede a família, na qual nascem os novos cidadãos para a sociedade humana, os quais, pela graça do Espírito Santo e pelo batismo, se tornam filhos de Deus para perpetuarem através dos séculos o povo de Deus. Nesta, que se poderia chamar Igreja doméstica, os pais devem ser para os filhos, pela palavra e o exemplo, os primeiros arautos da fé, e fomentar a vocação própria de cada um, com especial cuidado para a vocação sagrada" (GS, n. 11).

A fecundidade faz parte do mistério nupcial e resulta do dom que o esposo e a esposa receberam como fruto do amor recíproco. Dessa união, resulta o sentido da procriação humana responsável, visando a que o amor seja o grande sinal de abertura ao dom da vida, fazendo com que eles possam se tornar pais de comprovada virtude. Pelo ato conjugal, no qual o esposo e a esposa são uma só carne, comunica-se, de forma radical e profunda, à prole não somente os níveis biológicos e psíquicos, mas, também, o espiritual. [breve pausa]

c) "A salvação da pessoa, da sociedade humana e cristã está intimamente ligada com uma favorável situação da comunidade conjugal e familiar. Por esse motivo, os cristãos, juntamente com todos os que têm em grande estima esta comunidade, alegram-se sinceramente com os vários fatores que fazem aumentar entre os homens a estima desta comunidade de amor e o respeito pela vida e que auxiliam os cônjuges e pais na sua sublime missão. Esperam daí ainda melhores resultados e esforçam-se por os ampliar" (GS, n. 47).

No plano existencial, a família não é somente objeto das atenções eclesiais e sociais, mas, principalmente, agente que multiplica, na sociedade e na Igreja, as redes que dão ao amor a condição de expressar a verdade, com o dinamismo da santidade, pelo qual cada membro é amado por aquilo que é: ser humano, imagem e semelhança de Deus e, portanto, fruto não do acaso ou do impulso, mas da união que procede da vontade livre de um homem e uma mulher que consagram a sua vida pelo matrimônio. [breve pausa]

d) "A dignidade, porém, desta instituição não resplandece em toda a parte com igual brilho. Encontra-se obscurecida pela poligamia, pela proliferação do divórcio, pelo chamado amor livre e outras deformações. Além disso, o amor conjugal é muitas vezes profanado pelo egoísmo, hedonismo e por práticas ilícitas contra a geração. E as atuais condições econômicas, sociopsicológicas e civis introduzem ainda na família não pequenas perturbações" (GS, n. 47).

Diante dos problemas e dificuldades que se apresentam aos casais, como cristão, sou chamado a manifestar a caridade sob diferentes formas que, de algum modo, ajudem na superação deles, a fim de que a paz e a serenidade voltem a reinar nos lares. Como tenho feito isso? [breve pausa]

e) "Finalmente, em certas partes do globo verificam-se, com inquietação, os problemas postos pelo aumento demográfico. Com tudo isto, angustiam-se as consciências. Mas o vigor e a solidez da instituição matrimonial e familiar também nisto se manifestam: muito frequentemente, as profundas transformações da sociedade contemporânea, apesar das dificuldades a que dão origem, revelam de diversos modos a verdadeira natureza de tal instituição"(GS, n. 47).

A família humana em expansão não é, por certo, uma ameaça, mas a realização do primeiro mandamento divino: "Frutificai-vos e sede numerosos e enchei a terra" (Gn 1,28). Contudo, como batizado, tenho por missão buscar vencer todas as formas de egoísmo, que, ao invés de promover a vida, imprimem na sociedade frentes de regulamentação da espécie humana, visando não ao bem-estar, mas aos interesses espúrios de quem vê o ser humano somente como meio de lucro. [breve pausa]

f) "O próprio Deus é o autor do matrimônio, o qual possui diversos bens e fins,[9] todos eles da máxima importância, quer para a propagação do gênero humano, quer para o proveito pessoal e sorte eterna de cada um dos membros da família, quer mesmo, finalmente, para a dignidade, estabilidade, paz e prosperidade de toda a família humana. Por sua própria natureza, a instituição matrimonial e o amor conjugal estão ordenados para a procriação e educação da prole, que constituem a sua coroa" (GS, n. 48).

Comprometer-se com a vida, para quem professa a fé, é comprometer-se com Deus e com o seu plano de amor e salvação do gênero humano. Preciso rever minhas opções pessoais e descobrir que espaço Deus e a sua Palavra têm ocupado em minha vida. Ao lado disso, tenho refletido sobre como tenho recebido e transmitido o ensinamento da Igreja sobre o matrimônio, a família e o celibato? [breve pausa]

g) "O homem e a mulher, que, pela aliança conjugal 'já não são dois, mas uma só carne' (Mt 19,6), prestam-se recíproca ajuda e serviço com a íntima união das suas pessoas e atividades, tomam consciência da própria unidade e cada vez mais a realizam. Esta união íntima, enquanto dom recíproco de duas pessoas, assim como o bem dos filhos, exige a inteira fidelidade dos cônjuges e requer a indissolubilidade da sua união"[10] (GS, n. 48).

Os dons são graças que, em cada ser humano, aguardam ser assimilados, assumidos e praticados no dia a dia da vida. Diante de uma sociedade cada vez mais consumista e competitiva, necessito viver em sintonia com a vontade de Deus, a fim de que o seu amor seja o ritmo e o compasso da minha existência. No compromisso com Deus e com a sua Igreja, reconheço a urgência não do ter, mas do ser, cada vez mais, promotor do bem, da justiça e da verdade em matéria de matrimônio, família, sexualidade, paternidade e maternidade responsáveis etc.? [breve pausa]

**Canto:** *O mundo ainda vai viver tua palavra, tua palavra, tua palavra de Amor.*

# NOTAS

[1] O uso do banquete nupcial na pregação de Jesus Cristo, para falar do Reino de Deus (cf. Mt 22,1-14), não apenas confirma a sua ligação com a tradição profética, mas manifesta um sentido mais profundo, pois é, ao mesmo tempo, o "Filho do Pai" e o "Esposo de Israel", não obstante seja o "eunuco" por excelência. Enquanto "Filho", Jesus atesta a primazia da sua relação com o Pai. Enquanto "Esposo", atesta o sentido da sua união com a humanidade. Como "Filho" e como "Esposo", Jesus reabriu a fonte do amor, pela qual a separação causada pela desobediência foi perdoada e a unidade refeita (INFANTE, 2004, pp. 83-94).

[2] Mt 19,12 e At 8,26-40 são os dois únicos episódios em que o termo eunuco ocorre em todo o NT. Os exemplos são mais abundantes no AT (Gn 39,1; 40,2.7; 1Sm 8,15; 1Rs 22,9), muitos dos quais no livro de Ester.

[3] Ao falar do celibato, Jesus estava falando de si mesmo e da sua opção capaz de esclarecer quer a fidelidade matrimonial, quer a radical opção pelo Reino. A dureza de coração que Jesus colocou em evidência aponta para o homem velho, escravo das suas paixões desordenadas. Jesus, como exemplo de masculinidade virginal, é o anúncio da novidade do amor indissolúvel e fecundo que pode existir tanto entre um homem e uma mulher como naquele ou naquela que se consagra totalmente pelo Reino de Deus (IMPERATORI, 2014, pp. 15-18).

[4] WENDLAND, 1976, p. 11.

[5] Cf. PIO XI, *Enc. Casti connubii*: AAS 22 (1930), pp. 559-561: DENZ.-SCHOEN. 3716-3718; PIO XII, Alocução ao Congresso da União Italiana de Parteiras, 29 out. 1951: AAS 43 (1951), pp. 835-854; PAULO VI, Alocução ao sacro colégio, 23 jun. 1964: AAS 56 (1964), pp. 581-589. Certas questões, que requerem outras investigações mais aprofundadas, foram confiadas, por mandado do Sumo Pontífice, a uma Comissão para o estudo da população, da família e da natalidade; uma vez terminados os seus trabalhos, o Sumo Pontífice pronunciará o seu juízo. No atual estado da doutrina do Magistério, o sagrado Concílio não pretende propor imediatamente soluções concretas.

[6] Sobre os conselhos em geral, Cf. ORÍGENES, *Comm. Rom.* X, 14: PG 14, 1275 B. SANTO AGOSTINHO, *De Virginitate* 15, 15: PL 40, 403. SANTO TOMÁS, *Summa Theol.* 1-11, q. 100, a. 2 C (no fim); 11-11 q. 44. a. 4, ad 3.

[7] Sobre a excelência da sagrada virgindade, Cf. TERTULIANO, *Exhort. Casto* 10: PL 2, 925 C. SÃO CIPRIANO, *Hab. Virg.* 3 e 22: PL 4, 443 B e 461 As. SANTO ATANÁSIO, *De Virg.*: PG 28, 252ss. SÃO JOÃO CRISÓSTOMO, *De Virg.*: PG 48, 533ss.

[8] 1Cor 7,7: "Unusquisque proprium donum (idion charisma) habet ex Deo: alius quidem sic, alius vero sic".

[9] Cf. SANTO AGOSTINHO, *De bono coniugii*: PL 40, 375-376 e 394. Santo 1b: más, *Summa Theol.*, Suppl. Quaest. 49, art. 3 ad 1; *Decretum pro Armenis*: cf. Denz. Schon. 1327; PIO XI, *Enc. Casti connubii*: AAS 22 (1930), pp. 547-548; DENZ. SCHON., 3703-3714.

[10] Cf. PIO XI, *Enc. Casti Connubii*: AAS 22 (1930), p. 546-547; DENZ. SCHON, 3706.

# E) INTRODUÇÃO AO EVANGELHO SEGUNDO JOÃO

Um evangelho atribuído ao apóstolo João, filho de Zebedeu e irmão de Tiago, já aparece na história do cristianismo desde a segunda metade do século II d.C. As principais testemunhas dessa atribuição são: Irineu de Lião, Papias de Hierápolis e Clemente de Alexandria. Uma tradição que se manteve, até que a exegese moderna começou a questioná-la com base nos resultados da crítica histórica e literária. Se, pelos resultados da exegese, não se pode atribuir ao apóstolo João a autoria do Quarto Evangelho, como também é chamado no âmbito acadêmico, por ser o fruto de um longo processo de composição que se concluiu no final do século I d.C., não se pode negar, porém, que o seu conteúdo derive do seu apostolado. Este é o dado que mais importa nessa introdução, pelo vínculo direto com a pessoa e a obra de Jesus Cristo.

O Quarto Evangelho, em relação a Mateus, Marcos e Lucas, denominados de Sinóticos, é bem mais original. Há, certamente, pontos de contato, mas transparecem, igualmente, as diferenças de estilo e de vocabulário. A principal semelhança ocorre no relato da paixão, morte e ressurreição de Jesus Cristo. Este relato constituiu a base da pregação apostólica, denominada querigma, que está no início do desenvolvimento de cada um dos quatro evangelhos. No Quarto Evangelho, a narrativa da paixão aparece antecedida pelo relato da última ceia, qual momento de grande intimidade entre Jesus e seus apóstolos.

O Quarto Evangelho foi subdividido em 21 capítulos e o plano da obra pode ser estruturado em: um prólogo (cf. Jo 1,1-18); duas partes: Revelação de Jesus através de sinais e palavras (cf. Jo 1,19–12,50); Revelação de Jesus através do seu mistério pascal (cf. Jo 13,1–20,31); e um epílogo (cf. Jo 21,1-25).

A relação entre a primeira parte e a segunda aparece na orientação da vida e ministério público de Jesus rumo à "hora", que indica o momento do seu mistério pascal, isto é, da glorificação de Deus e da sua glorificação como Filho de Deus. Na primeira parte, afirma-se, em três ocasiões, que a sua "hora" ainda não chegou (cf. Jo 2,4; 7,30; 8,20). Na segunda parte, também se afirma, em três ocasiões, que a sua "hora" chegou (cf. Jo 12,23; 13,1; 17,1). Esta "hora" teve início na última ceia e alcançou plenitude na sua condenação à morte, em conexão com a hora em que o cordeiro pascal era sacrificado no Templo, como memorial do êxodo do Egito (Jo 19,14). Esta "hora" derradeira de Jesus aparece associada a outras referências, tanto na primeira parte (cf. Jo 1,39; 4,6.21.23.53; 5,25.28) como na segunda (cf. Jo 16,2.4.21.25.32).

A revelação da identidade de Jesus ocorre, claramente, em diversas afirmações em primeira pessoa, em particular com predicado: "Eu sou o pão da vida" (Jo 6,35.48.51); "Eu sou a luz do mundo" (Jo 8,12); "Eu sou a porta das ovelhas" (Jo 10,7); "Eu sou o bom pastor" (Jo 10,11.14); "Eu sou a ressurreição e a vida" (Jo 11,25); "Eu sou o caminho, a verdade e a vida" (Jo 14,6); "Eu sou a videira verdadeira" (Jo 15,1.5). Por detrás dessas afirmações, em primeira pessoa, ecoava não só símbolos religiosos conhecidos dos seus destinatários, mas, em particular, a revelação divina contida em Ex 3,14: "Eu sou aquele que sou" (Jo 4,26; 6,20; 8,24.28.58; 13,19; 18,5.6.8).

A relação de Jesus, o Filho, com Deus, o Pai, é colocada em constante evidência. Jesus é o Verbo Encarnado, o unigênito do Pai (cf. Jo 1,14); o único que revela o Pai (cf. Jo 1,18); os dois estão unidos pelo laço comum do amor (cf. Jo 3,35; 10,17; 15,9); o Filho tem o sigilo do Pai (cf. Jo 6,27); foi mandado pelo Pai (cf. Jo 8,16.18). O Pai é quem conhece o Filho e o Filho é quem conhece o Pai (cf. Jo 10,15), porque o Pai e o Filho são um (cf. Jo 10,30). É o amor que leva o Filho à sua total obediência à vontade do Pai (cf. Jo 4,34; 5,30; 6,38-40).

Desta relação, transparece a intenção original de Deus: o ser humano foi criado livre, para, no exercício de sua liberdade, pensar como Deus pensa, querer como Deus quer, e agir como Deus age. Esta dinâmica de liberdade resume-se na obediência de Jesus ao Pai, para realizar a sua vontade. Não há dicotomias entre o divino e o humano em Jesus, mas total e livre interação. O ensinamento ético de Jesus resume-se no mandamento do amor (cf. Jo 13,24-35; 14,21-25; 15,12-17), vivido e testemunhado por ele junto às pessoas e, particularmente, no seu mistério pascal, pois: "Ninguém tem um amor maior do que este: dar a vida pelos seus amigos" (Jo 15,13).

A missão salvífica de Jesus é vislumbrada no Quarto Evangelho debaixo da força dos sinais que ele realiza. Segundo o autor, que se intitula "discípulo ocular das coisas que narra" (Jo 21,24), o seu evangelho foi escrito como testemunho, para que o ouvinte-leitor creia que Jesus é o Cristo, o Filho de Deus e, crendo, receba a vida no seu nome (cf. Jo 20,31). A insistência na fé dos seguidores de Jesus caracteriza a função

Evangelização e Família

pragmática tanto da cristologia como da eclesiologia da comunidade joanina. Assim, a fé em Jesus é a chave da salvação e da vida eterna. Pela identidade e missão dos discípulos com Jesus, a sua identidade e missão continuam como glorificação do Pai (cf. Jo 15,8.16).

A dinâmica de fé, presente no Quarto Evangelho, é facilmente percebida como um caminho a ser realizado pelos discípulos na companhia de Jesus, pela sua ação pré-pascal, mas que deverá ser completada pelos fatos pascais e pós-pascais. Jesus, por primeiro, tinha consciência de que ele não faria tudo sozinho e de uma única vez na vida dos seus discípulos. Esta consciência resulta das suas próprias palavras: "Ainda tenho muitas coisas para dizer-vos, mas, por hora, não as podeis suportar. Quando vier o Espírito da verdade, ele vos guiará em toda a verdade, pois não falará de si mesmo, mas do que sentirá, vos dirá, e as coisas, que estão por vir, vos anunciará" (Jo 16,12-13).

Há, porém, ao lado dos discípulos que creem, o grupo dos que não creem em Jesus. O desenvolvimento do Quarto Evangelho segue, exatamente, nessa direção: mostrar quem acredita e quem não acredita. Na verdade, o ministério de Jesus é a causa da divisão do povo em dois grupos: dos crentes e dos não crentes. A hostilidade dos que não creem conduziu Jesus à sua "hora", pela qual revelou a sua glória e, plenamente, deu a conhecer o Pai.

# JOÃO 2,1-12

## "ELES NÃO TÊM MAIS VINHO"

[1]No terceiro dia, houve um matrimônio em Caná da Galileia, e lá estava a mãe de Jesus. [2]Também Jesus e os seus discípulos foram convidados para o matrimônio. [3]E, como o vinho veio a faltar, a mãe de Jesus disse-lhe: "Eles não têm mais vinho!". [4]Jesus respondeu-lhe: "Mulher, que tenho eu contigo? Minha hora ainda não chegou". [5]Sua mãe disse aos que serviam: "Fazei o que ele vos disser". [6]Havia ali seis talhas de pedra, colocadas para as abluções dos judeus; cada uma podia conter duas ou três medidas. [7]Jesus disse-lhes: "Enchei de água as talhas". Encheram-nas até a borda. [8]E disse-lhes: "Tirai, agora, e levai ao chefe de cerimônia". E levaram. [9]Quando o chefe de cerimônia provou da água convertida em vinho, não sabendo de onde procedia, embora o soubessem os que serviam, pois tinham tirado a água, chamou o esposo [10]e disse-lhe: "Todos, por primeiro, servem o vinho bom e quando os convidados já estão quase embriagados, servem o menos bom. Tu guardaste o vinho bom até agora". [11]Em Caná da Galileia, Jesus começou os seus sinais e manifestou a sua glória, e os seus discípulos creram nele. [12]Depois disso, desceu para Cafarnaum, ele, sua mãe, seus irmãos e seus discípulos; e ali ficaram poucos dias.

## 1. ABORDAGEM HISTÓRICA

Vida familiar e matrimônio, no antigo Israel, possuem as mesmas características presentes no AOP. O pai de família é quem possui autoridade sobre a esposa, os filhos, os sobrinhos, se órfãos, e os servos. Os membros da família são os bens mais preciosos da sua casa, pois a prosperidade material se alcança com o crescimento dela. A "norma da casa" (*oikonomia*)[1] é a lei que regula a vida de todos os membros da família.

Pelo matrimônio, a jovem deixava a casa paterna e passava a integrar a casa do seu esposo.[2] Para que ela deixasse a casa de seu pai, o pretendente, ou o pai dele, deveria versar o dote (*mohar*). Este não significava uma compra da jovem, mas uma compensação pela "perda" ou servia de penhor, de que ela disporia caso fosse repudiada ou ficasse viúva.[3]

Um dado curioso! Gn 2,24 apresenta uma versão diferente da praxe, pois é o homem quem deixa a casa de seu pai, para constituir, com a sua esposa, uma nova família, isto é, uma comunidade de vida. Gn 2,24, tomado como sinal profético, estaria muito adiante da concepção vigente na época em que foi escrito; tomado como sinal de uma realidade histórica, seria o testemunho de uma mudança radical no modo como acontecia o matrimônio.

A virgindade era uma condição, caso não fossem novas núpcias da mulher, e se houvesse denúncia com provas por parte do esposo, aplicava-se à mulher a pena capital pela lapidação. Se uma jovem virgem fosse violentada, o matrimônio acontecia como uma honra e por imposição social; pagava-se um alto valor e ela nunca poderia ser repudiada pelo esposo (cf. Dt 22,11-39).[4]

O marido esperava ter numerosos filhos com a sua esposa (cf. Sl 127).[5] Por isso, a esterilidade era o maior tormento da mulher casada, pois passava a ser malvista dentro e fora da casa do seu marido. O repúdio, neste caso, era lícito e praticado. O marido, caso não quisesse repudiar a esposa, podia assumir uma concubina, que podia ser a serva da esposa,[6] ou podia ter uma segunda esposa legítima (cf. 1Sm 1,2-3). A atitude de Elcana, com relação a Ana, não era, por certo, a regra entre os homens (cf. 1Sm 1,8). E se o marido morresse sem deixar descendência, aplicava-se a lei do levirato, pela qual o irmão do falecido devia moralmente se unir à viúva. Esta lei visava garantir que o marido falecido não ficasse sem descendentes. O levirato aparece previsto na Torá (cf. Gn 38; Dt 25,5-10; citado também em Mt 22,23-33), e deveria funcionar como uma espécie de compensação, mas, ao que tudo indica, não foi uma prática assumida no antigo Israel de forma significativa.

A proibição do adultério e de cobiçar a mulher do próximo, no Decálogo (cf. Ex 20,14.17; Dt 5,18.21), visava proteger não só o patrimônio do esposo, mas a mulher casada, que possuía menos privilégio que o esposo. Quando um esposo desconfiava da sua esposa, um ordálio estava previsto, para revelar a verdade (cf. Nm 5,11-31). Se, por ventura, a mulher fosse flagrada cometendo adultério, a pena legal era a lapidação pública (cf. Lv 20,10). Um caso fraudulento é citado em Dn 13 e Jo 8,3-11 apresenta um caso em que Jesus se pronunciou, tendo como resultado a absolvição da mulher que devia ser apedrejada.

A fim de que a instituição familiar oferecesse segurança e estabilidade para a mulher, em prol de sua dignidade, a ação profética começou a comparar o matrimônio à aliança de Deus, esposo, com o seu povo,

## Evangelização e Família

esposa (cf. Os 1,2–3,5; Jr 31,3-4; Ez 16,59-63). Em Is 50,1; 54,1 encontram-se fortes afirmações: Deus não repudiou Jerusalém e de estéril ela passará a ser mãe de muitos filhos. Se Deus age assim com o seu povo, um homem casado, fiel a seu Deus, não deveria agir diferente.[7]

Portanto, o matrimônio era, para o antigo Israel, a realização não de um sonho do homem e da mulher, como o é para muitos nos dias atuais, mas a concretização de uma vocação recebida do próprio Deus (cf. Gn 1,28; 2,23-24). Celebrar o matrimônio, com músicas, danças, comida e muito vinho, era celebrar o tempo da alegria e do compromisso com o próprio Criador.

Sabe-se que um matrimônio era celebrado com vários dias de festa. Se fosse o primeiro matrimônio da noiva, a festa durava sete dias.[8] Durante esse período, os convidados deviam ser devidamente alimentados e, em hipótese alguma, poderia faltar o vinho "que alegra o coração do homem" (Sl 104,15), e também dos deuses (cf. Jz 9,13). No Cântico dos Cânticos, logo na primeira fala da amada, ela declara: "tuas carícias são melhores do que o vinho" (Ct 1,2); também o amado afirma a mesma coisa: "tuas carícias são melhores do que o vinho" (Ct 4,10), e acrescenta apaixonado: "teu palato é um ótimo vinho" (Ct 7,10). No último dia, o noivo e a noiva se ausentavam para consumar o matrimônio. Todos esperavam para ver o "pano do sangue", que comprovava a consumação do ato e a virgindade da mulher. Para ela, longe de ser uma vergonha, representava a sua honra matrimonial e familiar. Ela se orgulhava com a comprovação da sua virgindade.

O Quarto Evangelho narra a presença de Maria em um matrimônio, que aconteceu em um lugar chamado Caná da Galileia, com a participação de Jesus e de seus discípulos. Não há razões para duvidar da historicidade do fato e chama a atenção a percepção de Maria tanto para o problema como para a sua solução. Uma festa de matrimônio, na época de Jesus, era um acontecimento que não movimentava somente os familiares do noivo e da noiva, mas também os parentes, amigos e os habitantes do local. Não havia acontecimento maior no local. Para compreender o valor histórico desse episódio, é necessário não fazer comparações com o modo como o matrimônio ocorre nos dias atuais.

A família de Jesus devia conhecer ou ser conhecida, pessoalmente, de uma das famílias que estava celebrando o matrimônio, ou até mesmo das duas, isto é, do noivo e da noiva. Nada impede de pensar que os primeiros discípulos também fossem conhecidos e, por isso, tenham sido convidados para a festa.

## 2. ABORDAGEM LITERÁRIA

A festa de matrimônio tornou-se o cenário para que Jesus inaugurasse, segundo a perspectiva do Quarto Evangelho, o seu ministério público no terceiro dia. Segundo a ordem cronológica, João Batista é o precursor do Cristo; interrogado sobre o batismo que estava praticando, deu testemunho de que não era o Cristo e disse qual era a sua missão em relação a ele (cf. Jo 1,19-34). No primeiro dia, que abriu o ministério público, Jesus foi apontado por João Batista para dois dos seus discípulos: um anônimo e André, que, por sua vez, apresentou Jesus a seu irmão Pedro (cf. Jo 1,35-42); no segundo dia, Jesus foi quem chamou Filipe ao seguimento e este a Natanael. Os dois primeiros dias, então, ambientaram o início da formação do grupo dos seguidores de Jesus. É provável que esses discípulos tenham ido à festa de matrimônio com Jesus.

O aspecto temporal e o geográfico servem de moldura do relato: "No terceiro dia... em Caná da Galileia" (v. 1) e "Depois disso, desceu para Cafarnaum... ali ficaram poucos dias" (v. 12). As personagens, também, são quase as mesmas: "a mãe de Jesus" (v. 1),[9] "Jesus e os seus discípulos" (v. 2); "ele [Jesus], sua mãe, seus irmãos e seus discípulos" (v. 12). É digno de nota que o episódio, no início, trouxe a mãe de Jesus como primeira referência, mas, no final, ela foi colocada depois de Jesus, que se tornou a personagem central.

No início e no fim, Jesus está na companhia da sua comunidade, que é formada por familiares e discípulos. Há seis movimentos que giram em torno do matrimônio e da falta de vinho, sinal de algo essencial: a notificação da mãe a Jesus; a recomendação da mãe aos que serviam; a dupla ordem de Jesus aos que serviam; a execução da ordem dos que serviam ao chefe de cerimônia; o espanto do chefe de cerimônia em tom de reprovação ao noivo; o despertar da fé dos discípulos em Jesus. Esta movimentação serve para demonstrar que os convidados para a festa tinham a possibilidade de se envolver nas ações e não serem meros expectadores do que estava acontecendo.

A cena, que prepara a realização do sinal,[10] centraliza-se na solicitude da mãe que prepara a ação que inaugurou o ministério público de Jesus. Foi ela quem notou a situação de penúria e fez Jesus tomar consciência do fato, pois nele estava a possível solução. Nos relatos de milagre, em geral, a estrutura é simples: uma introdução do problema, um pedido, uma tomada de posição e a solução do problema. A estrutura do sinal em Caná segue semelhante lógica: numa situação familiar, surge

Evangelização e Família

um problema que pode comprometer o êxito da festa e do matrimônio; segue-se a complicação, a solução e o desfecho.

O relato está elaborado através da dinâmica "ação" e "reação" em meio a diálogos e gestos. Ao diálogo de Jesus com sua mãe, que parece ser uma resposta negativa, segue-se a fala da sua mãe aos que estavam servindo, como se tivesse ignorado a resposta de Jesus. Na sequência, segue-se a fala de Jesus aos que estavam servindo, como se ignorasse a resposta que dera à sua mãe. À obediência deles segue-se o gesto, no qual a água foi transformada em vinho. Ao gesto do chefe de cerimônia, que experimenta a água transformada em vinho, segue-se a sua fala ao noivo, em tom de reprovação ou de surpresa. Enfim, sem alguma relação por parte do noivo, o narrador afirma que os discípulos foram os que tiveram a melhor reação: creram em Jesus. O milagre e a fé não são elementos "fora do tempo", mas "no tempo", pois Deus se revela como salvador na história. Há um local, Caná; uma situação, um matrimônio; uma exigência, falta do vinho; e um objetivo, despertar a fé em Jesus.

O relato, enfim, não revela o motivo que fez o vinho faltar e, tampouco, em que momento da festa isso aconteceu. É suficiente saber que a falta do vinho indicava penúria e seria motivo de grande vergonha para os esposos. Contudo, a proporção do vinho obtido e a sua alta qualidade teriam sido suficientes para gerar uma imensa reação nos convivas. Mas há silêncio quanto a isso. O feito provocou no chefe de cerimônia um espanto, mas não provocou uma reação dirigida a Jesus. Afinal de contas, consta, no relato, que os que serviam sabiam que tinham tirado água e que tinham obedecido a uma estranha ordem de Jesus.

Por que não houve alguma reação da parte dos que serviam? Ao lado disso, por que não houve, também, uma reação de gratidão dos noivos, os principais beneficiados, bem como dos convidados em relação a Jesus e seu gesto? Tudo parece ter passado sem ser notado. Algo insólito e estranho! Não houve, também, uma fala de gratidão por parte da mãe de Jesus. Contudo, essas reações foram pretendidas pelo autor para o ouvinte-leitor.

O interesse foi de evidenciar que os discípulos creram em Jesus. Eles servem de testemunhas oculares do fato e, por isso, o feito tornou-se digno de crédito, sinal da revelação de Jesus e de sua glória, orientado para suscitar e consolidar a fé dos seus discípulos. É importante perceber que Jesus, nas tentações, não mudou a natureza dos seres, isto é, não transformou pedras em pão, mas, aqui, transformou água em vinho. Com isso, Jesus demonstrou o seu poder capaz de intervir na criação.

Mais do que isso, a água transformada em vinho, de forma abundante, serviu para fundamentar o discurso sobre a necessidade de o discípulo permanecer nele, como os ramos na videira, a fim de produzir muitos frutos, para que o Pai seja glorificado (cf. Jo 15,1-8).

## 3. ABORDAGEM TEOLÓGICA

O episódio da água transformada em vinho, em Caná da Galileia, não possui paralelos com os outros evangelhos. A natureza desse milagre, porém, deve ser conectada com a da multiplicação dos pães, contextualizada em Cafarnaum (cf. Jo 6,1-16). Em ambos os casos, os milagres foram um serviço às necessidades materiais das pessoas, à diferença das curas e exorcismos.[11]

Contudo, o resultado da água transformada em vinho serviu para que os discípulos cressem em Jesus e não no milagre. Já o resultado obtido com a multiplicação dos pães mostrou que a multidão creu no milagre[12] e viu, em Jesus, o profeta esperado, com conotações régias, o que fez com que se afastasse delas (cf. Jo 6,14-15). Os dois milagres passaram para a tradição como símbolos da Eucaristia. Então, as núpcias de Caná, pela falta de vinho, simbolizam a antiga aliança e a sua imperfeição, superadas pela abundância e pela qualidade do vinho novo trazido por Jesus.

A fala da mãe de Jesus, por um lado, não permite pensar que a intenção fosse provocar o milagre; por outro lado, o seu conteúdo permite aceitar que a mãe esperou uma reação de Jesus. O motivo não deveria estar em contraste com o conteúdo. Foi, sem dúvida, uma fala repleta de fé, mas que deixava Jesus livre para tomar a decisão que quisesse. Não há como negar, porém, que a intervenção da mãe de Jesus concorreu para a realização do milagre.

A forma como Jesus se dirigiu à sua mãe expressou uma divergência ou, até mesmo, uma rejeição ao que ela estaria sugerindo. A resposta de Jesus à mãe também não deixou dúvidas de que, nela, havia uma intenção bem clara: uma busca de resposta para a situação de penúria. A compaixão pelos necessitados falou mais forte![13] Ao lado disso, a nova fala da mãe de Jesus, aos que serviam, não faria muito sentido se ela tivesse interpretado a resposta de Jesus como uma rejeição ou indiferença ao problema que lhe apresentou. A ação da mãe, deixando os que serviam prontos para o que Jesus solicitasse, demonstrou que ela tinha fé nele e sabia que interviria de algum modo.[14]

Entre a ação da mãe e a reação do filho, o narrador deu a informação sobre as talhas de pedra, a sua capacidade de contenção e a sua utilidade. Assim como a mãe demonstrou-se atenta ao que se passava com o vinho da festa, Jesus se mostrou atento às talhas que serviam para a purificação. Foi com elas que ele reverteu o quadro da penúria em abundância. A água servia para purificar o externo, mas o vinho novo, que Jesus ofereceu, serviu para purificar o interno dos comensais, enchendo o coração de divina alegria.

Se o autor do Quarto Evangelho quis realizar uma ligação do episódio de Caná com o Jardim do Éden, nota-se que a mãe de Jesus, à diferença de Eva, com a reação positiva de seu Filho, não ocasionou dano algum. Aconteceu a salvação dos noivos, que, como descendentes de Adão e Eva, ao assumirem a vocação matrimonial, enfrentaram a sua primeira dificuldade. Esta, porém, foi superada pela presença de Jesus e de sua ação favorável.

A aparente falta de lógica, nos elementos presentes no primeiro milagre realizado por Jesus, deve ser superada pelo ouvinte-leitor por meio da percepção da sua real intenção e significado: uma antecipação do mistério pascal de Jesus, isto é, da sua glória, incompreensível à razão humana, mas não para a fé. A lógica do relato está ordenada à revelação da glória de Jesus para a fé dos seus discípulos. O que Jesus fez, foi em função deles.

"É à luz do momento final, isto é, o enaltecimento na cruz, que se compreende a natureza profunda da glória que em Caná, pela primeira vez, torna-se manifesta e que João imediatamente quis relacionar com a hora. Essa é a característica fundamental do conceito da glória em João."[15]

Enfim, é necessário colocar em evidência a obediência dos que serviam à ordem da mãe de Jesus: "Fazei aquilo que ele vos disser" (Gn 41,55); e à dupla ordem de Jesus: "'Enchei de água as talhas'. Encheram-nas até a borda... 'Tirai, agora, e levai ao chefe de cerimônia'. E levaram". Nota-se, claramente, um aceno à diaconia que coadjuvou na ação que resultou no milagre. Também é possível dizer que a ação dos que serviam foi coadjuvada pela confiança que a mãe de Jesus lhes comunicou. A frase da mãe de Jesus tornou-se uma postura de fé e de serviço a ser assumida, incondicionalmente, por todos os discípulos (cf. Ex 19,8; 24,7).

Como ocorreu o milagre da água transformada em vinho? Isto não foi descrito. O ouvinte-leitor o sabe como tendo acontecido pela obediência dos que serviam à ordem de Jesus, pela reação do chefe de cerimônia e pelo que disse ao noivo em tom de reprovação. O vinho melhor, que foi doado, estava guardado no íntimo do doador.

A quantidade de vinho foi enorme, entre 600 e 700 litros. Um feito dessa natureza evocava a chegada dos tempos messiânicos (cf. Gn 27,28; Is 25,6; Jr 31,12; Am 9,13-14; Zc 9,17). Fica evidente que o Messias e a sua ação manifestam a generosidade de Deus e de seus dons concedidos ao ser humano. O feito realizado em Caná da Galileia antecipou e confirmou uma afirmação de Jesus: "Eu vim para que tenham a vida, e a tenham em abundância" (Jo 10,10).

A abundância do vinho, no contexto da aliança matrimonial, estaria sendo usada, no Quarto Evangelho, em referência ao sangue dos animais oferecidos no Sinai, que selaram a aliança dos libertos com o Senhor (cf. Ex 24,5-6). Se esta intenção foi pretendida pelo autor, o esposo, que "ofereceu o vinho melhor no final", segundo a ignorância do chefe de cerimônia que não sabia que o vinho tinha acabado, foi sutilmente substituído por Jesus. Ele é o verdadeiro esposo da nova aliança selada não mais no sangue dos animais, mas no seu próprio sangue. Esta interpretação parece confirmada pelo testemunho que João Batista deu sobre Jesus: "O que tem a esposa é o esposo; por sua vez, o amigo do esposo, que está com ele e ouve a sua voz, sente grande alegria pela voz do esposo. Assim é minha alegria e é completa" (Jo 3,29).

# 4. ABORDAGEM PASTORAL

O episódio de Caná da Galileia é usado em várias celebrações litúrgicas: no 2º Domingo do Tempo Comum, Ano C; no dia 7 de janeiro, quando não for a Solenidade da Epifania do Senhor; no Comum de Nossa Senhora; na Solenidade de Nossa Senhora da Conceição Aparecida; e como proposta de evangelho no ritual do matrimônio. Assim, na liturgia, a água transformada em vinho é tomada como epifania de Jesus, pois foi o sinal que confirmou a sua divindade. É, também, um exemplo da maternidade solícita de Maria, para os casais, símbolos da Igreja, chamados a perceber a presença e a ação de Jesus em seu favor. O episódio de Caná da Galileia tornou-se um sinal de esperança na vida de cada esposa e esposo cristãos, mas também revelou que Jesus

Evangelização e Família

e seus discípulos valorizaram os momentos festivos, em particular um casamento.

Quais os objetivos que se encontram por detrás do milagre de Caná da Galileia? Qual a origem da felicidade simbolizada no vinho melhor? Que tipo de transformações o vinho novo, dado por Jesus, pode operar na vida dos noivos e dos convivas em cada época, mas em particular nos dias atuais?

Por certo, Jesus, sua mãe e seus discípulos não tomariam parte em uma festa de matrimônio se não fosse algo bom, digno do ser humano e querido por Deus. No processo de formação dos discípulos, Jo 2,1-12 é um episódio importante no que diz respeito à revelação messiânica de Jesus: quanto à sua humanidade, mostrando-se sensível às necessidades do ser humano; quanto à sua divindade, manifestando a sua glória que provoca a fé dos discípulos. Pode-se, por esse episódio, alcançar resposta para três perguntas sobre Jesus: Quem ele é (identidade)? Que ele faz (missão)? Como segui-lo (discipulado)?

Apesar de quase dois mil anos separarem o episódio de Caná da Galileia do ser humano contemporâneo, ele continua manifestando que Jesus é uma presença viva, um convite eficaz, para cada homem e cada mulher, em prol da vida em família. Ele é o doador do vinho bom e novo da aliança nupcial, que transforma as aspirações humanas. Para segui-lo é preciso ser: como a sua mãe, que intercede por quem necessita; como os que serviam, atentos à mãe para fazer o que Jesus dissesse; e como os discípulos, para crer nele.

A transformação da água em vinho representa a transformação salvífica que está nas mãos de Jesus. As talhas, que estavam fixas, como fixo é o coração humano, foram o local reservado para as grandes transformações. Muito mais devem ser os corações, abertos para tais transformações. Se as talhas estavam reservadas para as abluções dos comensais, mas serviram para conter a novidade do vinho bom, muito mais os corações humanos estão reservados para conter a alegria da presença transformadora de Jesus, que os converte em comunidade de fé.

O papel de Maria, nesse processo de revelação e adesão incondicional a Jesus, deve ser sublinhado como exemplo para os seguidores de Jesus. Estes não somente necessitam ser despertados na fé, mas devem usar a fé para perceber, como Maria, as necessidades das pessoas e, junto a Jesus, saber intervir por elas. Muitas pessoas não conseguem perceber a realidade de privação e, por isso, não sabem que atitude tomar. Eis o exemplo de Maria, que pediu não por si, mas por quem necessitou da ação de Deus para encontrar a verdadeira felicidade: é o amor de Deus que se inclina para o ser humano, a fim de socorrê-lo no seu amor conjugal.

Jesus não fez discursos aos noivos, ao chefe de cerimônia, aos que serviam, ou aos discípulos; interpelado, porém, por sua mãe, apesar de mostrar certa resistência, operou o milagre da transformação que trouxe, por um lado, a solução para um problema material, a falta de vinho, mas, por outro lado, provocou a fé nos discípulos. A presença e a ação de Jesus, com sua mãe, irmãos e discípulos, em um matrimônio, para os Padres da Igreja, sublinham a dignidade abençoada da união do homem e da mulher.

No âmbito da celebração, que expressa a grandeza do amor humano como comunhão de vida entre um homem e uma mulher, o matrimônio em Caná da Galileia serviu como cenário propício para Jesus se revelar. O vinho que Jesus ofereceu vai interpretado como salvação, como a bebida que sacia o mais íntimo desejo de felicidade que reside no ser humano vocacionado ao matrimônio.

O grande desafio da atualização pastoral, que reclama o episódio da água transformada em vinho, tanto na celebração matrimonial como em todo o percurso familiar, consiste em ajudar o ser humano a ver, no sinal realizado, Jesus como portador da alegria em meio aos sofrimentos e dificuldades de cada esposo, de cada esposa e de cada membro da família.

No episódio, um elemento é fundamental: só Jesus é citado por nome, mais ninguém. A mãe, os que servem e os discípulos são os que giram em torno dele, mas não foram citados por nome. Ele é o centro da festa. É o conviva que não pode faltar na vida de quem busca a realização da própria vocação através do compromisso matrimonial. A Igreja, como a mãe de Jesus e os discípulos que nele creram, teve e continua tendo um importante papel na sociedade: ir a Jesus para apresentar as necessidades com confiança e esperança, deixando-o, como a mãe o deixou, livre para manifestar o sinal e revelar a sua glória.

Se o matrimônio em Caná da Galileia não apresentou o nome da mãe de Jesus, a identidade dos esposos, dos que serviam, do chefe de cerimônia, bem como não mencionou o nome dos discípulos que com ele estavam, foi por uma intenção teológica e pastoral: tornar o episódio um modelo que fez passar a antiga aliança, pela falta de vinho, para a nova aliança, com o vinho melhor dado por Jesus. Com isso, o episódio não ficou como uma simples lembrança do passado, mas como um testemunho que continua o seu papel em cada novo matrimônio. Não estaria, nisso, um sentido para a festa do matrimônio?

Hoje, homens e mulheres, cristãos de fato, mas nem sempre praticantes, continuam buscando a Igreja para selar o sagrado compromisso. Contudo, será que os cristãos, quando se casam, sabem e estão dispostos a fazer com que o seu amor seja, de fato, um sacramento, isto é, um sinal vivo e eficaz do amor de Deus pela humanidade selado em Jesus Cristo? Parece que não! Para muitos, o matrimônio entrou em uma crise sem retorno; começou com situações de separação, dentro da própria casa, e o divórcio selou definitivamente essa crise. Será que a Igreja não os ajudou a experimentar a água transformada em vinho bom? Será que não é necessário que a mãe de Jesus, em cada cristão, se aproxime para dizer com confiança em cada matrimônio em crise: "Eles não têm mais vinho!" (v. 3).

Que fazer diante de uma sociedade que se desenvolve, cada vez mais, interessada em bem-estar e em qualidade de vida, mas demonstra-se pouco inclinada a viver o amor desinteressado? Como falar aos jovens que, cada vez mais cedo, iniciam a prática sexual, preocupados apenas em não engravidar ou contrair doenças sexualmente transmissíveis? Por certo, é melhor amar que não amar, mas quantos estão inclinados a amar de forma desinteressada e livre para colocar o bem do próximo acima do próprio bem? Como ajudar a perceber e a se comprometer com o amor no altruísmo que não faz de si mesmo o critério e o parâmetro da felicidade? Que se tem feito da mística do amor que ajuda a transcender a força da paixão? O ensinamento da Igreja não estaria alcançando os seus objetivos?

# 5. LEITURA ORANTE – Jo 1,1-18

## "E O VERBO SE FEZ CARNE E HABITOU ENTRE NÓS"

**Canto:** *Eu vim para escutar tua palavra, tua palavra, tua palavra de Amor.*

**1º Leitor:** Breve introdução.

Jo 1,1-18 é chamado de Prólogo e é considerado um hino cristológico que serve de introdução e resumo da mensagem contida no evangelho segundo

São João. Neste hino, afirma-se que Jesus Cristo é o mediador da graça e da verdade; é o Filho único de Deus; é a Palavra Eterna de Deus feita carne no tempo e no espaço. É ele quem revela e torna o Pai conhecido.

À semelhança da primeira página da Bíblia, Gn 1,1–2,4a, na qual Deus separa a luz das trevas, Jo 1,1-18 apresenta a razão da criação: ser suporte não somente para o surgimento das criaturas e do ser humano sobre a face da terra, mas ser o palco no qual aconteceu a plenitude da revelação e da realização do projeto de Deus, isto é, da luz que vence as trevas. Pelo envio da sua Palavra ao mundo, criado por ela, Deus quer reconciliar, consigo, todas as criaturas, iluminando o ser humano com a sua luz.

**Canto:** *Escuta, Israel, o Senhor teu Deus vai falar. Fala, Senhor, que teu servo vai te escutar* (2x).

# 1º PASSO

Leitura do Evangelho de João 1,1-18.

[1]No princípio era o Verbo e o Verbo estava com Deus e o Verbo era Deus. [2]Ele estava, no princípio, com Deus. [3]Por meio dele, tudo foi feito e, sem ele, nada foi feito do que foi feito; [4]nele estava a vida, e a vida era a luz dos homens; [5]e a luz brilha nas trevas, mas as trevas não a compreenderam. [6]Houve um homem enviado por Deus; seu nome era João. [7]Este veio como testemunha, para dar testemunho da luz, para que todos cressem por meio dele. [8]Ele não era a luz, mas veio para dar testemunho da luz. [9]Era a luz verdadeira que ilumina todo homem que vinha ao mundo. [10]No mundo estava e o mundo foi feito por meio dele; o mundo, porém, não o conheceu. [11]Veio para o que era seu, mas os seus não o receberam. [12]A todos, porém, que o receberam, aos que creem no seu nome, deu-lhes o poder de se tornarem filhos de Deus; [13]os que não nasceram nem do sangue, nem do desejo da carne, nem do desejo do homem, mas de Deus. [14]E o Verbo se fez carne, e habitou entre nós e vimos a sua glória, glória que tem como Filho único, junto do Pai, pleno de graça e de verdade. [15]João testemunha a favor dele e clama: "Este era aquele de quem eu disse: o que vem após mim, passou

Evangelização e Família

adiante de mim, porque era antes de mim". [16]Porque de sua plenitude todos nós recebemos graça por graça. [17]Porque a Lei foi dada por meio de Moisés; a graça e a verdade vieram por Jesus Cristo. [18]A Deus, ninguém jamais o viu: o Filho único de Deus, que está no seio do Pai, este o deu a conhecer.

**Canto:** *Escuta, Israel, o Senhor teu Deus vai falar. Fala, Senhor, que teu servo vai te escutar* (2x).

**2º Leitor:** O que o texto diz?

a) Que a Palavra, que estava com Deus, é Deus; por ela tudo foi criado e ela é a luz que revela a verdade de Deus e do ser humano. A Palavra de Deus é, por suas ações, a revelação de Deus (vv. 1-5). [breve pausa]

b) Que esta luz brilhou em João Batista, testemunha da luz, que resgata toda a revelação precedente de Deus para o antigo Israel (vv. 6-8). [breve pausa]

c) Que a luz veio e brilhou no mundo, mas, ao contrário de João Batista, ela não foi acolhida por alguns, "os meus" que preferiram as trevas. É uma alusão não só às diversas vezes em que Deus chamou o seu povo à conversão pela Lei e pelos profetas, mas também às hostilidades que Jesus Cristo recebeu durante o seu ministério público, como arauto da verdade (vv. 9-11). [breve pausa]

d) Que alguns, porém, receberam e acolheram a luz; creram e se tornaram filhos de Deus, porque foram gerados pela vontade de Deus. Estes são tanto os do antigo Israel como os da nova comunidade de discípulos de Jesus Cristo (vv. 12-13). [*breve pausa*]

e) Que a Palavra Eterna, que é Deus, se fez carne e armou a sua tenda--morada entre nós. É uma referência à tenda santuário que acompanhou o povo durante a sua marcha pelo deserto até chegar à terra prometida (cf. Ex 24,15b–40,38). É a revelação plena e total do amor de Deus pelo ser humano, criado à sua imagem e semelhança (v. 14). [breve pausa]

f) Que a Palavra Encarnada se tornou o motivo e a razão de ser da vida e do testemunho de João Batista que a precedeu como arauto do bem, da justiça e da verdade plenamente revelados nas palavras e ações de Jesus Cristo (v. 15). [breve pausa]

g) Que a graça e a verdade são os efeitos da presença e da ação da Palavra Encarnada, que é o Filho único, capaz de tornar Deus Pai visível e conhecido aos seres humanos que acolhem a verdade (vv. 16-18). [breve pausa]

**Canto:** *Eu gosto de escutar tua palavra, tua palavra, tua palavra de Amor.*

# 2º PASSO

A meditação ajuda a perceber o que o texto diz.

a) "O projeto divino da Revelação realiza-se ao mesmo tempo "por ações e por palavras, intimamente ligadas entre si e que se iluminam mutuamente" (DV, n. 2). Este projeto comporta uma 'pedagogia divina peculiar: Deus comunica-se gradualmente com o homem, prepara-o por etapas a acolher a Revelação sobrenatural que faz de si mesmo e que vai culminar na Pessoa e na missão do Verbo encarnado, Jesus Cristo'" (CatIC, n. 53).

A vida, confrontada com a sublime revelação do Amor de Deus pela humanidade, exige uma tomada de posição, a partir do momento em que se percebe que a luz de Deus nos ilumina e nos tira das trevas. A que ou a quem o ser humano está preferindo em seu modo de ser, de pensar, de querer e de agir? À luz ou às trevas? Que significa optar e aceitar a luz de Deus? [breve pausa]

b) "Criando pelo Verbo o universo e conservando-o, Deus proporciona aos homens, nas coisas criadas, um permanente testemunho de si e, além disso, no intuito de abrir o caminho de uma salvação superior, manifestou-se a si mesmo, desde os primórdios, a nossos primeiros pais (DV, n. 3). Convidou--os a uma comunhão íntima consigo, revestindo-os de uma graça e de uma justiça resplandecentes" (CatIC, n. 54).

O ser humano foi feito pela Palavra criadora de Deus e para viver nesta Palavra, que concede vida e razão para viver defendendo a vida. A Encarnação da Palavra de Deus é a prova de que, para Deus, a humanidade é boa e digna dele, que ele a quis, porque ela é obra de suas mãos e, por isso, deve ser respeitada e valorizada em cada ser humano, mas, particularmente, em quem sofre qualquer tipo de violência. [breve pausa]

Evangelização e Família

c) *"São João Batista* é o precursor (cf. At 13,24) imediato do Senhor, enviado para preparar-lhe o caminho (cf. Mt 3,3). 'Profeta do Altíssimo' (Lc 1,76), ele supera todos os profetas (cf. Lc 7,26), deles é o último (cf. Mt 11,13), inaugura o Evangelho (cf. At 1,22; Lc 16,16), saúda a vinda de Cristo desde o seio de sua mãe (cf. Lc 1,41) e encontra sua alegria em ser 'o amigo do esposo' (Jo 3,29), que designa como 'o Cordeiro de Deus que tira o pecado do mundo' (Jo 1,29). Precedendo a Jesus 'com o espírito e o poder de Elias' (Lc 1,17), dá-lhe testemunho por sua pregação, seu batismo de conversão e, finalmente, seu martírio (cf. Mc 6,17-29)" (CatIC, n. 523).

Como João Batista, deixando-nos iluminar pela Palavra Encarnada, que é a luz de Deus, descobrimos que somos chamados e enviados, como testemunhas, para iluminar todos os locais onde ainda reinam as trevas do medo, do egoísmo, da falta de conhecimento de Deus e do seu amor pelos seres humanos. Tenho sido fiel a essa vocação e missão? [breve pausa]

d) "Para o cristão, crer em Deus é, inseparavelmente, crer naquele que ele enviou, 'seu Filho bem-amado', no qual ele pôs toda a sua complacência (cf. Mc 1,11); Deus mandou que o escutássemos (cf. Mc 9,7). O próprio Senhor disse a seus discípulos: 'Crede em Deus, crede também em mim' (Jo 14,1). Podemos crer em Jesus Cristo porque ele mesmo é Deus, o Verbo feito carne: 'Ninguém jamais viu a Deus: o Filho unigênito, que está voltado para o seio do Pai, este o deu a conhecer' (Jo 1,18). Por ter ele 'visto o Pai' (Jo 6,46), ele é o único que o conhece e pode revelá-lo (cf. Mt 11,27)" (CatIC, n. 151).

Gerados pela Palavra de Deus, crendo em seu nome, nos tornamos filhos de Deus. É um novo nascimento, nascimento do alto, isto é, da vontade de Deus. Como tenho testemunhado esse novo nascimento na minha vida? [breve pausa]

e) "Na condescendência de sua bondade, Deus, para revelar-se aos homens, fala-lhes em palavras humanas: 'Com efeito, as palavras de Deus, expressas por línguas humanas, fizeram-se semelhantes à linguagem humana, tal como outrora o Verbo do Pai Eterno, havendo assumido a carne da fraqueza humana, se fez semelhante aos homens'" (DV, n. 13)" (CatIC, n. 101).

O maior evento da história da humanidade, desde a criação do mundo, e como plenitude da Revelação é a Encarnação da Palavra de Deus. É Jesus de Nazaré. Ele é a habitação de Deus, armada no meio da humanidade que tem a possibilidade de escolher ser como João, deixando-se iluminar, para não perder a possibilidade de conhecer Deus, e, assim, não permanecer nas trevas da ignorância. Tenho me dedicado à leitura e ao estudo das Sagradas Escrituras? [breve pausa]

f) "A glória de Deus consiste em que se realize esta manifestação e esta comunicação de sua bondade em vista das quais o mundo foi criado. Fazer de nós 'filhos adotivos por Jesus Cristo: conforme o beneplácito de sua vontade *para louvor à glória* da sua graça' (Ef 1,5-6): 'Pois a glória de Deus é o homem vivo, e a vida do homem é a visão de Deus: se já a Revelação de Deus por meio da criação proporcionou a vida a todos os seres que vivem na terra, quanto mais a manifestação do Pai pelo Verbo proporciona a vida àqueles que veem a Deus'.[16] O fim último da criação é que Deus, 'Criador do universo, tornar-se-á 'tudo em todas as coisas' (1Cor 15,28), procurando, ao mesmo tempo, a sua glória e a nossa felicidade' (*AG*, n. 2)" (CatIC, n. 294).

A encarnação do Verbo de Deus denota a maior manifestação da presença e da ação de Deus em forma de amor comunicado ao ser humano. A encarnação é *kenosis* (rebaixamento) de Deus, que revelou a sua glória como vida e desejo salvífico. Que compromissos tenho assumido com o amor comunicado por Deus no meu modo de falar e agir? [breve pausa]

**Canto:** *Eu quero entender melhor tua palavra, tua palavra, tua palavra de Amor.*

## 3º PASSO

O que o texto faz dizer a Deus em oração.

Senhor Jesus Cristo, Verbo Eterno de Deus, todas as criaturas são boas porque saíram de tuas mãos. Em cada uma delas brilha a tua luz, mas nós, em particular, somos chamados a te acolher e a deixar que nossas trevas sejam vencidas pela tua luz.

Pelo exemplo de João Batista, nós queremos testemunhar a luz da tua verdade na Igreja e no mundo, a fim de que nossos irmãos e irmãs, que ainda não te conhecem, possam saber que todos os seres humanos são teus e que ninguém pertence às trevas. É essa pertença à luz da verdade que nos faz teus filhos e filhas, irmãos e irmãs no teu Amor divino.

Que cada um de nós possa ser um sacrário vivo, no qual a tua glória resida e irradie a graça e a verdade em todos os ambientes que nós frequentamos. Que não nos falte a coragem de João Batista para ficar do lado da verdade, isto é, do teu lado em todas as ocasiões e circunstâncias de nossa vida, mas, particularmente, quando o mundo quiser nos desviar do caminho, com propostas sedutoras contra a vida e a dignidade do ser humano.

Senhor, nós não somos dignos de tamanha dádiva, mas a tua presença entre nós, na força viva e eficaz da tua Palavra, nos anima a receber graça sobre graça, para que a nossa identidade e missão, na tua Igreja e no mundo, se torne um sinal visível para os que ainda não te conhecem, mas esperam o nosso testemunho como cristãos. Unidos a ti, Filho Unigênito, Verbo Eterno encarnado, nós também poderemos conhecer e fazer conhecido o Pai, que contigo vive e reina, na força amorosa e renovadora do Espírito Santo, pelos séculos dos séculos. Amém.

# 4º PASSO

Na contemplação-ação, o texto faz formular um empenho de vida.

a) Fui feito pelo Verbo de Deus, luz que ilumina e que me chama a iluminar. Esta certeza impulsiona a consagrar todos os esforços para proteger a vida humana, que é sagrada, desde o seu primeiro momento, pois é uma ação de Deus criador. Por isso, todo atentado à vida humana é uma grave ofensa a Deus. Tenho sido uma voz a favor do ser humano desde a sua concepção? [breve pausa]

b) A luz brilha nas minhas trevas e eu permito, pois quero conhecê-la. Este ato em mim advoga a favor da sagrada dignidade humana e do valor supremo da vida. Se viver é o primeiro dentre tantos direitos humanos, deixar-me iluminar pela luz de Deus é acolher o seu plano na minha vida. Por essa luz, todos os recantos do meu ser recebem a presença de Deus e me interpelam. Como tenho procurado perceber o chamado de Deus na minha vida? [breve pausa]

c) Sou chamado a testemunhar a luz no mundo, como João Batista, ficando do lado e a serviço da justiça, da verdade e do bem. Dar testemunho do Evangelho por palavra e obras, nesses tempos tão difíceis para a família, é uma tarefa primordial. Na família, exatamente, tem início os primeiros e decisivos passos do itinerário do amor que adquire maior compreensão do seu valor pela fé no Deus-Amor. Diante da dura crise pela qual passam as famílias, como posso ser um instrumento reconciliador, capaz de aproximar a família de Deus? [breve pausa]

d) Sendo luz, por mais tênue que seja, não haverá trevas em mim, porque nasci da vontade de Deus para viver e permanecer na sua luz. Esta iluminação é um dom batismal. Cada um é iluminado para iluminar, com mais intensidade, a família e a sociedade pelo bem, pela justiça e pela verdade. A luz e a força da fé sempre foram necessárias e decisivas, ao longo da história, para ajudar a compreender os sinais dos tempos. Diante das formas midiáticas, cada vez mais sofisticadas, a luz e a força da fé, em mim, têm sido aprofundadas cada vez mais, para enfrentar e superar as investidas contra a vida, a família e a Igreja? [breve pausa]

e) O Verbo Encarnado habita em mim, sou sua tenda-habitação, na qual as pessoas podem encontrá-lo e fazer experiência do seu amor. Do momento em que a eterna Palavra de Deus se encarnou no tempo e passou a viver, com sua Pessoa e Natureza divina, na natureza humana, a presença de Deus se fez mais intensa em cada realidade, em particular na família, pois Jesus Cristo nasceu de uma mulher, Maria, sujeito à Lei e aos cuidados humanos de um pai adotivo, José. Como tenho vivido a presença de Deus encarnado em minha família? Como tenho deixado a luz do Verbo Encarnado iluminar todas as vicissitudes da minha vida e da minha família? [breve pausa]

Evangelização e Família

f) A graça de Deus, em mim, será difundida através do meu modo de ser e de agir em conformidade com o Verbo que me faz ver e conhecer a Deus. A Igreja e o mundo necessitam da fé que se cultiva e se testemunha em família. Esta é o veículo privilegiado para comunicar o amor de Deus na sociedade. Por meio dela, a Igreja se fortalece e renova o entusiasmo para transmitir a fé em Deus, antes de tudo, como adesão pessoal a Jesus Cristo que renova todas as estruturas, porque renova o ser humano. O futuro da Igreja e da humanidade passa pela família. O diagnóstico da família, da Igreja e da sociedade não é muito promissor. Como anunciar a verdade da família para a família segundo o desígnio criador, redentor e santificador de Deus para a família? [breve pausa]

**Canto:** *O mundo ainda vai viver tua palavra, tua palavra, tua palavra de Amor.*

# NOTAS

[1] O termo é empregado em Ef 3,9 para falar do plano salvífico de Deus, isto é, o mistério de sua vontade manifestado no mundo.

[2] Ao mesmo tempo em que Jesus afirma a dignidade do matrimônio, abre uma nova possibilidade, quando diz que é possível que o homem assuma um estado de consagração pelo Reino de Deus (cf. Mt 19,12) e que o apóstolo Paulo afirmou com veemência ao estender às virgens, sem, contudo, deixar de manter a doutrina da fidelidade, sinal de estabilidade da união conjugal (cf. 1Cor 7).

[3] O mohar era uma prevenção contra a miséria da esposa, caso fosse repudiada ou ficasse desprovida dos bens do marido, em caso de viuvez (FERNANDES, 2012, p. 34).

[4] A "perda" da virgindade na noite de núpcias era um sinal da *copula carnalis*, por meio dela se tinha a verdade comprovada (*rato*) da consumação do matrimônio, que não podia mais ser dissolvido por força de lei ou por causa alguma, salvo pela morte de um dos cônjuges (LÓPEZ-ILLANA, 2007, p. 638).

[5] O Sl 127,3 "evoca a ordem contida em Gn 1,28 e que se desenvolve ao longo da história (Gn 8,17; 9,1-3; 15,5; 16,9-10; 22,15-18; 24,60; Ex 1,5-7; Jr 29,4-7). Para o ser humano que deposita a sua confiança no Senhor, os filhos representam a dádiva necessária para superar as dificuldades, principalmente as situações de conflito. Nos filhos, perpetua-se a trajetória de cada membro da família e da história do povo como um todo. Na busca pela prole numerosa condensava-se o desejo de vida continuada no mundo. Assim a morte era vencida, pois a descendência carrega consigo a vida dos antepassados e seu patrimônio cultural e religioso" (FERNANDES; GRENZER, 2013, pp. 238-239).

[6] Gn 16,1-16 e 30,1-13 relatam, respectivamente, que isso aconteceu com Abraão, que se uniu, por sugestão de Sara, à escrava egípcia Agar, com quem teve o primeiro filho, Ismael, e aconteceu com Jacó, que se uniu, por sugestão de Raquel, à escrava Bala,

Leonardo Agostini Fernandes

com quem teve Dã. Rebeca também era estéril, mas concebeu sem esse recurso, porque Deus ouviu as preces de Isaac (cf. Gn 25,21).

[7] "Enquanto parece que, na época dos profetas, o homem fosse livre para perdoar a infidelidade da esposa (Os 3,1ss), na época de Jesus, a Lei havia-se tornado mais rigorosa: a adúltera não podia mais ter relações sexuais nem com o marido nem com quem a tinha seduzido; o marido era obrigado a despedi-la" (DI FELICE, 2007, p. 533). Esta conotação, muito presente no Antigo Testamento, foi assimilada e assumida pela comunidade dos seguidores de Jesus Cristo e passou a designar, fortemente, a relação da Igreja com o seu fundador (cf. Ef 5,25-32; Ap 19,7; 21,2.9).

[8] No livro de Tobias, devido à bênção que Sara recebeu, junto ao seu esposo Tobias, Ragüel, seu pai, decretou quatorze dias de festa (cf. Tb 8,19).

[9] No Quarto Evangelho, Maria não é citada pelo nome e aparece em duas ocasiões, ambas relacionadas à "hora" de Jesus, respectivamente no início e no fim do seu agir messiânico: em Caná da Galileia e no momento da crucifixão (cf. Jo 19,26). Esses dois episódios permutam as falas entre mãe e filho. Em Caná, Maria foi quem "pediu" ajuda a Jesus. Na crucifixão, foi Jesus quem "pediu" ajuda a Maria. Nos dois casos, Jesus dirige-se à sua mãe, com o vocativo "mulher" ('ishah). Jesus não usou o termo de forma depreciativa, foi um modo de dar relevo à nova Eva, isto é, à mulher que foi associada intimamente ao mistério da redenção da humanidade (cf. Gn 3,15). O autor do Quarto Evangelho pode, perfeitamente, ter pretendido resgatar o real sentido da relação entre o homem e a mulher, contido nas primeiras páginas do livro do Gênesis.

[10] No Quarto Evangelho se diz que Jesus fez "sinais" e não "milagres" ou "prodígios", não obstante sejam maravilhas operadas por Jesus. O termo "sinal" (σημειον) ocorre dezessete vezes. Destas ocorrências, sete "sinais" indicam milagres: a água transformada em vinho (cf. Jo 2,1-12), a destruição e restauração do Templo em seu corpo (cf. Jo 2,18-22), a cura do filho de um funcionário do rei (cf. Jo 4,46-54), a cura do enfermo paralítico na piscina de Betesda (cf. Jo 5,2-18), a multiplicação dos pães (cf. Jo 6,2-15), a cura do cego de nascimento (cf. Jo 9,1-41), a ressurreição de Lázaro (Jo 11,1-44), a sua ressurreição, que foi o maior sinal (cf. Jo 20,1-10). A questão dos sinais, porém, encontra-se presente em outras passagens (cf. Jo 2,23; 3,2; 6,26.30; 7,31; 12,18.37; 20,30).

[11] O relato da multiplicação dos pães possui paralelos com os Sinóticos: Mt 14,13-21; Mc 6,32-44; Lc 9,10-17 (Mc 8,1-10; Mt 15,32-39 são variantes). Estes relatos servem para mostrar a divindade de Jesus, mas principalmente a sua disposição para atender o povo sofrido em suas necessidades básicas (GRENZER, 2012, pp. 111-114).

[12] "As pessoas procuram no milagre uma solução para seus problemas. Jesus realiza o milagre em função de uma revelação superior: para revelar 'sua glória', como acontecerá também no milagre do pão (cap. 6) e na ressurreição de Lázaro (cap. 11)" (MAGGIONI, 1992, p. 304).

[13] Fora do Quarto Evangelho, o episódio da mulher cananeia possui semelhanças com a ação da mãe de Jesus. Uma mulher quer a ajuda de Jesus não para si, mas para quem precisa. Recebe, porém, a resistência da parte de Jesus, que, no final, atende ao pedido (cf. Mc 11,21).

[14] Jo 7,2-10 contém um episódio em que Jesus discute com os seus irmãos e afirma: "meu tempo ainda não chegou". Disse que não iria para a festa em Jerusalém, mas acabou mudando de ideia e, de certa forma, foi fazer o que seus irmãos lhe sugeriram: que se manifestasse ao mundo.

[15] MAGGIONI, 1992, pp. 302-303.

[16] SANTO IRINEU, Adv. haer. IV,20,7.

# F) INTRODUÇÃO À CARTA AOS EFÉSIOS

Se, de fato, esta carta foi escrita durante uma das prisões pelas quais passou o apóstolo Paulo (cf. Ef 3,1; 4,1), então, além da profundidade teológica, ela tem um peso todo particular: a vivência da fé nas adversidades da existência. Embora nas Bíblias apareça destinada aos Efésios, muito provavelmente foi um escrito que, na sua origem, deveria ter circulado entre as comunidades cristãs da Ásia Menor: Laodiceia, Hierápolis e Éfeso.

Há muitos paralelos, tanto de vocabulário como de temáticas, com a Carta aos Colossenses.[1] Esta coloca em evidência a identidade e a missão de Jesus Cristo, enquanto a Carta aos Efésios põe em evidência a identidade e a missão da Igreja. O principal objetivo é proporcionar, aos destinatários, um conhecimento mais profundo do misterioso plano divino da salvação, que Deus realizou em Jesus Cristo a favor tanto dos judeus como dos gentios.

É possível perceber, sem muita dificuldade, um endereçamento (cf. Ef 1,1-2), duas partes principais: uma doutrinal (cf. Ef 1,3–3,21) e uma exortativa (cf. Ef 4,1–6,20), e uma conclusão (cf. Ef 6,21-24).[2] Na primeira parte, evidencia-se o mistério da salvação, preparado, revelado e realizado em Jesus Cristo. Na segunda parte, faz-se um insistente apelo para que todos os fiéis vivam, com dignidade, a vocação que receberam como seguidores de Jesus Cristo, esposo e cabeça da Igreja, que é o seu Corpo. Nesta segunda parte, interessa ao ouvinte-leitor, de modo particular, os ensinamentos sobre o matrimônio e a moral familiar baseados no mistério de Jesus Cristo e de sua Igreja.

Na articulação da carta, então, sobressai que Jesus Cristo é o centro de tudo o que é tratado sobre a Igreja. A salvação realizada é universal, destinada aos judeus e aos pagãos, isto é, a toda a humanidade. Ef 2,11-22 parece indicar a superação do antagonismo entre esses dois grupos, pois todos se tornaram, em Jesus Cristo, membros da única família de Deus. Assim sendo, o tema da reconciliação é de fundamental importância para a sobrevivência da unidade da Igreja, que deve vencer toda e qualquer forma de divisão. Ef 4,1-16 é um forte apelo à unidade, que deriva da primazia de Jesus Cristo.

Além disso, na Carta aos Efésios, o matrimônio e a vida familiar serviram de modelos para se falar de Jesus Cristo e da Igreja, ou foi o

Leonardo Agostini Fernandes

contrário? Era preciso corrigir os desvios de doutrina, sobre Jesus Cristo e a Igreja, ou superar dicotomias nas famílias, por causa dos membros que se tornaram cristãos? Não se pode negar, porém, que Ef 5,21–6,9 concedeu um estatuto todo particular ao matrimônio cristão.[3]

## NOTAS

[1] Por exemplo: Ef 1,22-24 com Cl 1,18-20; Ef 3,1; 4,1 com Cl 4,3.10.18; Ef 3,8-10 com Cl 1,27; Ef 4,3-6 com Cl 3,14-16; Ef 6,21 com Cl 4,7.

[2] Outra proposta de estruturação (DETTWILER, 2009, p. 360): introdução (Ef 1,1-23); corpo da carta: a Igreja una e universal (Ef 2,1–6,9); conclusão (Ef 6,10-24).

[3] "A relação conjugal é análoga à relação Cristo-Igreja e se compreende a partir dela" (DETTWILER, 2009, p. 373).

# EFÉSIOS 5,21-6,9

## "COMO CRISTO AMOU A IGREJA E SE ENTREGOU POR ELA"

[5,21]Submetei-vos uns aos outros no temor de Cristo. [22]As esposas aos seus esposos, como ao Senhor, [23]porque o esposo é a cabeça da esposa, como Cristo é a cabeça da Igreja e, igualmente, salvador do corpo. [24]Como a Igreja se submete a Cristo, assim também, em tudo, as esposas aos seus esposos. [25]Esposos, amai as esposas, como também Cristo amou a Igreja e se entregou por ela, [26]para santificá-la, purificando-a pelo banho da água com a palavra, [27]para apresentar a Igreja, a si mesmo, esplendorosa, sem mancha, sem ruga, ou algo semelhante, mas santa e imaculada. [28]Assim os esposos devem amar as suas esposas, como a seu corpo; o que ama a sua esposa, ama-se a si mesmo; [29]porque ninguém aborreceu, por certo, a sua própria carne; ao contrário, a alimenta e trata-a com apreço, como também Cristo com a sua Igreja; [30]porque somos membros de seu corpo. [31]Por isso, o homem deixará o pai e a mãe dele e se unirá à sua mulher, e serão os dois uma carne. [32]Este mistério é grande, e eu o aplico a Cristo e à Igreja. [33]Em tudo, então, também vós, que cada um ame a sua esposa como a si mesmo, e que a esposa respeite o esposo. [6,1]Filhos, obedecei aos vossos genitores no Senhor; pois isto é justo. [2]Honra teu pai e tua mãe, que é o primeiro mandamento com uma promessa: [3]para que sejas feliz e vivas muitos anos sobre a terra. [4]Então, pais não exaspereis os vossos filhos, mas educai-os na disciplina e doutrina do Senhor. [5]Servos, obedecei aos vossos senhores temporais, com temor e solicitude de coração, como a Cristo, [6]não por ostentação, como quem busca agradar aos homens, mas como servos de Cristo, que fazem de toda a alma a vontade de Deus, [7]servindo com solicitude, como ao Senhor e não aos homens, [8]sabendo que cada um, servo ou livre, se o bem tiver feito, receberá do Senhor a recompensa. [9]Senhores, fazei de igual modo com eles, não recorrendo a ameaças, sabendo que o seu Senhor, como deles, está nos céus, e que não tem favoritismo.

## 1. ABORDAGEM HISTÓRICA

A estrutura familiar, que figura em Ef 5,21-6,9, corresponde tanto à concepção judaica como greco-romana: matrimônio monogâmico e para toda a vida; a centralidade de poder recaía sobre o pai de família; o divórcio podia acontecer e colocava um fim na união. Como já visto, no judaísmo somente o homem podia escrever o ato de repúdio. No mundo greco-romano, o divórcio podia partir tanto do homem como da mulher, com ou sem notificação escrita; na maioria dos casos, bastava a declaração oral. A primazia cabia ao homem, por sua função pública ou pelo tipo de trabalho que realizava, enquanto a mulher era, nos afazeres, mais doméstica. Isso, porém, não significava uma diminuição da mulher em relação ao homem. A distinção era marcada pelas atribuições dentro da família. A mulher, que sabia gerir a própria casa e os escravos, era muito bem-vista. Algo semelhante encontra-se em Pr 31,10-31.

Na família romana, por exemplo, o poder estava concentrado nas mãos do *paterfamilias*. Um poder absoluto, detentor do direito de propriedade, que somente a morte podia tirar. Os membros da família eram todos os que estavam debaixo do poder do *paterfamilias*, até mesmo os filhos não casados que vivessem fora de casa. Eram raras as famílias com mais de três filhos. O grande número de famílias mistas derivava das mortes das mulheres na hora do parto, ocasionando novas núpcias do marido ou por causa dos numerosos divórcios.[1]

Sabe-se que o direito romano era reservado e se aplicava apenas aos cidadãos. Ser cidadão era uma condição que se tinha por nascimento ou por direito adquirido,[2] pois a cidadania podia ser comprada ou conquistada pelo tempo de serviço militar. Um matrimônio, então, era válido para o regime do império se fosse contraído entre pessoas livres e cidadãs.

O matrimônio não era constituído com base no interesse individual do homem ou da mulher, mas era fruto do contrato entre famílias, praticado em particular pelas classes sociais mais abastadas. Era uma forma de garantir o aumento de poder entre as famílias, buscando vantagens sociais. Nas classes mais baixas da sociedade, o importante era se certificar da idoneidade tanto do homem como da mulher, em prol da fidelidade e da dignidade do lar a ser formado. O dever conjugal estava acima dos interesses pessoais, como no caso da descendência; prezava-se muito pela relação de fidelidade e convivência harmoniosa. O matrimônio entre cristãos não fugia a essas regras, mas tinha algo a mais na medida em que o conhecimento de Jesus Cristo exigia um comportamento condizente com a fé assumida e praticada.

Havia, ao lado da união formal e legal, as uniões informais que não eram consideradas imorais, mas a essas não se consentia tipo algum de direito legal. Os filhos, por exemplo, nascidos de uniões informais eram

Evangelização e Família

ilegítimos, o pai não tinha qualquer poder legal sobre eles, e o status advinha da condição da mãe.

Um escravo e uma escrava, de uma mesma casa ou não, só se podiam unir com o consentimento de seus senhores. Os filhos nascidos de escravos eram escravos e podiam ser vendidos a qualquer momento. Dura era essa condição! Não raro, acontecia o abuso do senhor sobre as suas escravas, mesmo casadas. A alforria era concedida por volta dos trinta anos. As exceções existiam, inclusive com núpcias entre um senhor e sua escrava. Se isso acontecesse, na classe mais elevada, era motivo de repulsa e de ridicularização social.

A comunidade judaica, que vivia na diáspora, sempre procurou manter os costumes e as tradições de seus antepassados, mas também seguia a cultura vigente do local onde se encontrava. Duas ou três gerações viviam juntas e os vínculos familiares, entre os membros, eram baseados nos laços de sangue e de matrimônio, a fim de preservar os bens. A maior parte não tinha cidadania romana e a procriação era uma obrigação baseada no primeiro mandamento (Gn 1,28).[3]

Às esposas, em geral, cabia a obediência e a reverência ao esposo, que sobre elas exercia o mesmo poder que tinha sobre os filhos. Esse poder absoluto garantia ao esposo o controle total sobre a sua propriedade familiar, mas não excluía o comum acordo entre os cônjuges sobre as decisões a serem tomadas. A última palavra, porém, cabia ao esposo.

No primeiro século da era cristã, a mulher solteira ou casada, das classes abastadas do Império Romano, já podia ser vista em público e até participar das comemorações civis e religiosas. A mulher ideal era a que se submetia em tudo ao esposo, que assimilava, inclusive, a devoção aos deuses dele, mas não se convertia a deuses ou cultos repulsivos, como no caso do judaísmo e do cristianismo. A conversão acarretava sérios problemas familiares.[4] O martírio de mulheres cristãs foi causado, em muitos casos, devido às ações de intolerância entre os familiares, em particular dos esposos.

As esposas que pertenciam às classes mais baixas, se livres, contribuíam com o seu trabalho para o sustento da casa. Caso não fossem cidadãs, como não tinham seus direitos reconhecidos e assegurados por lei, não sofriam grandes prejuízos se por acaso se divorciassem e os filhos, geralmente, ficavam sob a sua tutela. Não eram incomuns os casos em que a mãe ficava sozinha e com a inteira responsabilidade de fazer crescer os próprios filhos.

Assim, neste contexto histórico, não se pode pensar em comunidades cristãs segregadas na prática do matrimônio e não submetidas às leis e às tradições vigentes no Império Romano. A expansão do cristianismo, para fora dos limites do antigo Israel, trouxe, por certo, a necessidade de novas orientações. Basta pensar nas várias possibilidades, no contexto de raízes hebraicas ou pagãs: judeus já casados convertendo-se ao cristianismo; pagãos já casados convertendo-se ao cristianismo; cristãos provenientes do judaísmo casando-se com cristãos provenientes do paganismo e vice-versa.

Em todos esses casos, quando havia a conversão, de uma das partes, o vínculo devia ser mantido (cf. 1Cor 6,15-16; 2Cor 6,14). Quando a parte não cristã decidia abandonar a parte cristã, aplicava-se o privilégio paulino (cf. 1Cor 7,12-15), podendo contrair novas núpcias.[5] É preciso lembrar que para o direito romano essas uniões não eram imorais, mas ilegítimas. A falta de proteção do Estado impeliu a Igreja, certamente, a reforçar o matrimônio entre cristãos como instituição capaz de superar as limitações e falhas morais que se encontravam no mundo familiar greco-romano.

Assim, para o ouvinte-leitor contemporâneo, a maior dificuldade, talvez, resida na utilização de uma linguagem pouco familiar. Ao se dizer que o esposo é "a cabeça da esposa" não se está afirmando que a ele cabe o governo sobre ela com um poder assolador, mas enfatiza-se a responsabilidade que ele tem sobre o bem-estar dela. Ao lado disso, ao dizer que as esposas devem ser "submissas" aos seus esposos, não se estava diminuindo-as, nem tampouco exigindo delas um ato de rebaixamento em relação a eles, mas evidenciando a organização familiar e as atribuições que cabiam ao esposo e à esposa.

Enfim, uma característica presente no mundo do Novo Testamento era a conservação das tradições. As mudanças não aconteciam de forma acelerada como nos dias atuais. As posições sociais eram bem definidas para o homem como para a mulher. As emancipações, principalmente da mulher, não eram bem-vistas. Havia um modelo a ser seguido com grande respeito e seriedade. As funções sociais, as profissões e a fé eram recebidas em família e em família deviam ser mantidas.

# 2. ABORDAGEM LITERÁRIA

Ef 5,21–6,9 é, comumente, denominado "códice doméstico" ou "conjunto de deveres familiares", pois contém exortações fundamentadas em

Evangelização e Família

uma única motivação: Cristo, modelo de relação humana individual e de conduta familiar.[6] Toda a conduta exigida é dirigida a pessoas que viviam segundo os padrões familiares dos inícios do cristianismo.

As exortações foram apontadas para seis grupos de pessoas, segundo uma ordem determinada pelo modelo de dependência ou de subordinação: esposas e esposos (cf. Ef 5,22-33), filhos e pais (cf. Ef 6,1-4), servos e senhores (cf. Ef 6,5-9). A alusão a Cristo abre (cf. Ef 5,21) e fecha o texto pelo título que lhe confere suprema autoridade: "Senhor" (cf. Ef 6,9). Às exortações de conduta moral seguem-se as motivações de razão cristológica e eclesiológica, na qual o amor cristão sublima tanto a ética judaica como greco-romana.

Percebe-se uma estrutura em três blocos de relação pessoal: a) esposas e esposos; b) filhos e pais; c) servos e senhores. Para o primeiro grupo, a relação é fundamentada na analogia Cristo/cabeça e Igreja/corpo. Para o segundo grupo, a relação pode ser fundamentada em Cristo, como modelo de filho obediente e de pedagogo. Para o terceiro grupo, a relação também pode ser fundamentada em Cristo, como modelo de servo obediente e de Senhor.

No decorrer do texto, são feitas quinze referências ao modelo, usando os termos "Cristo" e "Senhor". O nome próprio, "Jesus", não foi usado nenhuma vez. Assim, pelos títulos "Cristo" e "Senhor", uma empatia foi criada tanto para cristãos oriundos do judaísmo como do paganismo. O termo "Igreja" foi utilizado seis vezes e a palavra "corpo", três vezes. O vocábulo "esposa" ocorre nove vezes e só no primeiro bloco. O termo "esposo" ocorre seis vezes também só no primeiro bloco. Vê-se que o interesse maior é com relação à esposa.

As atitudes, exigidas ao esposo, com relação à esposa, e aos filhos, com relação aos pais, recebem, além do Cristo parâmetro, uma fundamentação do Antigo Testamento, respectivamente Gn 2,24 para o esposo e Dt 5,16 para os filhos. As atitudes exigidas das mulheres estão baseadas na imagem da Igreja como esposa e corpo de Cristo. Já as atitudes a serem tomadas pelos servos em relação a seus senhores não contemplaram a Igreja como referencial, pois esta, no texto, não é serva de Cristo, mas sua esposa e seu corpo.[7]

Os seis grupos representam não somente a organização familiar, mas a célula que alimentava a inteira sociedade. Esta funciona melhor ou pior na dependência de como os membros da família se comportam. Pelas metáforas com Cristo e a Igreja, vislumbra-se a possibilidade de injetar uma nova ordem tanto na família como na sociedade, com base na dignidade do ser humano e do seu papel: como esposo, esposa, filhos, pais, servos e senhores, sendo que todos são cristãos. Assim, a ordem na Igreja se transfere para a ordem social.

# 3. ABORDAGEM TEOLÓGICA

O matrimônio, no contexto da Carta aos Efésios, revela a forma concreta para que se perpetuassem a unidade familiar e a prosperidade do lar, pelo bem-estar de todos os seus membros. A ordem familiar refletia-se tanto na sociedade civil como na Igreja. Contudo, por qual motivo, a instituição familiar foi escolhida para exemplificar a relação entre Jesus Cristo e a Igreja?

Aos casais, enquanto elemento estável por constituição, regidos por leis e pelas tradições, foi apresentado um novo fundamento e modelo exemplar: "Submetei-vos uns aos outros com o temor de Cristo". Isto é o que sublima a relação humana, pois concede uma nova perspectiva: o amor de Cristo pela Igreja e da Igreja por Cristo. Esse amor é o que redimensiona a forma de se entender e de se seguir a hierarquia das exigências, das ações e das funções atribuídas a todos os membros da família. Com isso, era possível, igualmente, redimensionar as relações entre esposas e esposos, filhos e pais, servos e senhores, e, por extensão, de todos esses, enquanto cristãos, dentro da Igreja.

Se a cultura da época dava ao homem domínio sobre a mulher, graças aos ensinamentos de Jesus Cristo, assumidos pela Igreja, foi se disseminando, cada vez mais, que o homem não podia fazer com a mulher o que quisesse. A igualdade de natureza e a mútua responsabilidade do homem e da mulher foram vivamente ressaltadas e defendidas por Paulo (cf. 1Cor 7,3-4).

Às esposas não se exigiu obediência, mas uma "submissão" aos esposos, subentendida e motivada pela "submissão" que todo cristão è chamado a ter em relação a Cristo (cf. Ef 5,21), pois se reafirma: "como ao Senhor". Ao iniciar pelas esposas, a motivação não subtraiu à mulher cristã casada algo de sua dignidade, mas, com base cristológica, fez a ênfase recair sobre a obrigação dos esposos: pelo fato de ser "cabeça", isto é, condutor da família, tem a missão de ser, para as esposas, o que Cristo é para a Igreja: salvador.

Na concepção da época, não era possível inverter as relações. Não era o esposo que dependia da esposa, mas o contrário. Da mesma forma, não foi o Cristo que dependeu da Igreja, e sim o contrário. Porque Cristo é a cabeça da Igreja, é o seu salvador. Então, porque o esposo é a cabeça da esposa, é o seu salvador. Forte exigência recai sobre o esposo, que, longe de estar em uma posição privilegiada, em relação à esposa, encontra-se comissionado a ser sinal do incondicional amor de Cristo pela Igreja.

Os cristãos sabem muito bem que Cristo é o salvador porque deu a sua vida em resgate do mundo. Na Igreja, todos devem saber o que se espera de uma esposa e de um esposo cristãos. A posição exigida da esposa não representou, em hipótese alguma, inferioridade, mas participação na missão do esposo: ser cabeça e salvador.[8]

A lógica, então, não é a do poder, mas a do serviço como autoentrega, pelo amor, do esposo à esposa que, pela submissão, se entrega ao esposo. Com o olhar mais voltado para o que poderia causar constrangimento à esposa, o ouvinte-leitor quase não percebe a força da afirmação: "Como a Igreja se submete a Cristo". Assim, a Igreja transparece como modelo não somente para a esposa, mas para todos os cristãos, pois ela não é feita somente de esposas, mas sim uma realidade familiar formada por todos os batizados.

Da exortação às esposas, passa-se para os esposos, com uma exortação muito mais desenvolvida que a das esposas e com uma exigência muito maior: "amai as vossas esposas, como também Cristo amou a Igreja e se entregou por ela". Qualquer dúvida se dissipa, quanto a uma postura machista assumida ou força preferencial pelo homem. O que se exige dos esposos está em linha de continuidade com o que Deus fez pelo antigo Israel e pelo que Cristo fez e faz pela Igreja. Isso advém do verbo usado, ἀγαπάω, que significa um amor que é entrega total e sem restrições ou senões. É oportuno lembrar que foi esse amor que Cristo Ressuscitado procurou encontrar em Pedro (cf. Jo 21,15-16).

Na época, um bom esposo tinha boa reputação na sociedade, quando cumpria devidamente o seu papel, respeitando, cuidando, alimentando, não deixando faltar nada de material e, principalmente, não difamando ou traindo a sua esposa. Já o esposo cristão, além de tudo isso, foi exortado a se entregar de maneira oblativa, interessado não somente no bem-estar físico e emocional da sua esposa, mas, principalmente, no que diz respeito ao dom integral da sua vida pela dela. Na verdade, os esposos cristãos foram exortados a amar como Cristo e obter os frutos dessa entrega: "para santificá-la, purificando-a pelo banho da água com a palavra, para apresentá-la a si mesmo esplendorosa, sem mancha, sem ruga, ou algo semelhante, mas santa e imaculada" (Ef 5,26-27).

O que os esposos foram exortados a fazer, poderia ser um reflexo da busca pela conversão das esposas (e vice-versa), caso eles fossem a parte já convertida; ou poderia ser uma alusão ao que previa, então, o ritual do matrimônio, tomado, aqui, como preparativo para o ingresso das esposas na Igreja, pelo batismo, e, consequentemente, como santificação do seu matrimônio, pois os dois passariam a ser um casal cristão. O que os esposos têm por missão, Cristo está fazendo pela sua Igreja, através de cada cristão, preparando-a para as núpcias eternas (cf. Ap 19,7; 21,1-2.9-11).[9]

A exortação aos esposos continua, desenvolvendo o tema do ágape. O que os esposos fizerem por suas esposas estarão fazendo por si mesmos, como ao próprio corpo, pois o esposo e a esposa são um só corpo pelo matrimônio. A alusão ao corpo implica relações que ocorrem no tempo e no espaço, isto é, são históricas. Em um contexto filosófico-religioso de depreciação, exaltação ou banalização do corpo, a alusão aos cuidados redimensiona o modo de tratar o próprio corpo e expurga o mínimo desprezo pelo matrimônio e seus frutos.

Assim, retorna a metáfora do amor de Cristo pela Igreja, que se abre para os membros que formam o corpo de Cristo. Ao citar Gn 2,24, a dinâmica da união entre o homem e a mulher, querida como matrimônio pelo Criador, alcança uma nova interpretação. Por isso, o mistério, ao qual se faz referência e se aplica a Cristo e à Igreja, pode ser uma alusão ao amor matrimonial, que une um homem e uma mulher, bem como ao amor que une Cristo à Igreja.

Se no final do primeiro bloco retomou-se a exortação feita a cada esposo, "como a si mesmo", a última palavra, na verdade, foi dirigida para a esposa, fazendo com que Ef 5,22.33 seja, respectivamente, a sua abertura e o seu fechamento em posição inversa: esposa em relação ao esposo; esposo em relação à esposa. Com um verbo, indica-se que a esposa entendeu o seu papel na relação: respeitar o esposo. Quase que naturalmente ecoa a comparação: "como a Igreja respeita o seu esposo". Não se diz que a esposa deve amar o esposo, porque o seu amor se expressa na submissão e no respeito. Da mesma forma que não foi dito que o esposo deve dominar a esposa, como se dizia na época, porque a base da relação não é de domínio, mas de amor oblativo.

Sem negar que a ordem social se baseava na hierarquia das funções do homem e da mulher, do esposo e da esposa, Ef 5,21-33 estabeleceu, sem listar vícios matrimoniais, uma nova base para a ordem social a ser renovada pela ordem estabelecida na Igreja: o amor de Cristo pela

Igreja e a submissão da Igreja a Cristo. A submissão das esposas e o amor dos esposos não são ações involuntárias, devidas a uma obrigação, mas totalmente voluntárias em força da graça produzida pelo batismo e pela unção do Espírito Santo.

Na dinâmica do corpo humano, cada membro não manda no outro, mas está submisso ao outro e todos fazem o que manda a cabeça. A relação entre os membros é de serviço (cf. Gl 5,14). Para não reduzir a força das metáforas e o que elas representam, não se pode sobrepor, por justaposição, o esposo a Cristo e a esposa à Igreja, pois tanto um como o outro estão ligados a Cristo e à Igreja pelo batismo.

A partir do momento em que os esposos e as esposas cristãos sabem como devem viver e se comportar, conduta apresentada no segundo bloco (cf. Ef 6,1-4), uma nova exortação é dirigida aos filhos e aos pais. Aos filhos se exigiu obediência aos genitores, também motivada pela fé no Senhor e em conformidade ao quarto mandamento, segundo a versão grega de Dt 5,16, que acrescenta uma promessa de felicidade. Aos pais, neste caso é a parte masculina (cf. Ef 6,4), foi exigida uma justa medida no que diz respeito ao uso da autoridade corretiva. Como os filhos devem obedecer aos genitores "no Senhor", os pais devem educar "na disciplina e doutrina do Senhor".[10]

A citação do quarto mandamento não significa que tais filhos fossem cristãos somente de origem judaica, pois o cristianismo nunca abandonou o ensinamento do Decálogo nos círculos cristãos de origem pagã. Certamente é possível fazer eco à instrução contida em Eclo 3,1-16, na qual os filhos são exortados a honrar pai e mãe, não sendo injustos para com eles e não lhes negando a assistência devida, principalmente em sua velhice.

Não se está propondo um modelo educacional alternativo ao que existia naquela época, quando poucos eram os que podiam frequentar uma escola, mas apelando para o importante papel educacional que cabia tanto aos pais como às mães. Aos pais, em particular, a exortação parece querer coibir a força do poder excessivo que o *paterfamilias* aplicava sobre os filhos. Ml 3,24 afirma que seria papel de Elias fazer, em primeiro lugar, o coração dos pais se voltar para os filhos e, depois, o coração dos filhos para os pais. Conversão familiar?

No terceiro bloco, aos servos e aos senhores também foram dirigidas exortações (cf. Ef 6,5-9). Isso quer dizer que na comunidade cristã conviviam, lado a lado, essas duas classes.[11] Tais servos podiam ser escravos, de fato, realizando todo tipo de trabalhos domésticos, em-

Leonardo Agostini Fernandes

pregados que dependiam totalmente de seus senhores para sobreviver, ou até mesmo pessoas bem cultas que, escravizadas, acabavam por se ocupar da educação dos filhos dos seus senhores. Na época da Carta aos Efésios, a autoridade e autonomia dos senhores sobre os servos de sua casa eram muito grandes, a ponto de poderem sentenciar de morte um servo, dispondo dele como sua propriedade.[12]

Apesar dos limites socioculturais, que não podiam ser revogados sem grandes prejuízos, a exortação aos servos, sem provocar qualquer tipo de revolução social, aponta para uma finalidade à qual eles podiam participar, independentemente da sua condição: a recompensa pelo bem que praticaram sem dissimulação.[13] É um apelo e uma orientação para a reta consciência à qual estavam sujeitos não só os livres, mas também os servos. Em Cristo, até os servos estavam livres, pois foi para a liberdade que nos libertou (cf. Gl 5,1). Os servos cristãos, se não eram bem premiados por seus senhores, tinham a esperança de que a sorte dos justos os configurava ao Cristo Senhor, a quem serviam em última instância.

Se a exortação, por um lado, não mudava a condição dos servos, por outro lado, a exortação aos seus senhores, sem lhes tirar a autoridade, proporcionava aos servos um tratamento cristão. "Não recorrendo a ameaças" é uma sentença que evoca o poder dos senhores sobre os seus servos. Mesmo sendo os proprietários, por serem cristãos, não podiam dispor dos seus servos como bem aprouvessem.[14] Ação e reação são previsíveis: se os servos fossem maltratados, revidavam com ações desonestas ou dissimulações, não realizando as tarefas conforme exigiam os seus senhores. A exortação exige que servos e senhores sejam honestos.

Ao dizer: "o seu Senhor, como deles", lembrava aos senhores que, pelo batismo, eram iguais a seus servos. Assim, servos e senhores ficaram no mesmo patamar, pois todos são servos que um dia comparecerão diante de Cristo Senhor, justo juiz que não usa de favoritismos no seu julgamento. A situação descrita na Carta a Filêmon e as recomendações que nela foram feitas sobre Onésimo permitem compreender a moral exigida para os dois lados. Paulo, ao batizar Onésimo na prisão, fez com que Cristo-Senhor passasse a ser o ponto de união entre servo (Onésimo) e seu senhor (Filêmon).

Ef 5,21–6,9 não trata somente das relações entre esposo e esposa, entre filhos e pais, e entre servos e senhores, mas apresenta a Igreja composta como família. As exortações e as motivações dadas aos fiéis não apenas orientam a conduta, mas aprofundam e apontam para a verdade do amor aplicada à vida. Todos os cristãos se ligam a Cristo como os membros estão ligados ao corpo e este sob o comando da cabeça. Verifica-se que a moral do indivíduo é tratada como seguimento de Cristo que incide no comportamento social e eclesial. O senhorio de Cristo é o fundamento das ações, das relações e da moral que avalia cada uma delas.

## 4. ABORDAGEM PASTORAL

Ef 5,21–6,9 provoca, certamente, perplexidade em muitos cristãos e deles exige uma postura a ser superada: a falta de interesse em receber e aplicar as exortações à própria vida. Isso ocorre, em particular, se o fiel estiver na condição de esposa, pensando que se está sancionando uma moral de repressão. É preciso saber extrair do modelo familiar, apresentado no texto – que para a época era revolucionário – os elementos essenciais, encontrando a devida atualização. Nos dias atuais, as exigências podem ser outras, mas esses ensinamentos continuam válidos na medida em que são orientadores para concretas situações pastorais.

Se, na Carta aos Efésios, o amor de Cristo pela Igreja foi colocado, diante dos olhos dos cônjuges, como um modelo e um empenho a serem assumidos com eficácia, todos os dias, isso foi feito, exatamente, com a certeza de que o esposo e a esposa, daquela época, como os de hoje, continuam sendo os reais atores responsáveis pelo cultivo e pela manutenção do amor matrimonial. O amor, de Cristo-esposo e da Igreja--esposa, é convincente para provocar cada cônjuge a se abrir para a sua potência conservadora e restauradora sobre todos os percalços, insucessos e impotências da inteligência, da vontade e da liberdade humanas.

Na pastoral, às vezes, a submissão da Igreja a Cristo não transparece nas suas palavras e nas suas ações. Na verdade, no processo de submissão da Igreja a Cristo está o processo de submissão de cada cristão a Cristo, seja ele clérigo ou leigo. Na base desse processo, está a total submissão de Cristo ao Pai. Seria prepotente negar que não houve encaminhamentos, em nome da obediência a Cristo, que levaram a Igreja e, nela, os fiéis a tomarem atitudes que se revelaram uma falsa submissão. A razão: o ser humano pode cegar o seu amor e fazer opções nada condizentes com a sua natureza altruísta.

À objeção de que o amor de Cristo pela Igreja não é deste mundo, deve-se afirmar, incondicionalmente, a força do mistério da encarnação do amor. O amor de Cristo pela Igreja é, ao mesmo tempo, divino e humano. E este amor nunca foi interrompido e se torna um elemento motivador para que os fiéis não se deixem desmotivar quanto ao amor de um pelo outro. Do contrário, não serviria como exemplo para se falar do amor entre os cônjuges.

O ponto de partida é fundamental para a estruturação e participação na Igreja: cada cristão deve ser submisso a seu próximo no temor de Cristo, pois cada membro do corpo está submisso ao comando da cabeça. Como, no corpo, cada membro tem a sua função, assim cada fiel deve fazer tudo e somente aquilo que lhe compete para o bem do seu próximo na Igreja e na sociedade. O temor a Cristo não é medo de ser punido, mas plena certeza de que em suas mãos, de servo obediente, está cada cristão que, por vocação e adesão a ele, vive de acordo com a força dos seus ensinamentos: "amai-vos uns aos outros, como eu vos amei" (Jo 13,34).

Desse modo, a submissão não vale somente para a esposa, mas aplica-se também ao esposo. Ambos devem ver e encontrar Cristo um no outro, pois ele é o sentido e a razão da mútua submissão. A imagem do esposo como cabeça da esposa só tem sentido na novidade de relação que advém da relação entre Cristo e a Igreja. Percebe-se que se está diante de uma comparação e não de uma correspondência, isto é, o esposo humano não é Cristo e a esposa humana não é a Igreja. O peso da comparação recai sobre a ação: como Cristo é o salvador da Igreja, da mesma forma, o esposo é o salvador da esposa. Por isso, a ênfase na submissão da esposa em relação ao esposo. Como a Igreja não está submissa a um tirano, a esposa também não está submetida a um esposo mau, mas a um salvador, isto é, a quem lhe procura o bem-estar físico e espiritual.

Ao se avaliar o peso das exigências, o amor exigido do esposo, por sua esposa, a exemplo de Cristo, pela Igreja, manifesta a sublime finalidade do seu comportamento. A esposa, experimentando em seu esposo tal amor, não teria dúvida alguma, em seu relacionamento matrimonial, de compreender o sentido da sua submissão: não é rebaixamento, mas exaltação, pois, pelo amor, um pertence ao outro. Como é incondicional o amor de Cristo pela Igreja, assim deve ser o amor do esposo pela esposa e vice-versa.

Assim, o esposo, que ama a sua esposa como Cristo ama a Igreja, ama definitivamente a si mesmo e realiza o mistério contido em Gn 2,24. Ser uma só carne é o ápice da comunhão à qual podem chegar os

Evangelização e Família

esposos. Como Cristo forma um só corpo com a Igreja, o esposo forma um só corpo com a esposa. Em outras palavras: como Cristo pertence à Igreja, o esposo pertence à esposa; como a Igreja pertence a Cristo, a esposa pertence ao esposo. No dom do amor, essa pertença não se realiza como domínio, mas como comunhão de vida.

É necessário reconhecer que o matrimônio é uma vocação e que não é para todo homem e toda mulher, mas para os que são capazes (cf. Ef 3,18-20). Assim, a exortação às esposas e aos esposos não é um simples ensinamento sobre a essência do matrimônio, mas uma forma de mostrar aos cônjuges cristãos como deve ser a relação entre eles. O que exige a relação matrimonial, no fundo, é uma forma concreta de se realizar a vocação batismal. No batismo, cada cristão foi imerso no amor de Deus, manifestado através de Cristo e comunicado mediante a sua Igreja. Nela, todos os membros vivem desse amor e são responsáveis por disseminá-lo às futuras gerações, a fim de que a renovação do mundo aconteça não pela força, mas pela submissão a Cristo.

A ação pastoral que deriva de Ef 5,21–6,9 exige que cada batizado não tenha feito somente a preparação para a comunhão, a crisma ou, às vésperas do matrimônio, o "cursinho" de noivos. O comportamento adequado que se espera de quem se casa exige também conhecimento adequado da fé e da doutrina, e, acima de tudo, que o batizado seja, de fato, um convertido a Cristo e que tenha decidido praticar a fé não quando convém, mas no dia a dia e, principalmente, quando se manifestarem as exigências do amor que um prometeu dar ao outro no dia do matrimônio. Do contrário, como é possível esperar que os esposos vivam conforme a fé?

A proclamação da moral doméstica, baseada no mistério do amor de Cristo pela Igreja, requer que esse amor seja uma prática cotidiana tanto pelo esposo como pela esposa. O amor humano, no amor do Cristo e da Igreja, é uma força capaz de operar prodígios sobre a terra, a começar, em particular, na vida dos cônjuges. Estes enfrentam, cada vez mais, os desafios impostos por uma sociedade marcada pela informação, mas não pela formação capaz de assumir compromissos duradouros. A vida humana parece que vale o que ditam as leis das flutuações do mercado e do livre-comércio. Para muitos cristãos, lamentavelmente, o matrimônio ainda é visto como um comércio ou uma troca de favores e não como um projeto de amor em crescimento.

A exigência da fidelidade assumida no matrimônio é compreensível na medida em que se experimentou a força do amor de Deus atuado fielmente em Cristo pela humanidade. Enquanto cada fiel não fizer essa experiência de amor, não se pode esperar que as leis da Igreja sejam cumpridas. Talvez por imposição, mas não por convicção que brota de uma real adesão a Cristo pela conversão. Estas leis são válidas e exigem a superação da mera letra pela força do amor que se revela divina submissão de serviço. É na diaconia do amor de Deus que a diaconia do amor humano, em particular dos casais, encontra sentido. Do contrário, a exigência do amor se torna um peso insuportável.

As exortações e as motivações, contidas no "código de moral doméstica", não foram dirigidas a iniciantes na fé em Cristo, mas a fiéis que se decidiram por Cristo, porque aprenderam e apreenderam o significado do amor de Deus. Isso tem que ser verdade, do contrário, exigir um comportamento de quem não é capaz seria uma grande injustiça, pois ninguém pode dar aquilo que não tenha recebido. É preciso reconhecer que a preparação para o matrimônio, como vem sendo feita, não está adequada às exigências. Destas, a primeira é a de poder contar com cristãos plenamente iniciados na fé e praticantes. Estes são cristãos que se aplicam no exercício da fé, deixando-se modelar por Cristo e deixando Cristo modelar o seu ser e o seu agir no mundo.

A vida em Cristo é uma novidade que não se experimenta em palavras, mas se traduz em palavras e em ações. Embora a fé venha pela pregação (cf. Rm 10,17), exige abertura e adesão, acompanhadas de ações que testemunhem o compromisso com Cristo, com a Igreja e, nela, com o próximo. As dificuldades hodiernas exigem, dos cristãos, um renovado ardor, porque se sabem chamados a exercer, no mundo, uma fé consciente de que o amor é exigente e paciente (1Cor 13). Não há motivos para o cristão recuar perante os desafios, mas há motivação para que esses sejam assumidos em Cristo e com o amor de Cristo, que foi, é e sempre será pura dedicação ao ser humano e sem reservas.

Aos cristãos que se preparam para qualquer sacramento, é preciso dizer não somente os deveres que devem cumprir no mundo, mas anunciar com convicção o amor de Cristo, e que este amor tem por objetivo: refazer a beleza original de Deus em cada ser humano. Deus quis, em Cristo, recapitular todas as coisas, as dos céus e as da terra (cf. Ef 1,10).

Os motivos que levam dois cristãos a se unirem pelo matrimônio podem ser numerosos. Na base de todos eles, não se encontra só o impulso natural, mas, acima de tudo, a vontade que cada um possui de iniciar um caminho de confiança e de amor com o outro. É, na verdade, a vontade de orientar a própria vida na direção do que considera a possibilidade de ser feliz. Isso, porém, é o início de um projeto e não a sua realização. Esta exige a superação das limitações próprias de cada cônjuge, investindo no cultivo diário do amor recíproco, alimentado pelos afetos, carinhos e gestos de compreensão, principalmente do perdão mútuo, capaz de restaurar as relações.

Projeto e realização se embatem em diversas experiências que aportam em desilusão e recíproco estranhamento. O fluxo diário da vida matrimonial é uma contabilidade que, nem sempre, fecha no positivo. Muitos casais estão em débito um com o outro e têm dificuldades para superá-lo. Isto acontece por vários motivos, mas, na maioria das vezes, por um esquecimento: quem se casou por amor, em Cristo, pode experimentar momentos de desafeto, e é nessa situação que cada cônjuge é chamado a refazer o caminho e o destino de Cristo que, por amor, o levou a terminar seus dias na cruz. Por isso declara: "na saúde e na doença, na alegria e na tristeza, amando-te e respeitando-te por todos os dias da nossa vida". Dizem isso na hora do mutuo consentimento, mas parece que depois se esquecem de renová-lo a cada dia. Mesmo que o amor esfrie, a ponto de o esposo e a esposa constatarem que não mais se amam, nem por isso deixam de ser objetos e sujeitos do amor de Cristo. Quando permanece esse amor, os cônjuges podem vencer a usura interior, a indiferença e até o ódio.

Acrescente-se a tudo isso a chegada dos filhos que, ao lado da alegria, trazem para os cônjuges novos desafios. Se, no passado, os filhos eram esperados em grande número para fortalecer as possibilidades de conquista material, há algumas décadas, para muitos casais, os filhos são vistos como futuras despesas e portadores de restrições ou até de impedimento para a realização de planos. Some-se a isso o medo que muitos casais possuem por não se sentirem preparados ou porque cultivam o medo de falir como pais. Na base desse medo, além de tantos fatores, encontra-se a desagregação sociofamiliar que permitia uma condição de amparo.

Nesses momentos, é preciso renovar as esperanças e não esquecer que Cristo, exatamente porque amou, passou por numerosas amarguras e formas de sofrimento. O amor assumido como compromisso fez com que as suas opções permanecessem intactas diante do possível falimento. Foi o seu amor incondicional que lhe deu forças para superar as trevas da indiferença humana, que deu espaço para outras formas de relações, pautadas no poder. Quando nada se antepõe ao amor, todas as dificuldades são enfrentadas com responsabilidade e maturidade. O amor que os cônjuges devem aprender e cultivar entre eles se estende, de modo particular, aos filhos que se tornam um verdadeiro laboratório do amor. Os filhos não são propriedade de seus pais!

Que impacto teria a leitura desse trecho da carta, na reunião litúrgica, diante de todos os membros da família que compõem a comunidade? Em primeiro lugar, aos filhos se exorta à obediência aos pais, "no Senhor", porque é o certo a ser feito. Assim, mostram que aprenderam bem o mandamento e que cultivam a esperança de obter a promessa de bem--estar, com uma vida longa sobre a terra. O que os filhos devem esperar, por serem obedientes aos pais, "no Senhor", vai muito além do que os pais podem desejar. O que os pais aprenderam da fé e da sua prática é o que devem ensinar aos filhos, a fim de que neles percebam a sua imagem e semelhança, recebendo deles a alegria de serem honrados, isto é, sem nenhum motivo que os possa envergonhar. A justa medida na correção não levaria os filhos a se fecharem para Deus.

A obediência exigida aos servos não significou a defesa de um regime social deplorável, como execrado nos dias atuais. Tal obediência objetivava, acima de tudo, o bom relacionamento entre servos e senhores, tendo Cristo como paradigma para ambos. Os servos deviam obedecer aos seus senhores, como se estivessem a serviço do próprio Cristo. Por isso, deviam servir "com temor e solicitude de coração" e evitar de fazer as coisas "por ostentação, como quem busca agradar aos homens". O comportamento honesto do servo, sem uma clara alusão no texto, permitia exercer a obediência ao seu senhor como configuração a Cristo, que, embora fosse Filho, se fez servo obediente, para realizar, em tudo, a vontade de Deus e, por isso, foi exaltado à direita de Deus, com um nome que está acima de todo nome (cf. Fl 2,5-11).

Se a exortação aos servos e senhores, naquela época, representou uma novidade a ser incluída na base jurídica, pois inseriu o sentido cristão da justa recompensa, nos dias atuais, reclama por atualização nas sociedades divididas em classes, com uma enorme multidão desfavorecida, tratada como se fosse mercadoria, privando o ser humano da sua dignidade. A escravidão ainda não é uma página superada em muitos lugares. Se não acontece mais como na época da Carta aos Efésios ou durante o período dos países colonizadores, a exploração e a falta de dignidade com que muitas pessoas, cristãs ou não, são tratadas, constitui uma condição de escravidão que clama por libertação.

A exortação, nesse sentido, continua válida e deve ser atualizada, pois o chamado de Cristo para a liberdade não é, simplesmente, um aceno às leis que os países possam promulgar, mas é um compromisso que deve fazer sumir da sociedade toda e qualquer forma de exploração egoísta.

Ef 6,5-9 encontra plena atualização na *Evangelii Gaudium* nn. 57-58:

Por detrás desta atitude [*Não a um dinheiro que governa em vez de servir*], escondem-se a rejeição da ética e a recusa de Deus. Para a ética, olha-se habitualmente com certo desprezo sarcástico; é considerada contraproducente, demasiado humana, porque relativiza o dinheiro e o poder. É sentida como uma ameaça, porque condena a manipulação e degradação da pessoa. Em última instância, a ética leva a Deus que espera uma resposta comprometida que está fora das categorias do mercado. Para estas, se absolutizadas, Deus é incontrolável, não manipulável e até mesmo perigoso, na medida em que chama o ser humano à sua plena realização e à independência de qualquer tipo de escravidão. A ética – uma ética não ideologizada – permite criar um equilíbrio e uma ordem social mais humana. Neste sentido, animo os peritos financeiros e os governantes dos vários países a considerarem as palavras dum sábio da antiguidade: "Não fazer os pobres participar dos seus próprios bens é roubá-los e tirar-lhes a vida. Não são nossos, mas deles, os bens que aferrolhamos (57).

Uma reforma financeira que tivesse em conta a ética exigiria uma vigorosa mudança de atitudes por parte dos dirigentes políticos, a quem exorto a enfrentar este desafio com determinação e clarividência, sem esquecer naturalmente a especificidade de cada contexto. O dinheiro deve servir, e não governar! O Papa ama a todos, ricos e pobres, mas tem a obrigação, em nome de Cristo, de lembrar que os ricos devem ajudar os pobres, respeitá-los e promovê-los. Exorto-vos a uma solidariedade desinteressada e a um regresso da economia e das finanças a uma ética propícia ao ser humano (58).

Ef 6,5-9 expressa um comportamento moral que apela para uma abertura, tanto dos servos como dos senhores, para o que transcende as relações entre esses dois grupos. A obediência exigida, de quem trabalha (serve) e de quem é empregador (senhor), principalmente se são cristãos, tem uma única razão: Cristo Senhor. A ele todos estão subordinados e submissos. A promoção da justiça, entre servos e senhores, tem reflexos na Igreja e na sociedade, porque manifestam a primazia da justiça de Deus, que concede a justa recompensa. Quando existe obediência ao amor, existe temor do Senhor e liberdade, e as obras são feitas não para serem vistas pelos homens, mas para honrar a Deus. Servir a Deus como Cristo, praticando a sua vontade, equipara grandes e pequenos na virtude.

### A Igreja, esposa de Cristo

Das Catequeses de São Cirilo de Jerusalém, bispo:

Igreja "Católica": é o nome próprio desta santa Mãe de todos nós. É também a Esposa de nosso Senhor Jesus Cristo, o unigênito Filho de Deus.

Com efeito, está escrito: Assim como Cristo amou a Igreja e a si mesmo se entregou por ela, e o que se segue. Ela também manifesta em si a figura e a imitação da Jerusalém do alto, que é livre e mãe de todos nós. Sendo antes estéril, é agora mãe de numerosa prole.

Repudiada a primeira, na segunda, isto é, na Igreja Católica, Deus, no dizer de Paulo, estabeleceu em primeiro lugar os apóstolos, em segundo os profetas, em terceiro os doutores, depois o poder dos milagres, os dons de curar, de assistir, de governar, as diversidades das línguas, e toda outra virtude, quero dizer, a sabedoria e a inteligência, a temperança e a justiça, a misericórdia e a bondade, a insuperável paciência nas perseguições.

Ela, a Igreja, pelas armas da justiça à direita e à esquerda, na glória e no opróbrio, primeiro nas perseguições e angústias, coroou os santos mártires com coroas de variadas e múltiplas flores entrelaçadas com a paciência; agora, em tempos de paz, pela graça de Deus, recebe dos reis, dos homens ilustres e de todo gênero humano as honras devidas.

Os reis, existentes em todo lugar, têm seu poder determinado pelos limites de seu reino. Unicamente a Santa Igreja Católica possui irrestrita autoridade em todo o orbe da terra: Pôs Deus a paz por seus confins, como está escrito.

Instruídos com os preceitos e modo de viver nesta Santa Igreja Católica, possuiremos o Reino dos Céus e receberemos por herança a vida eterna. Por este motivo, aguentamos absolutamente tudo para a alcançarmos de Deus. Nossa meta proposta não é nada insignificante: a posse da vida eterna, esta é a nossa luta. Por isso, na profissão de fé, após termos dito: Na ressurreição da carne, isto é, dos mortos, já explicada, aprendamos a crer: E na vida eterna, que é a nossa batalha de cristãos.

Portanto, a vida em sua realidade e verdade é o Pai, que, pelo Filho no Espírito Santo, derrama qual fonte os dons celestes sobre nós, e por sua benignidade também a nós, homens, nos foram firmemente prometidos os bens da vida eterna (Cat. 18,26-29: PG33,1047-1050; séc. IV).

# 5. LEITURA ORANTE – Cl 3,18–4,1
## "É AGRADÁVEL AO SENHOR"

**Canto:** *Eu vim para escutar tua palavra, tua palavra, tua palavra de Amor.*

**1º Leitor:** Breve introdução.[15]

Colossas foi uma antiga cidade da Frígia, um importante centro de produção de tecidos e tingimento de lã; ficava cerca de duzentos quilômetros da cidade de Éfeso, mas estava próxima de Hierápolis e Laodiceia (cf. Cl 2,1; 4,13). A carta, dirigida aos Colossenses, deveria ser lida também em Laodiceia, que, por sua vez, recebeu uma carta, muito provavelmente a que foi intitulada aos Efésios, e que deveria ser lida pelos fiéis de Colossas (cf. Cl 4,15). A comunidade cristã, que se originou nessa cidade, parece ter sido fruto da ação missionária de Epafras, um colaborador do apóstolo Paulo (cf. Cl 1,7). Depois foi conduzida por Arquipo, exortado a exercer bem o ministério que recebeu do Senhor (cf. Cl 4,17). Seguindo as informações contidas na carta, Filêmon e Onésimo, seu escravo, eram cristãos de Colossas (cf. Cl 4,9); a Igreja se reunia na casa de Filêmon (cf. Fl 2) e de Ninfas (cf. Cl 4,15).

A ocasião da carta foi gerada por problemas doutrinais: as "potências" da natureza estavam sendo veneradas como detentoras de poder sobre o destino do ser humano. Assim, um forte sincretismo se instaurou na comunidade, misturando elementos do judaísmo (cf. Cl 2,11-13.16-23) e do helenismo (cf. Cl 2,8.20). Essas ideias, disseminadas por falsos doutores, minavam o primado de Cristo, do seu mistério, e os efeitos da sua obra redentora (cf. Cl 1,26; 2,2; 4,2-5). Ao lado desses problemas, o apóstolo Paulo, além de dar grande importância à situação, aproveitou para corrigir desvios morais, exortando contra os vícios (cf. Cl 3,5-8), incentivando o cultivo das virtudes (cf. Cl 3,12-14) a serem praticadas, em particular, na vida familiar (cf. Cl 3,18–4,1). O zelo fez com que a carta fosse enviada, com urgência, por Tíquico, juntamente com Onésimo (cf. Cl 4,7-8).

A correção dos desvios requer a sólida fundamentação em Jesus Cristo, Filho de Deus e imagem do Pai, o princípio de toda criatura, cabeça da Igreja, que é o seu Corpo. Porque em Jesus Cristo todas as coisas foram feitas, "os tronos, as potestades, as dominações e os principados", isto é, tudo o que é visível e invisível lhe está submetido (cf. Cl 1,15-17). A Igreja, como Corpo de Cristo, tem o seu papel no mundo e deve saber tirar proveito do tempo presente (cf. Cl 4,5).

Somente Jesus Cristo é o Senhor. Este é o ponto de partida das exigências que estão contidas na exortação familiar. A submissão da esposa ao esposo, dos filhos aos pais, dos servos aos senhores, não é outra coisa que submissão da Igreja a Cristo. Não é somente uma submissão de um indivíduo a outro indivíduo, mas uma atitude comunitária que se exercita na virtude: "suportando-vos uns aos outros, e perdoando-vos quando alguém tenha uma queixa contra o outro; como perdoou o Senhor, assim também vós. E que acima de tudo isso, a caridade, que é o laço da perfeita unidade" (Cl 3,13-14).

Cl 3,1–4,6 contém várias exortações dirigidas aos membros da comunidade cristã. Cl 3,1-4 apresenta as premissas sobre as quais a vida cristã se fundamenta: são os critérios e as normas que ordenam o comportamento interior e exterior (social, familiar, profissional). Cl 3,5-17 recorda o que era a vida antes e depois da conversão a Cristo. Cl 3,18–4,1 traz o "código de conduta moral em família", que exemplifica a novidade da vida em Cristo, a ser colocada em prática onde se vive. Cl 4,2-6 possui breves exortações em prol da comunhão ministerial.

**Canto:** *Escuta, Israel, o Senhor teu Deus vai falar. Fala, Senhor, que teu servo vai te escutar* (2x).

# 1º PASSO

Leitura da Carta aos Colossenses 3,18–4,1.

[3,18]Esposas, sede submissas a vossos esposos, como convém, no Senhor. [19]Esposos, amai as vossas esposas e não sejais ásperos com elas. [20]Filhos, obedecei em tudo a vossos pais, pois isto é agradável ao Senhor. [21]Pais, não irriteis a vossos filhos, para que não desanimem. [22]Servos, obedecei em tudo a vossos senhores terrenos, não porque os estais vendo, querendo agradar a homens, mas com sinceridade de coração, tementes ao Senhor. [23]O que fizerdes, fazei-o com a alma, como para o Senhor e não para os homens, [24]sabendo que recebereis do Senhor a recompensa da herança. Servi ao Senhor, a Cristo; [25]pois quem comete injustiça receberá a paga da injustiça que fez; não há favoritismo. [4,1]Senhores, dai a vossos servos o que for justo e equânime, sabendo que também vós tendes um Senhor no céu.

**Canto:** *Escuta, Israel, o Senhor teu Deus vai falar. Fala, Senhor, que teu servo vai te escutar* (2x).

**2º Leitor:** O que o texto diz?

a) A palavra, em tom exortativo, é dirigida às esposas e aos esposos. A submissão da esposa é apresentada como uma ação adequada. Ao dizer, porém, "no Senhor", essa exortação adquire um significado mais profundo, pois já fica claro que não se trata de rebaixamento das esposas em relação aos esposos. A submissão que convém, no Senhor, já permite entrever a relação que cada cristão passou a ter com o Senhor a partir do batismo. A exortação às esposas serve para mostrar como a Igreja deve se comportar em relação ao Senhor (v. 18). [breve pausa]

b) Aos esposos ordena-se o amor às esposas e a renúncia à aspereza. A razão disso está na relação de amor do Senhor com os seus discípulos. O amor do Senhor por sua Igreja é o que fundamenta o amor do esposo pela esposa. Se a submissão das esposas é conveniente no Senhor, o amor exigido dos esposos os coloca diante de uma ação maior que a submissão, pois impõe uma mudança nas atitudes, que faz lembrar: "sede misericordiosos!" (v. 19). [breve pausa]

c) Aos filhos ordena-se uma obediência incondicional aos pais. Como foi dito para as esposas, a exortação, da mesma forma, apresenta o argumento convincente: "pois isto é agradável ao Senhor". Neste argumento encontra-se o projeto de vida que anima cada cristão em relação ao Senhor: agradar, aqui, pode ser sinônimo de cumprir a sua vontade, seguindo o exemplo do Filho Unigênito que, em tudo, cumpriu a vontade do Pai (v. 20). [breve pausa]

d) Aos pais ordena-se que não sejam pesados ou que irritem seus filhos, para não provocar, neles, o desânimo. É mais do que um sábio conselho, pois o seguimento de Jesus Cristo, pelos filhos, passa pelo exemplo dos pais. Se os pais forem ásperos com os filhos, estes podem desanimar do caminho cristão, julgando que não são capazes de viver a fé com todas as suas exigências. Também, pode provocar, nos filhos, o desinteresse pela fé em Cristo, vendo o contratestemunho dos pais. Cristo veio para conduzir para a verdade e para libertar. Os filhos, para não desanimarem na fé, necessitam do exemplo dos pais, que, aqui, não deve ser tomado como referência ao pai e à mãe, mas simplesmente como o plural de pai (v. 21). [breve pausa]

e) Aos servos, como aos filhos, ordena-se a obediência incondicional a seus senhores terrenos, a quem devem servir não por interesses espúrios. Exorta-se ao serviço sem bajulações. As ações dos servos devem ser feitas "com toda a alma" e "para o Senhor e não para os homens". Nisto, o argumento convincente reaparece: porque devem ser tementes ao Senhor, pois a ele cabe a justa recompensa pelas obras (vv. 22-25). [breve pausa]

f) Aos senhores, em relação aos servos, ordena-se a prática da justiça, que é equânime, sabedores de que também os senhores são servos do Senhor. Neste ponto, equilibram-se as ações, pois se os servos receberem dos seus senhores o que é justo e equânime, terão bom ânimo para fazer suas obrigações não por interesses, mas com a boa vontade de corresponder, com generosidade, aos seus senhores (4,1). [breve pausa]

g) Nota-se que a ênfase recai sobre o que era considerado o "chefe" de toda a casa, citado como esposo, pai, senhor. Nesse sentido, a exortação pesa, com maior intensidade, sobre ele que, de algum modo, passa a ser uma figura de Jesus Cristo. Enquanto as esposa, os filhos e os servos receberam uma exortação cada um, o chefe – esposos, pais e senhores – recebeu três exortações (Cl 3,19.21; 4,1).

**Canto:** *Eu gosto de escutar tua palavra, tua palavra, tua palavra de Amor.*

## 2º PASSO

A meditação ajuda a perceber o que o texto diz.

a) São Clemente, escrevendo aos cristãos de Corinto, exortou: "Veneremos o Senhor Jesus Cristo, cujo sangue foi dado em nosso favor; respeitemos aqueles que nos guiam; honremos os anciãos; instruamos os jovens, ensinando-lhes o temor de Deus; dirijamos nossas mulheres no reto caminho do bem. Que elas mostrem em si mesmas o amável hábito da castidade; que provem com doçura sua resolução sincera; que manifestem a moderação de sua língua, por meio de seu silêncio; que exerçam a caridade, não com parcialidade, mas na santidade e na equidade em relação a todos aqueles que temem a Deus. Que nossos filhos participem da educação em Cristo; aprendam qual é o poder da humildade junto de Deus; qual o poder do amor casto junto dele; como o temor de Deus é belo, como é grande e como salva aqueles que vivem santamente nele, de coração puro! Com efeito, ele perscruta nossos pensamentos e intenções. Seu sopro está em nós e, quando quiser, ele o retomará" (vv. 6-9).[16] [breve pausa]

b) Santo Inácio de Antioquia dirigiu uma carta a São Policarpo, na qual exorta e lembra os princípios que regiam a vida familiar: "Fala às minhas irmãs que amem o Senhor e se contentem com os maridos na carne e no espírito. Da mesma forma, recomenda aos meus irmãos em nome de Jesus Cristo que amem suas esposas como o Senhor ama a Igreja. Se alguém é capaz de perseverar na castidade em honra da carne do Senhor, persevere sem orgulho. Caso se orgulhar, está perdido; se ainda for tido como mais do que o Bispo, está corrompido. Convém aos homens e às senhoras que casam contraírem a união como consentimento do Bispo, a fim de que o casamento se realize segundo o Senhor e não conforme a paixão. Tudo se faça para honra de Deus".[17] [breve pausa]

c) A relação do ser humano com Deus tem início na relação entre cônjuges, pais e filhos, servos (empregados) e senhores (patrões). O primado de Jesus Cristo é o ponto central, pois ele é o fundamento de toda e qualquer relação do ser humano com a criação, com o próximo e com Deus (cf. Cl 1,15,20; Ef 1,3-14). As relações devem ser realizadas na "unidade de um só corpo", que é a Igreja, a qual os fiéis são incorporados através do batismo. [breve pausa]

d) Como deve ser o comportamento do cristão dentro de casa? Não há propostas que possam ser, para a época em que o texto foi escrito, tidas por originais, mas as relações que os membros da família devem cultivar, possuem um fundamento e sólido princípio: Jesus Cristo. [breve pausa]

e) A submissão da esposa ao esposo não é uma relação de dependência, porque corresponde ao amor que ele deve ter e cultivar por ela e nela. Isso era uma grande novidade no contexto da sociedade greco-romana. Dizer que a esposa tem direito ao amor do esposo não é a mesma coisa que dizer que o esposo tem o dever de amar a sua esposa. [breve pausa]

f) As relações estão limitadas: para os filhos exorta-se à obediência, para os pais o equilíbrio na correção, redimensionando a sua autonomia sobre eles e o uso do poder como *paterfamilias*. O que se deseja é que haja não somente boa ordem, mas fraterna convivência em família. Esta, apesar de todas as dificuldades pelas quais vem passando, continua sendo o lugar da transmissão dos valores. É em família que os filhos devem ser instruídos a se comportar com honestidade, a entrar em contato com o ambiente gerador de vida, aprendendo a conhecê-la como exigência de comunidade, bem como a descobrir e desenvolver as aptidões e próprias capacidades. Em particular, a fé e a qualidade da vida religiosa se experimentam e são testadas em família. [breve pausa]

g) Os princípios que a Igreja defende para a família estão sob fortes ataques e são muitas as discussões sobre a validade de se continuar seguindo um só modelo. O que antes se considerava uma ordem estabelecida por Deus, passou a ser alvo de críticas sociológicas. [breve pausa]

h) O cristão necessita não esquecer que é eleito, isto é, um atraído pelo Pai para Cristo (cf. Jo 6,44), em quem é santificado e experimenta que é amado. Eleição, santificação e amor possuem, no cristão, necessariamente, consequências práticas na conduta de vida. A vida nova, das virtudes de cada fiel em Cristo, se realiza através das relações recíprocas calcadas no amor entre a esposa e o esposo, os filhos e os pais, os servos e os senhores. [breve pausa]

i) Uma correta atualização dessas exortações não pode ser feita, tomando-as ao pé da letra. É preciso a releitura contextualizada, levando em consideração a consciência pessoal de cada sujeito, que está em contínua evolução, para que a relevância teológica seja percebida, assimilada e se torne motivadora do comportamento cristão. Várias categorias da vida social antiga exigem uma revisão crítica, para que possam ser encarnadas na sociedade atual. Sem a devida inculturação, ocorreriam apenas uma transposição de conduta e uma imposição de normas, que não seriam capazes de orientar a vida da

Evangelização e Família

maior parte das pessoas, mesmo porque, a conduta cristã autêntica exige, por sua vez, a sincera conversão do coração. [breve pausa]

j) Para quem está convencido de que a escravidão é uma realidade superada, a exortação causa perplexidade. Entretanto, não foram superadas as situações geradoras de opressão que continuam escravizando o ser humano. O trabalho escravo ou mal remunerado está, continuamente, na pauta dos jornais e dos noticiários. Muitos vivem pessoalmente esta exploração e nada podem fazer. A exortação à obediência dos servos não foi, certamente, a expressão de se manter uma estrutura a favor dos senhores, mas representou, naquele contexto, criar nos cristãos escravos e nos cristãos senhores uma certeza: na nova ordem social estabelecida por Cristo, não há mais escravo ou livre (Cl 3,11). Da união com Cristo, que exige total lealdade, derivam as novas relações de lealdade entre os seres humanos. O exemplo de Filêmon, senhor, e de Onésimo, servo, permite, unindo Ef 3,22-25 à Carta a Filêmon, encontrar, em Paulo, uma excelente aplicação pastoral. [breve pausa]

k) A nobre posição social, que alguém julga possuir nesta vida, de nada serve, se está escravo dos vícios, da ganância, do egoísmo e do poder opressor. Aos que estão nessa condição, serve-lhes o empenho dos cristãos que levam, para as diversas camadas da sociedade, a boa-nova da libertação operada por Cristo. [breve pausa]

l) As dificuldades contemporâneas, que são constatadas nos diferentes níveis de relacionamentos, apontam para a urgente e necessária conversão a Cristo, pela qual acontece, em primeiro lugar, a libertação interior. Sem a conversão a Cristo, não ocorrerá a conversão das estruturas e a libertação exterior, que ainda carregam as marcas do abuso do poder. Se no passado um cidadão podia se tornar escravo devido às constantes incursões dos mais potentes, nos dias atuais, muitos cidadãos clamam por libertação de estruturas injustas. [breve pausa]

m) O que convence o ser humano a mudar de comportamento não são as palavras ou as leis emanadas, mas a convicção que brota da fé em Jesus Cristo, morto e ressuscitado. Da relação estabelecida entre Jesus Cristo e cada fiel, ressurge para a sociedade a possibilidade de libertação. [breve pausa]

**Canto:** *Eu quero entender melhor tua palavra, tua palavra, tua palavra de Amor.*

## 3º PASSO

O que o texto faz dizer a Deus em oração.

Senhor, nosso Deus, vosso Filho Unigênito, revestido de nossa fragilidade, veio a primeira vez para realizar o seu eterno plano de amor e abrir para todos o caminho da salvação. Santíssimo, condenado à morte pelos pecadores, apagou nossos pecados e sua ressurreição nos trouxe vida nova. Ele, revestido de sua glória, virá uma segunda vez para conceder, aos fiéis, a plenitude dos bens prometidos. Pelo dom do Espírito Santo, ele enriqueceu a Igreja com o conhecimento da verdade e a todos uniu numa só fé. Enquanto isso, o vosso Filho Jesus vem ao nosso encontro em cada sacramento e em cada pessoa humana, para que o acolhamos na fé e o testemunhemos na caridade. Por ele, realiza-se o maravilhoso encontro que a todos concede vida nova e plena, libertando do egoísmo e das paixões desordenadas, a fim de que se superem os apegos às coisas da terra e se proclame a vossa misericórdia. Em vós, ó Deus, vivemos, nos movemos e somos. E peregrinos neste mundo, recebemos, todos os dias, as provas do vosso amor de Pai, já possuindo as garantias da vida futura, quando contemplaremos a vossa face e vos louvaremos sem cessar. Que nas famílias reine o amor entre os esposos, a concórdia entre os filhos e os pais, e a justiça entre os que lutam, dignamente, para ganhar o pão de cada dia. Que a Igreja, sinal da aliança e do vosso amor, continue transmitindo a esperança e o Evangelho da alegria, apontando na história o caminho da felicidade perfeita, vosso Filho Jesus Cristo, que convosco vive e reina, na unidade do Espírito Santo, pelos séculos dos séculos. Amém.

## 4º PASSO

Na contemplação-ação, o texto faz formular um empenho de vida.

a) "Cristo Senhor abençoou copiosamente este amor de múltiplos aspectos nascido da fonte divina da caridade e constituído à imagem da sua própria união com a Igreja. E assim como outrora Deus veio ao encontro do seu povo com uma aliança de amor e fidelidade (cf. Os 2; Jr 3,6-13; Ez 16 e 23;

Is 54), assim agora o Salvador dos homens e Esposo da Igreja[18] vem ao encontro dos esposos cristãos com o sacramento do matrimônio. E permanece com eles, para que, assim como ele amou a Igreja e se entregou por ela (cf. Ef 5,25), de igual modo os cônjuges, dando-se um ao outro, se amem com perpétua fidelidade" (GS, n. 48).

As atitudes a serem assumidas por cada membro da família devem estar orientadas segundo o projeto original de Deus. A submissão da esposa é um chamado a se colocar na dinâmica da obrigação do seu esposo: amar como Cristo ama a Igreja. Os pais, dando exemplos de obediência e amor mútuo, educam seus filhos com paciência e moderação, pois certas atitudes paternas desmedidas permanecerão para sempre impressas nos filhos. A obediência exigida diz respeito a tudo que não seja contrário à vontade de Deus. Vivo e ajudo a viver o mandamento: "Honrar pai e mãe"? [breve pausa]

b) "O autêntico amor conjugal é assumido no amor divino, e dirigido e enriquecido pela força redentora de Cristo e pela ação salvadora da Igreja; para que, assim, os esposos caminhem eficazmente para Deus e sejam ajudados e fortalecidos na sua missão sublime de pai e mãe.[19] Por este motivo, os esposos cristãos são fortalecidos e como que consagrados em ordem aos deveres do seu estado por meio de um sacramento especial;[20] cumprindo, com a sua força, a própria missão conjugal e familiar, penetrados do espírito de Cristo que impregna toda a sua vida de fé, esperança e caridade, avançam sempre mais na própria perfeição e mútua santificação e cooperam assim juntos para a glória de Deus" (GS, n. 48).

Vejo que, no texto, encontram-se ensinamentos dirigidos aos diferentes membros da família que, por sua vez, representam diversos estados de vida na Igreja e na sociedade. Assumo meus compromissos como fiel, chamado a realizar minha vocação, como solteiro, esposo, esposa, filho, pai, empregado, empregador, tendo unicamente a Cristo como ponto de referência? [breve pausa]

c) "Ao libertar certas pessoas dos males terrestres da fome (cf. Jo 6,5-15), da injustiça (cf. Lc 19,8), da doença e da morte (cf. Mt 11,5), Jesus operou sinais messiânicos; não veio, no entanto, para abolir todos os males da terra (cf. Lc 12,13.14; Jo 18,36), mas para libertar os homens da mais grave das escravidões, a do pecado (cf. Jo 8,34-36), que os entrava em sua vocação de filhos de Deus e causa todas as suas escravidões humanas" (CatIC, n. 549).

"Quanto mais pratica o bem, mais a pessoa se torna livre. Não há verdadeira liberdade a não ser a serviço do bem e da justiça. A escolha da desobediência e do mal é um abuso de liberdade e conduz à 'escravidão do pecado' (Rm 6,17)" (CatIC, n. 1733).

A condição servil, à qual muitas pessoas estão submetidas, exige a luta pela promoção da justiça e dos direitos inalienáveis. Por mais injustiças que se sofra, nada é mais meritório do que sofrer pela prática do bem, sem fazer acepção de pessoas. Tenho me empenhado em superar os impulsos pelo poder? Tenho sido um testemunho do Evangelho que promove a ação libertadora das injustiças? [breve pausa]

**Canto:** *O mundo ainda vai viver tua palavra, tua palavra, tua palavra de Amor.*

## NOTAS

[1]  JEFFERS, 2004, pp. 334-335.

[2]  At 16,37; 22,25-29; 25,11 referem-se a Paulo como cidadão romano.

[3]  JEFFERS, 2004, pp. 336.338.

[4]  Neste contexto, faz sentido a seguinte posição: "Se, em Cristo, caem as diferenças de gênero, cultura e casta social, a família e a Igreja assumem um modelo hierárquico funcional e organizacional, na metáfora do corpo e dos membros (1Cor 12,12-30), mas não na estrutura piramidal da sociedade judaica ou do Império Romano" (MAZZAROLO, 2013, p. 128).

[5]  O privilégio paulino é, por certo, uma exceção à lei da indissolubilidade e se aplica à parte que se converteu, porque o favor da fé visa proteger a salvação do fiel (Código de Direito Canônico, cân. 1752).

[6]  Em referência a Ef 5,21-33 pode-se admitir que: "Mais que um manual de ética matrimonial, nosso texto é uma proposta de 'evangelho', uma boa-nova sobre o amor fiel e libertador, que também pode ser entendido como parábola do amor conjugal" (FABRIS, 1992, p. 199).

[7]  "A série dos 'como', já iniciada no v. 22, não tem só a função de estabelecer uma comparação ilustrativa, mas, sobretudo, de indicar a razão última do agir e o significado novo do relacionamento para pessoas que, como os cristãos, são membros da Igreja e põem a própria vida sob o sinal do Cristo Senhor e Salvador" (ibid., p. 195).

[8]  "Assim, a submissão da mulher ao marido não é a subordinação coercitiva de quem não tem capacidade ou direito de decisão, ou é inferior em dignidade, mas a entrega pronta e generosa para o serviço que é algo característico de todo cristão que foi libertado do egoísmo" (ibid., p. 195).

[9] Ibid., pp. 196-197. "As núpcias são o sinal da fertilidade de uma nova ordem em que não haverá mais destruição ou morte, mas a abundância de todos os bens. A comunidade deve manter-se vigilante, preparando-se com as boas obras para o festim das núpcias eternas na consumação do Reino" (ARTUSO, 2009, p. 198).

[10] Mc 3,31-35 contém um ensinamento de Jesus que alargou o conceito de família para além dos laços de sangue, insistindo no cumprimento do amor e da vontade de Deus (cf. MAZZAROLO, 2013, p. 135).

[11] O NT possui alusões a conversões em nível familiar, que por certo envolviam os escravos: At 10,34-48; 16,15.31-34; 18,8; 1Cor 1,11.16; 7,21-22; 16,15; 1Pd 2,18-25.

[12] As leis não estavam a favor dos servos, mas dos seus senhores (MAZZAROLO, 2013, p. 135).

[13] Cf. SCHELKLE, 1981, p. 171.

[14] Cf. SCHLIER, 1973, p. 457.

[15] Visto que Cl 3,18–4,1 é paralelo em muitos aspectos a Ef 5,21–6,9, não será visto da mesma forma, mas, através da Leitura Orante, os elementos que já foram estudados serão aprofundados. Faz-se notar, porém, que, dentre os "códigos domésticos", o da Carta aos Colossenses seria o mais antigo (SCHELKLE, 1981, p. 171).

[16] < http://www.veritatis.com.br/patristica/obras/1411-primeira-carta-de-sao-clemente-aos--corintios >.

[17] < http://www.cristianismo.org.br/inacio-8.htm >.

[18] Cf. Mt 9,15; Mc 2,19-20; Lc 5,34-35; Jo 3,29; cf. também 2Cor 11,2; Ef 5,27; Ap 19,7-8; 21,2 e 9.

[19] Cf. Conc. Vat. II, *Const. dogm. Lumen gentium*: AAS 57 (1965), pp. 15-16; 40-41; 47.

[20] Pio XI, *Enc. Casti Connubii*: AAS 22 (1930), p. 583.

# G) INTRODUÇÃO À PRIMEIRA CARTA DE PEDRO

Para o cristão, que reflete seriamente sobre a sua fé, o conteúdo desta carta é indispensável, pois serve de grande inspiração por sua densidade teológica a respeito do que é próprio e constitutivo do seguimento de Jesus Cristo e de suas implicações na vida e para a vida.

A carta foi escrita em estilo exortativo e em um belo grego; nela são tratadas as difíceis situações pelas quais passam os cristãos no mundo, em particular, com os maus-tratos e as perseguições. A união com Jesus Cristo, porém, é o imperativo que impele os cristãos a buscarem uma constante santificação; isto é, a posicionarem-se, no mundo hostil, tendo Jesus Cristo, como modelo, na mente, no coração e na prática da fé.[1] Jesus Cristo é, neste contexto, o exemplo de superação às duras provas (cf. 1Pd 2,21-25; 3,18; 4,1). É ele quem estimula cada cristão a lutar, com valentia e confiança, contra toda forma de maldade, infundindo a certeza de que é possível alcançar a vitória. Não faltam, na carta, palavras cheias de afeto: "amados" (1Pd 2,11; 4,12).

Pelo endereçamento, a carta foi enviada "aos estrangeiros da dispersão" (1Pd 1,1). Esta informação refere-se, provavelmente, aos cristãos convertidos do paganismo (cf. 1Pd 1,14-18; 2,9-10; 4,3-4) e que viviam dispersos pelas várias localidades do Império Romano, dando a impressão de que a carta foi escrita como uma correspondência circular (cf. 1Pd 1,17; 2,11). Uma atenção particular foi dada aos recém-convertidos (cf. 1Pd 2,2), encorajados a perseverar na fé diante dos numerosos perigos e em meio aos sofrimentos causados pela novidade das convicções religiosas assumidas pela conversão a Jesus Cristo (cf. 1Pd 1,6; 4,12-13).

Ao abraçarem a fé, os cristãos adotaram um novo modo e estilo de vida que os "separou do mundo" e os diferenciou da vida que levavam os pagãos ou quando eram pagãos (cf. 1Pd 1,14; 4,3-4.12-16). A fé, testemunhada diante das duras provas, se tornou motivo de alegria, ocasião para confessar a presença e a pertença a Jesus Cristo (cf. 1Pd 1,4-9; 3,13-17; 4,12-15; 5,9). Em particular, os presbíteros foram exortados a cumprir com reta consciência o seu dever no cuidado com o rebanho que lhes foi confiado (cf. 1Pd 5,1-4).

A Primeira Carta de Pedro, com base no conteúdo, pode ser dividida em: a) saudação inicial e introdução (cf. 1Pd 1,1-2.3-12); b) diversas exor-

Leonardo Agostini Fernandes

tações (cf. 1Pd 1,13-2,10); c) a vida dos cristãos em um ambiente hostil (cf. 1Pd 2,11-3,12); d) os cristãos e os sofrimentos (cf. 1Pd 3,13-4,19); e) algumas advertências (cf. 1Pd 5,1-11); f) epílogo e saudações finais (cf. 1Pd 5,12-14).

A finalidade do escrito, então, resulta clara: confirmar os destinatários na fé, exortando-os à perseverança, a continuarem firmes diante das tribulações e convictos da sua irrepreensível conduta de vida, cumprindo não só os deveres religiosos, mas principalmente os deveres civis, pelos quais demonstram o seu zelo pelas autoridades constituídas e pela ordem pública. Em outras palavras, a vida em Jesus Cristo, pelo testemunho coerente diante das provações, torna-se a forma mais concreta de ordenamento das realidades sociais.

A Primeira Carta de Pedro possui, igualmente, um "código de conduta moral familiar", no qual se encontra uma exortação dirigida, particularmente, às esposas, com um breve aceno, no final, aos esposos já cristãos (cf. 1Pd 3,1-7). Por meio do comportamento das esposas, espera-se que os esposos, que ainda não são cristãos, se convertam. Este é um elemento relevante e que não havia sido citado em Ef 5,21-33 nem em Cl 3,18-20.

Visto que a fé opera uma transformação interna que se traduz em gestos externos, as esposas cristãs, conscientes disso, passam a exercer, sem medo, a força de persuasão sobre os esposos, não pelo uso que fazem dos adornos, mas pela santidade que aflora e se faz visível por uma conduta irrepreensível aos olhos deles. É possível dizer que 1Pd 3,1-7 está evocando e provocando uma releitura da primeira página da Bíblia. Se, nesta, Eva, por sua força e astúcia, seduziu Adão e o fez comer do fruto proibido (cf. Gn 3,1-24), as esposas cristãs são exortadas a seduzir os esposos, por sua santidade, para que eles se convertam a Jesus Cristo, o fruto bendito de Deus, fonte da vida.

Embora 1Pd 3,1-7 possua sentido em si mesmo, a sua plena compreensão acontece na dinâmica de toda a carta que apela para o coerente testemunho de vida cristã em meio aos pagãos. É tomando consciência da novidade de vida, que adveio com o batismo, que cada cristão se esforça por viver em comunhão com Deus e com os irmãos no amor mútuo, sincero e sem fingimento.

# NOTA

[1] João 15,1-16,4 condensa duas certezas de fé: a necessidade da união com Jesus Cristo e as perseguições com ódio como consequências dessa união.

# 1 PEDRO 3,1-7
## "QUE NADA SE ANTEPONHA ÀS VOSSAS ORAÇÕES"

[1]De igual modo, vós esposas, sejam submissas aos próprios esposos, pois se alguns desobedecem à palavra, pela conduta de suas esposas, sem palavra sejam conquistados, [2]ao observarem vossa conduta pura e no temor. [3]Que o ornato não seja o externo: cabelos trançados e enfeites de ouro ou finos vestidos; [4]mas o oculto do coração humano na incorruptibilidade de um espírito pacífico e sereno, que é muito valioso diante de Deus. [5]Pois assim foi outrora, que as santas esposas, que confiavam em Deus, se ornaram; foram submissas aos próprios esposos, [6]como Sara que obedeceu a Abraão, chamando-o de senhor. Dela vos tornais filhas ao fazer o bem, livres de temor ou intimidação. [7]Os esposos, de igual modo, vivam em comum pelo conhecimento do frágil vaso que é a esposa, dando-lhe a honra devida, como a co-herdeiras da graça da vida, para que nada se anteponha às vossas orações.

## 1. ABORDAGEM HISTÓRICA

O que foi dito sobre Ef 5,21–6,9 pode ser aplicado, também, a 1Pd 3,1-7. Entre os dois textos existem elementos semelhantes e diferentes. Em comum, sem dúvida, a palavra dirigida às esposas e aos esposos, segundo a concepção familiar da época. Nota-se, porém, que em 1Pd 3,1-7, a exortação quer salientar não a submissão em si, mas o protagonismo das esposas em relação aos esposos e o que elas são capazes de realizar na vida deles.

As esposas não são apresentadas como passivas, mas proativas no que diz respeito à obediência a ser alcançada na vida dos esposos, não pela pregação, mas através do seu testemunho coerente. Isso leva a pensar que, à diferença do "código doméstico", presente em Efésios e Colossenses, o autor sabia que nem todos os membros da família eram convertidos e que certos cônjuges ainda não estavam convencidos quanto às exigências da fé que abraçaram. Os matrimônios mistos deviam ser frequentes ou era a realidade mais comum na Igreja primitiva. Algo que trouxe não poucas dificuldades para a parte convertida. O caso é tratado de forma explícita em 1Cor 7,12-16, enquanto em 1Pd está suposto, partilhando que é melhor para as esposas cristãs manterem o seu matrimônio com os esposos pagãos, trabalhando, porém, em prol da conversão deles.[1]

A referência à conduta das "santas mulheres" de outrora serviu de base para o exemplo citado: Sara foi obediente a Abraão porque o chamou de senhor,[2] a novidade do exemplo não se encontra no tratamento utilizado, mas surge na constatação de que Abraão em tudo foi solícito ao que Sara lhe pediu. Na verdade, Sara é apresentada, no livro de Gênesis, como possuidora de um forte temperamento (cf. Gn 16,1-6; 21,8-14).

Já que, provavelmente, nem todos os familiares eram cristãos, a dinâmica em prol da conversão passou a ser a da conquista para Jesus Cristo pela persuasão e força não das palavras, mas do testemunho oriundo de uma conduta moral irrepreensível assumida pelas esposas. Além desses elementos, constata-se o valor das restrições a serem assumidas, visando ao bem comum da família.

Nesse sentido, a conversão das esposas, que foram, certamente, as que teriam abraçado a fé, antes dos esposos, não deveria causar conflitos ou separações domésticas, mas proporcionar a salvação de toda a casa, buscando a conversão de todos os membros, em particular dos esposos.

Pela vocação e missão cristã, cada esposa foi exortada a levar a fé em Jesus Cristo para dentro de casa, a fim de transformá-la pela sua conduta e a partir de dentro. Enfim, percebe-se, no texto, a falta da exortação feita aos filhos para que obedeçam aos pais e que estes não tratem os filhos com dureza.

Esta exortação permite entrever a situação inicial do cristianismo, isto é, o que estava acontecendo nos primórdios da evangelização fora da Palestina e entre os pagãos. Graças à ação missionária dos apóstolos e da segunda geração de cristãos, novas comunidades foram sendo fundadas por todo o Império Romano.[3] A expansão do cristianismo trouxe novas tendências familiares que acabaram por influenciar a sociedade ocidental. Não há como dizer se a exortação atingiu tal finalidade, nem tampouco a possibilidade de se afirmar quantos esposos se converteram, mas a lição, que dela deriva, continua válida para os dias atuais.

## 2. ABORDAGEM LITERÁRIA

Não se nota, em 1Pd 3,1-7, uma estrutura marcante e que salte aos olhos. Os vv. 1 e 7 contêm a mesma palavra introdutória dirigida tanto às esposas como aos esposos: "De igual modo". Este advérbio só foi usado outra vez na exortação feita aos jovens, para que fossem submissos aos mais velhos (cf. 1Pd 5,5). Já o verbo "submeter-se" parece ser fundamental em toda a carta (cf. 1Pd 2,13.18; 3,1.5.22; 5,5).

Em 1Pd 3,1-7 a exortação parte do ponto de vista das esposas e do que enfrentam na convivência com seus esposos. Seis versículos são dirigidos às esposas (vv. 1-6) e um único versículo ao esposo (v. 7). Disso resulta que a exortação visou mais às esposas do que aos esposos. Esta atenção maior dada às esposas, além de criar um forte impacto, permitiu ao autor desenvolver melhor a sua argumentação, a fim de considerar o importante e fundamental papel evangelizador delas na família e na sociedade, em prol da comunidade.

O movimento articulador da mensagem, nos vv. 1-2, pode ser facilmente percebido: das esposas aos esposos, o movimento é de submissão; dos esposos à palavra, o movimento é de obediência; dos esposos às esposas, o movimento é de percepção da conduta na pureza e no temor das esposas.

Segue-se, nos vv. 3-4, a argumentação dada às esposas sobre a conduta, na relação estabelecida entre o que ocorre no externo, cuidado com a aparência, e o que se cultiva no interno, e "que é muito valioso diante de Deus".

A argumentação dos vv. 5-6, no momento da exortação, foi embasada na memória, citando, como exemplo, as esposas que confiaram em Deus e foram submissas aos esposos. Dentre essas, Sara, esposa de Abraão, foi tomada como paradigma. O efeito desejado, com os exemplos, foi o de fundamentar a vida como exercício e prática da santidade.

Enfim, o v. 7 condensa a mensagem dirigida aos esposos, apelando para o bom senso e o conhecimento da realidade da mulher, quer pela condição física, inferior a ele, quer pela condição de co-herdeira da vida da graça, igual a ele. Este apelo para a realidade das esposas teve sua razão de ser na prática da fé dos esposos; por esta desejou-se coibir, neles, uma imposição de tarefas que as excediam em força e capacidade.

# 3. ABORDAGEM TEOLÓGICA

O ponto de referência para a exortação às esposas é a desejada obediência dos esposos à palavra. Esta palavra, por certo, refere-se tanto às Sagradas Escrituras quanto à pregação do Evangelho. Parece que a pregação que convenceu e converteu as esposas não frutificou, da mesma forma, na vida dos esposos. O forte apelo recaiu sobre o papel e a conduta moral irrefutáveis das esposas: "conduta pura e no temor". O testemunho de fé das esposas, com base no temor de Deus, tornou-se o diferencial na relação, pois, ao se tornarem irrepreensíveis, passaram a ter um forte critério, contra o qual não há argumentos: a mudança de vida, capaz de conquistar os esposos. Nisso consiste o sentido do "sejam submissas aos vossos esposos". Já que eles não conseguiram vir à fé pela pregação, que venham à conversão pelo testemunho de suas esposas, presenciando que na sua conduta age o próprio Deus.[4]

1Pd 3,3-4 encontra um bom paralelo em 1Tm 2,9-10. São dois textos em que se exorta às esposas a não se deixarem levar pelas vaidades. Assim, que a mudança interna deve ser acompanhada pela mudança externa. Não se está dizendo que os adornos e os enfeites são proibidos ou que não devam ser usados, mas que a beleza não seja a mera aparência por eles alcançada. De nada vale o exterior bem produzido, se o interior não é belo. O valor de uma mulher não está no modo como trança os cabelos, nos enfeites de ouro que usa ou na riqueza dos detalhes da sua veste, mas na honestidade de coração.

Há uma grande diferença entre as mulheres bem produzidas por fora, que seguiam o exemplo das deusas ornadas, em seus templos, com os ex-votos que lhes eram oferecidos, mas que, por dentro, eram estátuas vazias, e as mulheres que se dignificavam, ricas por dentro, pelo cultivo e prática das virtudes.[5] Estas sim são os verdadeiros ornamentos de uma mulher de íntimo transformado: o decoro interno mais precioso que o externo, porque é fruto da ação do Espírito de Deus que torna o coração do ser humano pacífico e sereno.[6] É o que vale para Deus, pois não vê as aparências, mas o coração (cf. 1Sm 16,7; Jr 11,20). Na dinâmica bíblica, o "coração" é um termo central; refere-se à faculdade na qual o ser humano toma as suas decisões e, nele, se relaciona com Deus (cf. Gn 6,5; 27,41; Dt 29,3; Pr 12,23; 14,33). O valor de uma esposa vigorosa e habilidosa está apresentado em Pr 31,10-31. Débora, Judite, Ester e Rute são exemplos concretos do Antigo Testamento. Maria, mãe de Jesus, e Maria Madalena são exemplos concretos do Novo Testamento.

Para concretizar e reforçar biblicamente a exortação às esposas, foi evocado, de forma genérica, o exemplo das "santas esposas que confiaram em Deus e foram submissas a seus esposos". Não se sabe a respeito de quem o autor estivesse pensando ou fazendo referência. O diferencial está na afirmação de que eram "santas", mas não foi dito em que consistiu essa santidade; algo que faz o específico religioso ser próximo do moral.[7]

Os exemplos não foram dados e o único nome citado foi o de Sara, colocada como modelo de esposa que aprendeu a agradar a Deus e a seu esposo. De esposa de Abraão, Sara foi usada pelo autor como mãe de todas as esposas, que se reconhecem como filhas pela capacidade de "fazer o bem, livres de temor ou intimidação". Que quis dizer com isso? Um parentesco espiritual? Ou uma assimilação de conduta, enquanto viveu a esperança que animava a vida de seu esposo Abraão? Talvez a promessa estivesse sendo evocada (cf. Gn 12,1-3), pois as esposas cristãs, sendo como Sara, concretizavam essa bênção.

Um olhar para o Antigo Testamento permitiria que, ao lado de Sara, outros nomes fossem citados: Rebeca, esposa de Isaac; Lia e Raquel, esposas de Jacó; Séfora, esposa de Moisés; Ana, esposa de Elcana; Rute, esposa de Boaz; Betsabeia, esposa de Davi. Essas esposas tiveram certo protagonismo ao lado dos esposos. Por isso, servem de exemplo para as esposas cristãs, quando procuram fazer o bem com intrepidez, mesmo estando diante de possíveis ameaças de insubordinação, por terem aderido à fé cristã que, por si mesma, é exigente, mas é sinal de caridade.

No fim, a exortação feita aos esposos não segue o mesmo esquema que foi usado para as esposas. É possível admitir, inclusive, que não se está falando ao mesmo grupo de esposos, pois esses parecem já ser cristãos e, como tais, não podem exigir que suas esposas, caso sejam pagãs, se convertessem à fé cristã. Nota-se a inversão dos papéis e da situação: se, por um lado, a esposa fosse considerada mais predisposta para a religião, não tinha autoridade sobre o esposo; por outro lado, se o esposo já fosse cristão, podia usar da sua autoridade sobre a esposa para que seguisse a sua religião. Em nenhum dos casos vale a força do arbítrio, mas a coerência de vida pela fé que eleva, na prática, o mero comportamento moral natural ao grau de virtude cristã.

As esposas são "companheiras" e "co-herdeiras da graça da vida", como Eva foi para Adão; se não estavam em pé de igualdade física ou social, pela graça batismal as condições tanto do esposo como da esposa são equânimes. O último argumento é muito precioso, pois apela para o comportamento de comunhão recíproca entre os cônjuges e para com Deus: o esposo que se opusesse à sua esposa ou não fosse compreensivo com ela, isto é, que não reconhecesse a sua frágil condição física ou social, mas em particular a sua eleição, colocava um obstáculo em suas orações.

Não é possível existir comunhão do esposo com Deus, se não há comunhão física e espiritual com a sua esposa. Se não há vida comum, como poderia haver oração comum? E, sem oração comum, como poderia haver vida comum? A cobrança, quanto à conduta do esposo, então, parece evocar não somente a ótica da retribuição, mas seria uma possível alusão a Ml 2,13-16, texto já estudado na primeira parte deste livro.

Na base das exortações estaria muito mais o conhecimento de Deus que o simples conhecimento do que deveria ser feito e do que precisaria ser evitado. O cristianismo é muito mais do que uma lista de direitos, a serem satisfeitos, e de deveres, a serem executados, é uma configuração da vida humana à vida de Deus, pelo seguimento de Jesus Cristo.[8]

As exortações dirigidas às esposas e aos esposos cristãos denotam, do ponto de vista moral, não só a tentativa de organização do cristianismo primitivo, levado para o dia a dia da vida familiar e social, mas também a força do amor de Deus que sublima todo e qualquer comportamento. Assim, o comportamento humano não estava pautado apenas no arbítrio e na decisão humana, mas, principalmente, na experiência de Deus que se revelou como amor infinito em Jesus Cristo, Senhor e Salvador do gênero humano.

# 4. ABORDAGEM PASTORAL

A realidade de qualquer época, tomada como ponto de partida, permite uma constatação: não existe esposo ideal ou esposa ideal; existe o ser humano em seu processo de formação, pelo qual o matrimônio surge como um caminho de mútua perfeição. Tudo o que se pensar ou se projetar para a pastoral não poderá prescindir da ação de Deus no processo de conversão de cada ser humano. Entretanto, se a natureza humana não estiver disposta, a formação cristã, mesmo sendo excelente, não alcançará os seus objetivos, pois Deus não obriga ao testemunho, este é fruto da vivência da fé.

1Pd 3,1-7 contém uma exortação pastoral muito atual e que faz saltar aos olhos a força de uma convicção em quem a acolhe: o conhecimento é capaz de determinar o comportamento. Em outras palavras, Jesus Cristo, para ser seguido, deve ser conhecido por seus seguidores, e o seguimento necessita ser transformado em testemunho. Por certo, não havia uma realidade ideal por detrás dessa palavra dirigida às esposas; havia, sim, uma realidade a ser transformada a partir da coerência de vida e que exigia a firme convicção de que as esposas, por seu comportamento, condizente com a verdade que abraçaram, seriam capazes de levar, como missionárias, a força da mensagem para dentro de casa,

Evangelização e Família

em particular para os esposos. A transformação de todo o lar adviria como reflexo da mudança que nelas já estava em ato e como fruto da evangelização doméstica, tendo-as como protagonistas desse processo.

A submissão, levando em consideração a composição do termo usado na tradução (*sub* + *missão*), indica uma orientação: colocar-se debaixo da missão do esposo. Isso ficou claro em Ef 5,21–6,9, pois a missão do esposo é a de amar a esposa como Jesus Cristo amou a Igreja e se entregou por ela. Já no caso de 1Pd 3,1-7, a submissão aos esposos, por parte das esposas, visou à obediência à Palavra de Deus que vem através da pregação, pela conduta condizente com a graça e não pela vaidade. Nesse sentido, não há um afastamento do contexto apresentado em Efésios, mas uma aplicação contextualizada em 1Pd, visto que o interesse é o de as esposas ajudarem os esposos a obedecer à palavra através da conduta condizente e coerente com a fé que abraçaram.

No fundo, porém, cada esposa, convicta da sua fé em Jesus Cristo, tem que se deixar convencer do que é, verdadeiramente, importante no plano de Deus. Se o cultivo da beleza era e, de algum modo, continua sendo uma inclinação das esposas, que se adornam para os seus esposos, a fim de os seduzirem e de serem por eles elogiados; a exortação foi feita de modo a colocar as esposas não diante do espelho, para verificarem se estão ou não bem produzidas para seus esposos, mas diante do próprio coração, para verificarem se estão ou não cultivando as virtudes que as qualificam por dentro e as tornam muito mais atraentes e dignas de honra. Isso, nos dias atuais, com o cultivo sempre mais acentuado da estética física, é um grande desafio pessoal e pastoral. Algo que é urgente, pois muitas mulheres ainda são vítimas da ostentação masculina dos seus corpos, reduzindo-as à escravidão da estética e da beleza impostas pela sociedade.

A exortação aposta na convicção de que a conversão produziu nas esposas cristãs um novo sentido de vida. O que se recomendou não foi, não é e nunca será algo absurdo, mas algo condizente com a essência e a natureza da fé em Deus. Os exemplos, evocados da história do antigo Israel, para fundamentar as orientações contidas na exortação, possuem, como objetivo, levar as esposas a uma liberdade talvez ainda não experimentada: "fazer o bem, livres de temor ou intimidação" (1Pd 3,6). Parece que, como no tempo dessa exortação, continua sendo necessário cuidar pastoralmente das esposas para que sejam ajudadas a superar o sentimento de culpa e para que vençam a intimidação familiar e social. Em muitas há somente a cobrança de que para serem valorizadas necessitam guardar a beleza estética imposta como norma. Muitos esposos, lamentavelmente, mais do que amar suas esposas, gostam de exibi-las como troféu conquistado. Lamentavelmente, muitas parecem gostar mais disso do que da sua integridade humana.

Além de tudo isso, percebe-se que a pastoral familiar precisa intensificar os seus esforços no que tange à formação dos esposos. Herdeiros de uma sociedade "machista e patriarcal", que por séculos colocou a mulher como uma dependente. A assimilação de Gn 1,26-27 ajuda a reforçar o papel da mulher na vida do homem: é companheira e co--herdeira da graça da vida. O único domínio do esposo sobre a esposa, e vice-versa, consiste no ter e no cultivar a mútua submissão ao amor que os preserva e enaltece a dignidade como casal.

A pastoral familiar, nas comunidades cristãs, não tem início somente quando são realizados os encontros de preparação dos noivos. Ela é um processo que começa desde a concepção de cada ser humano e que transcorre no contexto de uma formação permanente. Se cada etapa da vida cristã é marcada por uma preparação sacramental: batismo, eucaristia, confirmação, matrimônio, etc., cada pessoa é, nesta preparação, um sujeito ativo no processo da sua formação que conduz, cada vez mais, ao aprofundamento dos conhecimentos a serem assimilados e assumidos como comportamento pessoal, eclesial e social. Nesse sentido, a pastoral familiar tem um papel ativo em cada pastoral sacramental, pois, onde estiver o ser humano, lá deverá estar em ação a pastoral familiar.

Por certo, a família representa o primeiro espaço de promoção para que aconteça o empenho social. É o que se encontra indicado pelo Papa João Paulo II na Exortação Apostólica sobre o papel dos leigos:

> O casal e a família constituem o *primeiro espaço para o empenhamento social dos fiéis leigos.* Trata-se de um empenho que só poderá ser desempenhado adequadamente na convicção do valor único e insubstituível da família para o progresso da sociedade e da própria Igreja (CL, n. 40).

> Uma certa forma de atividade missionária pode desenvolver-se já na mesma família. Isto acontece quando algum dos seus membros não tem fé ou não a pratica com coerência. Em tal caso, os familiares devem oferecer-lhe um testemunho de vida de fé que o estimule e encoraje no caminho para a plena adesão a Cristo Salvador (FC, n. 54).

Como princípio geral pode ser dito: não existe a esposa ideal, existe a esposa real, mas cabe ao esposo fazer da esposa que tem a esposa que deseja ter; do mesmo modo, não existe o esposo ideal, existe o esposo real, mas cabe à esposa fazer do esposo que tem o esposo que deseja ter. No fundo, a esposa e o esposo são os protagonistas da transformação que, pela caridade fraterna (pois, por serem cristãos, são irmãos na fé), devem operar na vida de cada um.

Creio que seria oportuno concluir essa abordagem pastoral com a alocução: "A esposa, o sol da família", que o Papa Pio XI, em meio à Segunda Guerra Mundial, dirigiu carinhosamente a um grupo de recém--casados, através de uma mensagem radiofônica, no dia 11 março de 1942:

> A família tem o brilho de um sol que lhe é próprio: a esposa. Ouvi o que a Sagrada Escritura afirma e sente a respeito dela: A graça da mulher dedicada é a delícia do marido. Mulher santa e pudica é graça primorosa. Como o sol que se levanta nas alturas do Senhor, assim o encanto da boa esposa na casa bem-ordenada (cf. Eclo 26,16.19.21).

> Realmente, a esposa e mãe é o sol da família. É sol por sua generosidade e dedicação, pela disponibilidade constante e pela delicadeza e atenção em relação a tudo quanto possa tornar agradável a vida do marido e dos filhos. Irradia luz e calor do espírito.

> Costuma-se dizer que a vida de um casal será harmoniosa quando cada cônjuge, desde o começo, procura não a sua felicidade, mas a do outro. Todavia, este nobre sentimento e propósito, embora pertença a ambos, constitui principalmente uma virtude da mulher.

> Por natureza, ela é dotada de sentimentos maternos e de uma sabedoria e prudência de coração que a faz responder com alegria às contrariedades; quando ofendida, inspira dignidade e respeito, à semelhança do sol que ao raiar alegra a manhã coberta pelo nevoeiro e, quando se põe, tinge as nuvens com seus raios dourados.

> A esposa é o sol da família pela limpidez do seu olhar e o calor da sua palavra. Com seu olhar e sua palavra penetra suavemente nas almas, acalmando-as e conseguindo afastá-las do tumulto das paixões Traz o marido de volta à alegria do convívio familiar e lhe restitui a boa disposi-ção, depois de um dia de trabalho ininterrupto e muitas vezes esgotante, seja nos escritórios ou no campo, ou ainda nas absorventes atividades do comércio ou da indústria.

> A esposa é o sol da família por sua natural e serena sinceridade, sua digna simplicidade, seu distinto porte cristão; e ainda pela retidão do espírito, sem dissipação, e pela fina compostura com que se apresenta, veste e adorna, mostrando-se ao mesmo tempo reservada e amável. Sentimentos delicados, agradáveis expressões do rosto, silêncio e sorriso sem malícia e um condes-cendente sinal de cabeça: tudo isso lhe dá a beleza de uma flor rara mas simples, que, ao desabrochar, se abre para receber e refletir as cores do sol.

> Ah, se pudésseis compreender como são profundos os sentimentos de amor e de gratidão que desperta e grava no coração do pai e dos filhos, semelhante perfil de esposa e de mãe!

# 5. LEITURA ORANTE — 1Pd 2,13-25

## "POR AMOR DO SENHOR, SEDE SUBMISSOS"

**Canto:** *Eu vim para escutar tua palavra, tua palavra, tua palavra de Amor.*

**1º Leitor:** Breve introdução.

"Desde os inícios da Igreja, a pregação apostólica inculcou nos cristãos o dever de obedecer às autoridades públicas legitimamente constituídas (cf. Rm 13,1-7; 1Pd 2,13-14), mas, ao mesmo tempo, advertiu firmemente que 'importa mais obedecer a Deus do que aos homens' (At 5,29). Já no Antigo Testamento, e a propósito de ameaças contra a vida, encontramos um significativo exemplo de resistência à ordem injusta da autoridade. As parteiras dos hebreus opuseram-se ao Faraó, que lhes tinha dado a ordem de matarem todos os meninos por ocasião do parto. 'Não cumpriram a ordem do rei do Egito, e deixaram viver os meninos' (Ex 1,17). Mas há que salientar o motivo profundo deste seu comportamento: 'As parteiras temiam a Deus' (Ex 1,17). É precisamente da obediência a Deus — o único a quem se deve aquele temor que significa reconhecimento da sua soberania absoluta — que nascem a força e a coragem de resistir às leis injustas dos homens. É a força e a coragem de quem está disposto mesmo a ir para a prisão ou a ser morto à espada, na certeza de que nisto 'está a paciência e a fé dos Santos' (Ap 13,10)" (EV, n. 73).

"Na catequese moral dos Apóstolos, a par de exortações e indicações ligadas ao contexto histórico e cultural, há um ensinamento ético com normas precisas de comportamento. Comprovam-no as suas cartas que contêm a interpretação, guiada pelo Espírito Santo, dos preceitos do Senhor, vividos nas distintas circunstâncias culturais (cf. Rm 12–15; 1Cor 11–14; Gl 5–6; Ef 4–6; Cl 3–4; 1Pd e Tg). Incumbidos de pregar o Evangelho, os Apóstolos, desde as origens da Igreja, movidos pela sua responsabilidade pastoral, vigiaram sobre a retidão da conduta dos cristãos,[9] da mesma forma que vigiaram sobre a pureza da fé e sobre a transmissão dos dons divinos através dos sacramentos.[10] Os primeiros cristãos, provindos quer do povo judaico, quer dos gentios, diferenciavam-se dos pagãos não somente pela sua fé e pela

Evangelização e Família

liturgia, mas também pelo testemunho da própria conduta moral, inspirada na Nova Lei.[11] De fato, a Igreja é, ao mesmo tempo, comunhão de fé e de vida; a sua norma é 'a fé que atua pela caridade' (Gl 5,6)" (VS, n. 26).

**Canto:** *Escuta, Israel, o Senhor teu Deus vai falar. Fala, Senhor, que teu servo vai te escutar* (2x).

# 1º PASSO

Leitura da Primeira Carta de São Pedro 2,13-25.

[13]Pelo Senhor, sede submissos a toda instituição humana, [14]seja ao rei, como a soberana autoridade, seja aos governadores, como aos enviados por ele para castigo dos malfeitores e aprovação dos que fazem o bem. [15]Porque esta é a vontade de Deus que, fazendo o bem, caleis a ignorância dos homens insensatos; [16]como homens livres e não como os que tomam a liberdade como véu para encobrir a malícia, mas como servos de Deus. [17]Honrai a todos, amai os irmãos, temei a Deus, honrai o rei. [18]Os servos sejam submissos aos senhores com todo o temor, não só aos bons e condescendentes, mas também aos de difícil trato. [19]Com efeito, isto é uma graça: se um suporta aflições quando injustamente padece por amor a Deus. [20]De fato, que mérito existe em suportar a punição por ter praticado o que é errado? Ao contrário, se é por ter feito o bem suportais os maus-tratos com paciência, isso é agradável aos olhos de Deus. [21]Pois para isto que fostes chamados, porque também Cristo padeceu por vós, deixando-vos exemplo para que sigais os seus passos. [22]Ele que *não cometeu pecado, nem se achou engano em sua boca;* [23]insultado, não respondia com insultos; maltratado, não ameaçava, mas se entregava ao que julga justamente; [24]pois em seu corpo, sobre o madeiro, carregou nossos pecados, para que, mortos para os pecados, vivamos para a justiça; *por suas chagas fostes curados.* [25]Éreis, pois, como ovelhas perdidas, mas agora regressastes ao pastor e guardião das vossas almas.

**Canto:** *Escuta, Israel, o Senhor teu Deus vai falar. Fala, Senhor, que teu servo vai te escutar* (2x).

**2º Leitor:** O que o texto diz?

a) A palavra, em tom exortativo, está dirigida a todos os fiéis, mas em particular aos servos que, de algum modo, representam os demais fiéis. Estes devem ser "submissos a toda instituição humana". O critério convincente é dado: "pelo Senhor". Isto já coloca cada fiel diante da sua adesão a Jesus Cristo e das suas consequências (v. 13). [breve pausa]

b) Os fiéis, embora livres, devem se submeter às autoridades constituídas: ao rei, que possui "a soberana autoridade", e aos governadores, que foram constituídos, pelo rei, para promover a justiça e a ordem pública, punindo os malfeitores. Esta submissão permitia que não fossem acusados de insubordinação às autoridades (v. 14). [breve pausa]

c) Os fiéis, então, não se podem comportar como malfeitores, mas devem fazer o bem, pelo qual se cala a ignorância dos insensatos, isto é, dos que porventura podiam acusar os cristãos de insubordinados. Ao colocar a prática do bem como vontade de Deus, evidencia-se, de alguma forma, que os fiéis podem demonstrar que estão acima do que um rei ou um governador pudesse entender como sinônimo de bom cidadão (v. 15). [breve pausa]

d) Cada fiel é livre na medida em que não usa a sua liberdade para encobrir ações desonestas. Em cada um deve haver, portanto, amor mútuo, temor a Deus e honra ao soberano constituído. Quem viola a ordem pública não dá bom testemunho da fé em Deus. Ao lado dos livres, os servos cristãos devem ser submissos aos seus senhores, por amor a Deus, independentemente se eles são bons ou maus (vv. 16-18). [breve pausa]

e) Suportar as injustiças por amor a Deus é uma graça, se o fiel nada tem que lhe acuse na consciência, isto é, se é inocente em uma sociedade que o faz sofrer pelo simples fato de professar a sua fé em Cristo. Com isso, passa a existir mérito no sofrimento, quando este não é fruto de injustiças praticadas. Um dado curioso: o fiel pode sofrer por ter praticado o bem. Isso não era, não é e não será incomum na vida de todo o que procurar ficar do lado do bem, da justiça e da verdade. Deus não quer o sofrimento dos que nele acreditam, mas a seus olhos nada escapa. O sofrimento injusto torna-se meritório e digno de louvor diante de Deus (vv. 19-20). [breve pausa]

Evangelização e Família

f) O sofrer injustiças parece ser algo compatível com a vocação cristã, já que esta se caracteriza pela configuração a Jesus Cristo, o servo sofredor que não cometeu pecado e a ninguém enganou em sua pregação (cf. Is 53,9). Ele é o exemplo a ser seguido diante dos diversos tipos de sofrimento, em particular quando se sofre injustamente (vv. 21-23). [breve pausa]

g) Pela paixão, morte e ressurreição de Jesus Cristo, a humanidade foi redimida e curada (cf. Is 53,5). Por seu amor foram subjugadas todas as injustiças, pois carregou sobre si os pecados da humanidade. Por isso, tornou-se exemplo a ser seguido por todos os cristãos, sejam servos, esposas ou esposos (vv. 24-25). [breve pausa]

**Canto:** *Eu gosto de escutar tua palavra, tua palavra, tua palavra de Amor.*

## 2º PASSO

A meditação ajuda a perceber o que o texto diz.

a) "O sétimo mandamento proíbe os atos ou empreendimentos que, por qualquer razão que seja, egoísta ou ideológica, mercantil ou totalitária, levam a *escravizar seres humanos*, a desconhecer sua dignidade pessoal, a comprá-los, a vendê-los e a trocá-los como mercadorias. É um pecado contra a dignidade das pessoas e contra seus direitos fundamentais reduzi-las, pela violência, a um valor de uso ou a uma fonte de lucro. São Paulo ordenava a um patrão cristão que tratasse seu escravo cristão 'não mais como escravo, mas como um irmão..., como um homem, no Senhor' (Fm 16)" (CatIC, n. 2414). [breve pausa]

b) "'A sociedade humana não estará bem constituída nem será fecunda a não ser que lhe presida uma autoridade legítima que salvaguarde as instituições e dedique o necessário trabalho e esforço ao bem comum'.[12]Chama-se 'autoridade' a qualidade em virtude da qual pessoas ou instituições fazem leis e dão ordens a homens, e esperam obediência da parte deles" (CatIC, n. 1897). [breve pausa]

c) "Toda comunidade humana tem necessidade de uma autoridade que a dirija.[13] Tal autoridade encontra seu fundamento na natureza humana. É necessária à unidade da cidade. Seu papel consiste em assegurar, enquanto possível, o bem comum da sociedade" (CatIC, n. 1898). [breve pausa]

d) "A autoridade exigida pela ordem moral emana de Deus: 'Todo homem se submeta às autoridades constituídas, pois não há autoridade que não venha de Deus, e as que existem foram estabelecidas por Deus. De modo que aquele que se revolta contra a autoridade opõe-se à ordem estabelecida por Deus. E os que se opõem atrairão sobre si a condenação" (Rm 13,1-2; cf. 1Pd 2,13-17) [CatIC, n. 1899]. [breve pausa]

e) "O dever da obediência impõe a todos prestar à autoridade as honras a ela devidas e cercar de respeito e, conforme seu mérito, de gratidão e benevolência as pessoas investidas de autoridade" (CatIC, n. 1900). [breve pausa]

f) "Se, por um lado, a autoridade remete a uma ordem fixada por Deus, por outro, 'são entregues à livre vontade dos cidadãos a escolha do regime e a designação dos governantes'"[14] (CatIC, n. 1901). [breve pausa]

g) "A diversidade dos regimes políticos é moralmente admissível, contanto que concorram para o bem legítimo da comunidade que os adota. Os regimes cuja natureza é contrária à lei natural, à ordem pública e aos direitos fundamentais das pessoas não podem realizar o bem comum das nações às quais são impostos" (CatIC, n. 1901). [breve pausa]

h) "A autoridade não adquire de si mesma sua legitimidade moral. Não deve comportar-se de maneira despótica, mas agir para o bem comum, como uma 'força moral fundada na liberdade e no senso de responsabilidade':[15] 'A legislação humana não goza do caráter de lei senão na medida em que se conforma à justa razão; de onde se vê que ela recebe seu vigor da lei eterna. Na medida em que ela se afastasse da razão, seria necessário declará-la injusta, pois não realizaria a noção de lei; seria antes uma forma de violência'"[16] (CatIC, n. 1902). [breve pausa]

i) "A autoridade só será exercida legitimamente se procurar o bem comum do grupo em questão e se, para atingi-lo, empregar meios moralmente lícitos. Se acontecer de os dirigentes promulgarem leis injustas ou tomarem medidas contrárias à ordem moral, estas disposições não poderão obrigar as consciências. 'Neste caso, a própria autoridade deixa de existir, degenerando em abuso do poder'"[17] (CatIC, n. 1903). [breve pausa]

j) "É preferível que cada poder seja equilibrado por outros poderes e outras esferas de competência que o mantenham em seu justo limite. Este é o princípio do 'estado de direito', no qual é soberana a lei, e não a vontade arbitrária dos homens."[18] [CatIC, n. 1904]. [breve pausa]

k) "O aborto e a eutanásia são, portanto, crimes que nenhuma lei humana pode pretender legitimar. Leis deste tipo não só não criam obrigação alguma para a consciência, como, ao contrário, geram uma *grave e precisa obrigação de opor-se a elas através da objeção de consciência*" (EV, n. 73). [breve pausa]

**Canto:** *Eu quero entender melhor tua palavra, tua palavra, tua palavra de Amor.*

# 3º PASSO

O que o texto faz dizer a Deus em oração.

[Ó Deus] Concede concórdia e paz a nós e a todos os habitantes da terra, como as deste aos nossos pais, quando te invocavam santamente na fé e na verdade (1Tm 2,7). Torna-nos submissos ao teu nome onipotente e pleno de virtude e aos que nos governam e nos guiam sobre a terra.

Tu, Senhor, deste-lhes o poder da realeza pela tua magnífica e inefável força, a fim de que, conhecendo a glória e a honra que lhe foram dadas, a eles nós obedecêssemos sem opor-nos à tua vontade. Concede-lhes, Senhor, saúde, paz, concórdia e constância para exercer, com segurança, a soberania dada por ti.

Tu, Senhor, rei celeste dos séculos, concede aos filhos dos homens glória, honra e poder sobre as coisas da terra. Senhor, conduz a bom termo os seus desejos, segundo o que é bom e agradável à tua presença, para exercer com piedade, na paz e na mansidão, o poder que tu lhes deste e te encontrem misericordioso.

Tu és o único capaz de realizar estes bens e outros ainda maiores para nós agradecermos por meio do grão Sacerdote e protetor de nossas almas, Jesus Cristo, pelo qual agora a ti seja dada a glória e a magnificência, de geração em geração e pelos séculos dos séculos. Amém.[19]

# 4º PASSO

Na contemplação-ação, o texto faz formular um empenho de vida.

a) "A pessoa humana tem uma natural e estrutural dimensão social enquanto é chamada, desde o seu íntimo, à *comunhão* com os outros e à *doação* aos outros: "Deus, que cuida paternamente de todos, quis que os homens formassem uma só família e se tratassem entre si com espírito de irmãos". E, assim, a *sociedade,* fruto e sinal da *sociabilidade* do homem, mostra a sua verdade plena ao constituir-se *comunhão de pessoas*" (CL, n. 40).

Que tenho feito, no exercício cotidiano da fé, para promover a comunhão fraterna na família, na Igreja e na sociedade? [breve pausa]

b) "Dá-se interdependência e reciprocidade entre a pessoa e a sociedade: tudo o que for feito em favor da pessoa é também serviço feito à sociedade, e tudo o que for realizado em favor da sociedade reverte-se em benefício da pessoa. Por isso, o empenhamento apostólico dos fiéis leigos na ordem temporal adquire sempre e de forma indissolúvel um significado de serviço ao homem indivíduo na sua unicidade e irrepetibilidade e um significado de serviço a todos os homens" (CL, n. 40).

Pelo batismo, recebi a missão do serviço a Deus e ao próximo. Como tenho me empenhado, como leigo, no apostolado em função do Reino de Deus? [breve pausa]

c) "Berço da vida e do amor, onde o homem 'nasce' e 'cresce', a família é a célula fundamental da sociedade. Deve reservar-se a essa comunidade uma solicitude privilegiada, sobretudo quando o egoísmo humano, as campanhas contra a natalidade, as políticas totalitárias, e também as situações de pobreza e de miséria física, cultural e moral, bem como a mentalidade hedonista e

## Evangelização e Família

consumista conseguem extinguir as fontes da vida, e onde as ideologias e os diversos sistemas, aliados a formas de desinteresse e de falta de amor, atentam contra a função educativa própria da família" (CL, n. 40).

Como tenho vivido em família os princípios cristãos da fé? Tenho sido um sinal do amor de Deus, buscando e promovendo minha formação pessoal e a de todos os que vivem comigo? Que espaço ocupa a Palavra de Deus na minha família? [breve pausa]

d) "É urgente, portanto, realizar uma ação vasta, profunda e sistemática, apoiada não só na cultura, mas também nos meios econômicos e nos instrumentos legislativos, destinada a assegurar à família a sua função de ser o *lugar primário da 'humanização'* da pessoa e da sociedade" (CL, n. 40).

Como tenho participado dos debates políticos sobre a família? Tenho me interessado em defender a vida em todas as suas etapas? [breve pausa]

e) "A ação apostólica dos fiéis leigos consiste, antes de mais, em tornar a família consciente da sua identidade de primeiro núcleo social de base e do seu papel original na sociedade, para que a própria família se torne cada vez mais *protagonista ativa e responsável* do seu crescimento e da sua participação na vida social. Dessa forma, a família poderá e deverá exigir de todos, a começar pelas autoridades públicas, o respeito por aqueles direitos que, salvando a família, salvam a mesma sociedade" (CL, n. 40).

Tenho realizado esse apostolado de forma consciente ou tenho sido negligente na minha atuação a favor da família? [breve pausa]

f) "O que se escreveu na Exortação *Familiaris consortio* sobre a participação no progresso da sociedade e o que a Santa Sé, a convite do Sínodo dos Bispos de 1980, formulou com a 'Carta dos Direitos da Família' representa um programa operativo completo e orgânico para todos os fiéis leigos que, a qualquer título, estão interessados na promoção dos valores e das exigências da família: um programa cuja realização deve impor-se com tanta maior urgência e decisão quanto mais graves se fazem as ameaças à estabilidade e à fecundidade da família e quanto mais forte e sistemática se tornar a tentativa de marginalizar a família e de a esvaziar do seu peso social" (CL, n. 40).

Conheço a Exortação Apostólica *Familiaris consortio?* Conheço a *Carta dos Direitos da Família?* Conheço a Exortação Apostólica *Evangelii Gaudium?* Que devo fazer para atuar com mais responsabilidade em família e a favor da família? [breve pausa]

g) "Como a experiência ensina, a civilização e a solidez dos povos dependem, sobretudo, da qualidade humana das próprias famílias. Assim, a ação apostólica em favor da família adquire um valor social incomparável. A Igreja, por sua parte, está profundamente convencida disso, bem sabendo que 'o futuro da humanidade passa através da família'" (CL, n. 40).

Qual tem sido a minha contribuição em favor da família em conformidade com os ensinamentos da Igreja? [breve pausa]

**Canto:** *O mundo ainda vai viver tua palavra, tua palavra, tua palavra de Amor.*

# NOTAS

[1] Cf. SCHELKLE, 1981, pp. 156-157; THEVISSEN, 1999, p. 55.

[2] Gn 18,12 é o único caso em que Sara, na sua velhice reconhecida, chamou Abraão de "meu senhor". O episódio não está ligado a um contexto de obediência que exigiu um cumprimento moral, mas serviu de contexto para reforçar o nome que foi dado ao seu primogênito: Isaac (Gn 17,19), e que tem a ver com a ação de Sara ("ela riu") diante da promessa de engravidar e dar à luz um filho a Abraão.

[3] "No tocante à localização dos primeiros leitores ou ouvintes da carta, o texto fala de cinco territórios: 'Ponto, Galácia, Capadócia, Ásia e Bitínia' (1,1). Trata-se de cinco províncias do Império Romano, situadas de norte a sul, de leste a oeste da Ásia Menor, no mesmo sentido das agulhas do relógio, que cobrem um total de 175 mil quilômetros quadrados. [...] Trata-se de uma carta-encíclica, da qual não conhecemos o nome dos lugares concretos por onde deve passar, mas sabemos que estão situados no interior de cinco províncias romanas" (TÀRRECH, 2003, p. 8).

[4] O esposo, por não ter abraçado a fé cristã, não vai ser considerado como se fosse um incrédulo. Não se deve pensar em indiferença religiosa, como acontece nos dias atuais, a citada desobediência do esposo pode ser vista ainda como rejeição ou ausência de fé cristã (THEVISSEN, 1999, p. 56).

[5] A referência da preocupação com a aparência permite admitir que na comunidade existissem mulheres mais abastadas, pois uma escrava não usava adornos de ouro; nada impede, também, que a exortação fosse uma crítica aos costumes vigentes na época (SCHELKLE, 1981, p. 159; THEVISSEN, 1999, p. 56, nota 105).

[6] Cf. SCHELKLE, 1981, p. 160.

[7] "Eram santas porque pertenciam ao povo eleito de Deus e porque externavam essa relação em sua vida [...] inteiramente orientada para as promessas de Deus" (THEVISSEN,

Evangelização e Família

1999, p. 57). O adjetivo "santo", no Antigo Testamento, em primeiro lugar denota algo que é próprio de Deus, mas que, por vocação, tornou-se, por participação na vida do próprio Deus, algo apropriado para o povo (cf. Ex 3,5; Lv 11,44-45; 19,2; 20,26; 21,8; Is 6,3; 1Pd 1,3-5; 3,15; 1Ts 4,3).

[8] A deontologia judaica e pagã, certamente, era conhecida dos cristãos que, mais do que se apropriarem dos seus esquemas, souberam fazer, livremente, as devidas modificações, a partir da fé em Jesus Cristo, que se tornou o paradigma de toda e qualquer conduta a ser assumida ou evitada no âmbito religioso, social e familiar. Essa fé, que é ao mesmo tempo conhecimento de Deus e comportamento condizente, não pode ser reduzida a uma lista de deveres a serem praticados (SCHELKLE, 1981, pp. 168-172).

[9] Cf. SANTO IRINEU, *Adversus haereses*, IV, 26, 2-5: SCh 100/2, 718-729.

[10] Cf. SÃO JUSTINO, Apologia, I 66: PG 6, 427-430.

[11] Cf. 1 Pd 2,12-14; Didaqué, II, 2: Patres Apostolici, ed. F. X. Funk, I, 6-9; CLEMENTE DE ALEXANDRIA, *Paedagogus*, I, 10; II, 10: PG 8, 355-364; 497-536; TERTULIANO, *Apologeticum*, IX, 8: CSEL, 69, 24.

[12] *Pacem in terris*, n. 46.

[13] Cf. LEÃO XIII, enc. *Diuturnum illud*: Leão XIII, Acta 2,271; id., enc. *Immortale Dei*: Leão XIII,, Acta 5,120.

[14] *Gaudium et Spes*, n. 74,3.

[15] Ibid., n. 74,2.

[16] SANTO TOMÁS DE AQUINO, S. Th., I-II,93,3, ad 2.

[17] *Pacem in terris*, n. 51.

[18] *Centesimus annus*, n. 44.

[19] A mais antiga oração da Igreja pelas autoridades públicas (cf. 1Tm 2,1-2), do Papa São Clemente di Roma, *Ad Corinth*. 60,4-61(Lezionario "I Padri vivi" 69).

# H) INTRODUÇÃO AO LIVRO DO APOCALIPSE

O livro do Apocalipse está muito em voga, porque, de um modo geral, parece conter as profecias sobre o que já aconteceu, o que está acontecendo e o que está por vir no futuro. Sérios problemas surgem, porém, quando os seus textos são interpretados sem o conhecimento dos critérios que foram utilizados na sua composição, em particular o da linguagem usada, e sem perceber os seus objetivos. O ouvinte-leitor, por causa disso, pode se tornar um alvo de ideias fantasiosas e, por conseguinte, muito distantes da intenção original do autor.

*Apokalypsis* é uma palavra grega que significa "revelação"; esta, por sua vez, indica a ação de se retirar o véu. Na dinâmica bíblica, o conceito revelação diz respeito à ação de Deus que, entrando e intervindo na história, manifesta-se e revela o que está "escondido" ou "oculto", da realidade, aos olhos do ser humano. Essa revelação, contudo, não acontece de forma direta, mas através de mediadores, em particular de mensageiros que denominamos anjos.

O que está acontecendo na realidade se encontra sob um véu e, por isso, são coisas "veladas". Só Deus vê e conhece a realidade com clareza. Assim, a revelação diz respeito, quase sempre, aos mistérios do futuro, sobre aquilo que, no presente, foge à compreensão dos homens, porque não estão atentos ou não compreenderam o passado. Isso acontece por não se perceber o nexo causal entre os fatos históricos, vistos, na maioria das vezes, de forma isolada.

O gênero literário das revelações, na Bíblia, é denominado de apocalíptico e foi utilizado tanto pelos judeus como pelos cristãos. Uma vasta literatura, usando este gênero, foi produzida ao longo de vários séculos (200 a.C.-200 d.C).

A origem desse gênero literário, no judaísmo, deveu-se, principalmente, ao fato de que os autênticos profetas foram desaparecendo e algumas realidades careciam de explicação ou solução. Sem os profetas, parecia que "cessava" a comunicação de Deus ao povo através da sua Palavra. Além disso, o domínio das nações estrangeiras, sofrido por causa da infidelidade à aliança, passou a significar, de certa forma, "castigo" ou "abandono" de Deus.[1]

Para o antigo Israel, o profeta era a "boca de Deus", meio pelo qual Deus proferia as sentenças, em forma de oráculos, e anunciava os rumos da história. Por meio dos profetas, Deus julgava e avaliava a ação dos homens em relação à aliança, particularmente das lideranças do povo. Assim, durante as duras circunstâncias da sua existência e não tendo mais os seus profetas, o antigo Israel se viu necessitado de ser consolado e fortalecido na sua fé para não desfalecer na sua caminhada. Alguns, então, começaram a reler as profecias, e destas releituras surgiu uma nova literatura que originou o gênero apocalíptico. Algo semelhante se deu com os cristãos das primeiras gerações, que aguardavam ansiosos o retorno de Jesus Cristo que não acontecia como acreditavam e esperavam.

Os estudiosos, partindo da obra atribuída ao apóstolo João e observando as suas características externas e internas, conseguiram individualizar um grupo de obras literárias, tanto do Antigo como do Novo Testamento, com grandes semelhanças ao livro do Apocalipse, tanto pelo conteúdo como pela forma. Este grupo de obras literárias passou a ser chamada de "Literatura Apocalíptica".

No Antigo Testamento, destacam-se: Is 24–27 (grande apocalipse) e 34–35 (pequeno apocalipse); Ez 37–39; Zc 9–14; Dn 7–12.

No Novo Testamento, destacam-se: Mt 24,1-44; 25,31-46; Mc 13,1-24; Lc 21,5-36; 1Ts 4,16-17; 2Ts 2,1-12; e o livro do Apocalipse.

A produção da literatura apocalíptica ainda continuou por quase três séculos, tanto no judaísmo como no cristianismo. De matriz judaica (séculos II a.C.–II d.C.): Apocalipse de Moisés, Apocalipse de Abraão, Apocalipse de Esdras, Apocalipse de Baruc, III Livro de Baruc, Livro dos segredos de Henoc, Livro dos Jubileus, Martírio de Isaías, Oráculos Sibilinos (Livros III; IV; V), Salmos de Salomão, Testamento de Abraão, Testamento dos Doze Patriarcas. Já de matriz cristã (séculos I-IV d.C.): o último capítulo da "Didaqué" (50-150 d.C.), Pastor de Hermas (130-140 d.C.), Assunção de Moisés (século II), Apocalipse de Pedro (135 d.C.), Oráculos Sibilinos Cristãos (150 d.C.), V e VI Livros de Esdras (200 d.C.), Apocalipse de Paulo (séculos III-IV).

Diante de tantas obras que pertencem ao gênero apocalíptico, chega-se à conclusão de que essa literatura foi, na verdade, um aprofundamento da fé que visou aplicar à história, aos personagens e aos acontecimentos um juízo religioso para cultivar a esperança ante as dificuldades.

No gênero apocalíptico, a pseudonímia é um artifício literário. Por meio dela, a obra era atribuída a um personagem bíblico famoso do passado (por exemplo: Henoc, Moisés, Elias, Daniel, João, Pedro, ou ao anjo do Senhor). As revelações a respeito da época e das pessoas que, nela, estavam vivendo, quando atribuídas às ilustres personagens, adquiriam um peso maior. O interesse do autor era o de demonstrar que as tribulações do tempo presente não tinham a última palavra; buscava-se assegurar que o mal não teria triunfo sobre o bem, porque Deus está próximo e, com seu juízo, reordenaria todas as coisas.

As imagens, a linguagem e os traços religiosos que, nos dias atuais, parecem muito estranhos aos ouvintes-leitores, faziam parte de uma convenção literária muito difusa e bem conhecida na época. Judeus e cristãos, acostumados com essa literatura, conheciam a chave de leitura dos textos e sabiam como interpretá-lo. Esse tipo de literatura conquistou grande popularidade e a sua intuição deve ser levada em conta, quando se lê e se interpreta um texto apocalíptico.

Como se dão as revelações em um apocalipse? Elas são feitas através de visões ou reflexões que o mediador descreve para o seu interlocutor, por meio de uma linguagem simbólica que se poderia chamar de convencional. Em um texto apocalíptico, quase tudo é elaborado a partir de símbolos: números, imagens, nomes etc.[2]

O livro do Apocalipse enquadra-se nessa dinâmica literária, resultado de uma reflexão teológica inspirada no Verbo Encarnado, que é o ponto mais alto da revelação de Deus. Jesus Cristo, pelo mistério da sua encarnação, vida, ministério público, paixão, morte, ressurreição e ascensão, é o Apocalipse-Revelação de Deus por excelência. Ele, por ser o "início" (Alfa) e o "fim" (Ômega) da história, é quem, realmente, possui as "chaves" da interpretação de todos os fatos da história. Ele é o referencial, o novo e definitivo paradigma de tudo o que existe, desde a criação até a consumação dos tempos.

O livro do Apocalipse quer incutir no ouvinte-leitor uma confiança inabalável na Divina Providência. Diante de toda e qualquer circunstância, em particular perante a maldade que se alastra e parece não ter limites. A mensagem é clara: Deus triunfará, o bem vencerá o mal, as perseguições cessarão e os justos serão premiados. Nesse sentido, fica claro que a finalidade do livro do Apocalipse é manter viva a fé e esperança em Deus e nas suas promessas. Os cristãos devem se lembrar que o controle da história está nas mãos de Deus. Para os que se conformam a Jesus Cristo, como instrumentos instauradores do seu Reino num mundo conturbado e violento, a realização da sua vocação batismal é a verdadeira felicidade. Os que lavaram as suas vestes no sangue do Cordeiro imolado, mantendo-as puras, terão a felicidade eterna (cf. Ap 7,13-14).

# NOTAS

[1] Após o regresso do exílio na Babilônia, o antigo Israel esteve, ainda, sob dominação estrangeira por cinco vezes: sob os persas (538-336 a.C.), sob Alexandre Magno (336-323 a.C.), sob a dinastia dos Ptolomeus lágidas (323-200 a.C.), sob os Selêucidas (200-170 a.C.) e, por fim, sob o Império Romano (de 63 a.C. até o advento do Islam no início do século VII d.C.). Para uma síntese da história do antigo Israel, ver: FERNANDES, 2010, pp. 77-89. Para um estudo mais aprofundado, ver: KESSLER, 2009.

[2] "As visões do Apocalipse traduzem a Revelação em forma de enigma, de códigos e de linguagem cifrada por razões de sobrevivência e da necessidade da não identificação por parte do Império. Para evitar que as comunidades fossem privadas de seus líderes, para salvar as famílias de sua mutilação, geralmente os pais, era preciso encontrar caminhos de comunicar mensagens sem que as autoridades reconhecessem o conteúdo. Os códigos fazem surgir os símbolos e a linguagem própria dificultando a revelação da identidade cristã" (MAZZAROLO, 2009, p. 226).

# APOCALIPSE 21,1-2.9-14; 22,17
## "COMO UMA ESPOSA QUE SE ENFEITOU PARA SEU MARIDO"

[21,1]Vi então *um novo céu e uma nova terra* – pois o primeiro céu e a primeira terra passaram, e o mar já não existia. [2]E vi a Cidade santa, a nova Jerusalém, descer do céu de junto de Deus, pronta como uma esposa enfeitada para seu esposo. [...] [9]Depois, um dos sete Anjos, das sete taças cheias com as sete últimas pragas, veio até mim e disse-me: "Vem! Vou mostrar-te a Esposa, a mulher do Cordeiro!". [10]Ele então me arrebatou em espírito sobre um grande e alto monte, e mostrou-me a Cidade santa, Jerusalém, que descia do céu, de junto de Deus, [11]*com a glória de Deus.* Seu esplendor é como o de uma pedra preciosíssima, uma pedra de jaspe cristalino. [12]Ela está cercada por muralha grossa e alta, com doze portas. Sobre as portas há doze Anjos e nomes inscritos, *os nomes das doze tribos de Israel:* [13]*três portas para o lado do oriente; três portas para o norte; três portas para o sul, e três portas para o ocidente* [14]A muralha da cidade tem doze alicerces, sobre os quais estão os nomes dos doze Apóstolos do Cordeiro.

[22,17]O Espírito e a Esposa dizem: "Vem!". Que aquele que ouve diga também: "Vem!". Que *o sedento venha,* e quem o deseja *receba gratuitamente água* da vida.

## 1. ABORDAGEM HISTÓRICA

As circunstâncias históricas que originaram o livro do Apocalipse são várias. Em primeiro lugar, está o uso que Jesus fez de Dn 7,13 (cf. Mt 26,63-68; Mc 14,60-65) e, principalmente, a promessa de retorno que fez ao deixar este mundo, no dia da Ascensão (cf. Mt 24,4-14.26-28; Mc 16,19; Lc 24,50-53; At 1,9-12). Jesus, contudo, não revelou nem o dia nem a hora em que regressaria; disse, apenas, que a sua volta seria inesperada e comparou-a à ação de um "ladrão" que age na calada da noite (cf. Mt 24,37-44; Lc 12,39-40; 1Ts 5,2; Ap 3,3; 2Pd 3,10). Aos seus discípulos, porém, Jesus fez muitas recomendações sobre o seu retorno (cf. Lc 21,34-36), exortou-os para que estivessem sempre vigilantes e em oração, com as suas lâmpadas acesas, com óleo de reserva, em um clima de grande e santa expectativa (cf. Mt 25,1-13; Lc 12,35-38).

Por causa da promessa do retorno, as primeiras gerações de cristãos, confiando nas palavras do Senhor, aguardaram o seu retorno de forma quase que imediata. Até o apóstolo São Paulo julgou, no início, que ainda estaria vivo no dia da manifestação do Senhor (parusia). Ao escrever aos tessalonicenses, ordenou-lhes que aguardassem o Senhor, trabalhando e ganhando o sustento para a vida com as próprias mãos (cf. 1Ts 5,1-11). Contudo, percebendo que esta compreensão não correspondia à realidade, mudou o seu modo de pensar quanto à expectativa da segunda vinda do Senhor (cf. 2Ts 2,1-12; 3,11-12), na qual: "os mortos ressuscitarão, os céus e a terra serão renovados e o Reino de Deus será instaurado definitivamente. É a vitória definitiva de Jesus Cristo, pois a morte é o último inimigo a ser destruído (1Cor 15,26).

Nos dois primeiros séculos, a Igreja enfrentou inúmeras dificuldades: externas, com os vários tipos de perseguição; e internas, com os diversos tipos de desvios doutrinais.

No primeiro caso, os cristãos eram perseguidos por judeus e pagãos; as colunas da Igreja começaram a desaparecer e a perseguição de Nero fez inúmeros mártires, inclusive Pedro e Paulo. As oposições surgiram de todas as partes da sociedade, pois os cristãos, ao se afastarem da mentalidade pagã presente nas comemorações familiares, cívicas e em certas profissões (artesãos dos deuses greco-romanos), passaram a ser malvistos por todos.

Os cristãos sabiam que a adesão a Jesus Cristo os separara do mundo e do seu pensamento; que o ódio do mundo os levaria ao mesmo destino do seu Mestre (cf. Jo 15,1–16,4). Ao lado das perseguições, espalhou-se, por todo o Império Romano, o culto ao imperador, que se proclamou *"senhor e deus"*. O cristão que se negasse a reverenciar e a oferecer incenso diante da imagem do imperador, era preso, torturado e condenado à morte.[1]

No segundo caso, os desvios de doutrina começaram a se disseminar e, por eles, a unidade interna da Igreja começou a enfraquecer. Com sabedoria, teve que enfrentar o docetismo,[2] o nicolaísmo[3] e a gnose.[4]

Portanto, ser discípulo de Jesus Cristo, em tais circunstâncias, correspondia a atrair para si e a própria família, o ódio e o desprezo da sociedade. As forças contrárias à fé cristã estavam unidas, como um sistema bem organizado, prontas a combater os cristãos e sua doutrina. Para se manter firme, um cristão, diariamente, combatia o bom combate da fé, para não sucumbir diante das pressões; muitos não resistiam e caíam na apostasia, renegando a fé cristã. O martírio, porém, foi vivido, corajosamente, por um grande número. Sem essa miríade de mártires, o cristianismo não teria sobrevivido e vencido a força das perseguições e dos desvios de doutrina.

## 2. ABORDAGEM LITERÁRIA

Ap 21,1–22,5 parece combinar falas em prosa e poesia. A cidade santa, que é a nova Jerusalém, ocupa o centro das atenções em dois momentos ou fases: na primeira fase, Jerusalém é uma noiva, pronta para as núpcias (cf. Ap 21,1-8). Na segunda fase, Jerusalém é a noiva convertida em esposa (cf. Ap 21,9–22,5).

Os verbos "ver" e "ouvir", que caracterizam o livro do Apocalipse, continuam fundamentais na descoberta dinâmica das novidades reveladas. Ao lado disso, estão as ricas imagens e metáforas que combinam traços característicos do urbano (cidade) com o nômade (tenda). A cidade santa, a nova Jerusalém, é a tenda da reunião do êxodo, na qual Deus habita (cf. Ex 40,34). Jerusalém, na perspectiva paulina, vem do alto, é a mãe de todos os batizados (cf. Gl 4,26-27).

Nas falas intercaladas, apresentam-se as novidades: novo céu, nova terra e uma nova cidade: a Jerusalém que desce do alto como uma esposa pronta para ser entregue ao seu esposo. Isto quer dizer que as bodas, prestes a começar, celebram a união do Verbo Encarnado, que desce de junto de Deus, com a Esposa Encarnada, a Jerusalém que desce do alto e também de junto de Deus.

Ap 19,7.9 já havia anunciado as núpcias do Cordeiro com uma esposa que já estava pronta, isto é, as núpcias de Jesus Cristo com a sua Igreja. Esta apresentação, apesar de recuperar muitos elementos presentes em diversos escritos bíblicos, é exclusiva em toda a Bíblia, pois serve para fazer olhar, de forma nova, para toda a Bíblia. É um resgate literário e, ao mesmo tempo, uma novidade literária. Muitas alusões proféticas adquirem novo significado (cf. Is 65,17; 66,22), mostrando que a renovação ocorre tanto no campo do conhecimento como do comportamento. A fé cristã é a novidade que surgiu na Palestina, invadiu o mundo e o transforma a partir das suas estruturas sociais.

Ap 21,1-4 apresenta a visão do novo céu e da nova terra, sem a necessidade do mar, e enriquece a visão da cidade santa, a Jerusalém nova, com uma voz que sai do trono. Jerusalém é denominada "tenda de Deus com os homens". É a tenda do encontro que proporciona uma nova vida, pois "as coisas antigas passaram". Não há mais vestígios de dor, sofrimento, morte e luto. Só os que pertencem a Deus entrarão nessa tenda e estarão isentos da segunda morte, destinada aos réprobos (cf. Ap 21,8). A novidade é apresentada ao longo do que está acontecendo debaixo do "velho" céu e sobre a "velha" terra que já não possui mais a antiga Jerusalém, destruída no ano 70 d.C. Por certo, propõe-se uma tese, a nova Jerusalém, com os seus filhos justos sofredores, e a sua antítese ou a anti-Jerusalém, com os seus filhos injustos que serão devorados pela segunda morte.

Ap 21,5-8 contém, pela primeira vez, uma palavra dirigida diretamente, pelo que está sentado sobre o trono, ao vidente João, que não deve somente ouvir, mas escrever o que ouve. 2Cor 5,17 partilha essa mesma revelação. Escrever o que se ouve significa perpetuar a revelação como certeza absoluta, capaz de alentar quem vive sofrendo por causa da fé em Deus e nas suas promessas. É um modo novo de dizer que tudo está consumado, pois quem fala é a origem e o fim de tudo o que existe, quer dizer, é o Eterno. A imagem da sede e da fonte de água viva representa, respectivamente, a necessidade e a sua satisfação. A fala de Deus com o vidente João lembra, em muito, a fala de Jesus com a mulher samaritana (cf. Jo 4,5-26). Como nas sete cartas, enviadas às sete Igrejas, ressoa, novamente, uma promessa feita ao "vencedor", isto é, ao que resistiu às duras provas, passando inclusive pela morte, conservando a fé.[5]

Ap 21,9–22,5 retoma, de forma mais detalhada, a descrição da nova Jerusalém, a cidade santa, que desce do céu. Ela é uma cidade ideal, mas possui elementos reais: alicerces, colunas, portas, muralhas, com medidas perfeitas. A beleza da sua composição está na descrição exuberante, pois é feita inteiramente de pedras preciosas e metais nobres. A grande novidade é que, nela, não há um templo, "pois o seu templo é o Senhor, o Deus Onipotente e o Cordeiro". Ela não precisa da luz do sol, porque é iluminada pela glória de Deus e pela lâmpada do Cordeiro. A nova Jerusalém é um baluarte e nela transitam, somente, os que pertencem ao Cordeiro, os que estão inscritos no livro da vida, vivem da glória do Senhor Deus com o qual reinam eternamente.

Não está surgindo apenas uma nova criação, mas passou o que existia, embora algumas categorias continuem sendo as mesmas: céu e terra; enquanto a categoria mar deixa de existir. É um modo de dizer que aquilo que dividia e separava a terra já não divide mais. No lugar do mar, para estar entre o novo céu e a nova terra, aparece a nova Jerusalém, que surge do lado de Deus, como Eva surgiu do lado aberto de Adão. Ela está revestida dos sinais que caracterizam uma esposa que está pronta para o seu esposo. É uma referência ou releitura de Gn 2,22, recordando o momento em que Eva foi conduzida, pelo Senhor, a Adão. Assim como Eva foi feita por Deus a partir de Adão como o seu ser semelhante e correspondente, a nova Jerusalém é como a nova Eva para o novo Adão que é o Cordeiro Imolado.

## 3. ABORDAGEM TEOLÓGICA

Deus já havia estabelecido que se uniria de forma definitiva e absoluta com o seu povo através de uma aliança eterna, pela qual tudo seria novo (cf. Jr 31,31-34; Ez 37,26-28). Apesar de o povo violar, continuamente, a aliança, Deus deu provas de que não voltaria atrás na sua decisão, porque nunca renunciou à sua vontade que se concretizou, plenamente, a partir do momento em que o seu Filho Único se encarnou. O que aconteceu em Jo 1,14 ("E o Verbo se fez carne, e habitou entre nós...") deu início, no tempo, à perfeita realização dessa aliança santa, inviolável e perene. A união da natureza divina com a natureza humana concedeu um significado mais profundo à união matrimonial, que passou a simbolizar a união de Jesus Cristo, esposo, com a sua Igreja, esposa.

A habitação, representada tanto na tenda da reunião como na cidade santa, é um forte símbolo da união matrimonial, bem como do local onde acontece a intimidade entre o esposo com a sua esposa. Assim como a tenda da reunião, no deserto, representou um sinal da presença de Deus no meio do seu povo e apontou para a edificação de Jerusalém, esta existiu para preparar a cidade santa, a nova Jerusalém que desce de junto de Deus, debaixo do novo céu, e se estabelece sobre a nova terra, como uma esposa sem mancha nem ruga para o seu esposo, o Cordeiro Imolado.

A cidade de Jerusalém possui um sentido literal, pois diz respeito a uma cidade histórica que, para o antigo Israel, representou a concretização do desejo manifestado pelo rei Davi de construir, para Deus, uma digna habitação (cf. 2Sm 7).[6] A edificação dessa cidade, com o seu palácio e o seu templo – pela narrativa bíblica –, foi realizada por Salomão, sucessor de Davi (cf. 1Rs 5,15–8,66). Isto permitiu o desenvolvimento sócio, cultural, econômico e religioso do antigo Israel, mas abriu brechas para a sua destruição, devido às injustiças que nela foram praticadas.

Contudo, os sentidos, literal e histórico, de Jerusalém adquiriram outras acepções, como a alegórica e metafórica. Os profetas usaram a cidade de Jerusalém, com a imagem de uma esposa, para representar a união de Deus com o seu povo pelo viés matrimonial. Por meio dessa imagem, aludiram também a uma história de contrastes entre a fidelidade de Deus e a infidelidade do povo: Jerusalém foi comparada a uma prostituta que somente andava em busca de amantes (cf. Jr 3,1–6,30; Ez 16). O antigo Israel, apesar dessa imagem e força negativa, não deixou de cultivar o desejo de que Jerusalém se tornasse pura e santa para o serviço a Deus (cf. Ez 48,30-35).

A imagem de Jerusalém, como esposa, continuou a ser usada pelos cristãos e não podia ser diferente, pois Jesus e seus discípulos beberam das mesmas fontes e continuaram usando essas ricas imagens. Desse modo, na literatura paulina e joanina, a cidade de Jerusalém passou a simbolizar a Igreja, como corpo místico de Jesus Cristo ou como a sua esposa santa e imaculada, assumindo um novo sentido alegórico.

O que foi projetado para a antiga e a nova Jerusalém continuou a ser usado com um novo significado e passou a indicar a íntima união de cada fiel com Deus. A partir das imagens bíblicas, chegou-se ao sentido moral, isto é, do que cada cristão deve procurar ser e fazer para corresponder aos desígnios de Deus e alcançar o prêmio eterno. O cuidado com a vida e a reta conduta passaram a ser representados pelo cultivo das virtudes que, pouco a pouco, vencem os maus hábitos, fazendo com que cada fiel esteja cada vez mais unido a Jesus Cristo pela prática do bem, da justiça e da verdade.

A partir dos três sentidos acima descritos, a cidade de Jerusalém, pelo livro do Apocalipse, passou a indicar o destino último de cada fiel, plenamente unido a Jesus Cristo e gozando de uma felicidade sem fim. Assim, a nova Jerusalém que desce do céu e acolhe os fiéis, é uma cidade santa, na qual se concretiza a exortação acompanhada de uma promessa que Jesus fez aos seus discípulos:

> Que o vosso coração não se perturbe. Credes em Deus e crede em mim também. Na casa de meu Pai há muitas moradas. Se assim não fosse, eu vos teria dito, pois vou preparar-vos um lugar, e quando eu for e vos tiver preparado o lugar, virei novamente e vos levarei comigo, para que, onde eu estiver, vós estejais também. E para onde vou, conheceis o caminho (Jo 1,1-7).

A história de comunhão com Jesus Cristo está repleta de conflitos, de dores, de dificuldades, de perseguições e de morte, mas está, também, orientada para um fim que dá sentido a tudo isso. É uma história na qual as vicissitudes e as limitações humanas concorrem, igualmente, para manifestar em que sentido a presença e a ação de Deus se fazem visíveis. É uma história de amor resgatado, que se estende para a vida matrimonial entre dois cristãos, na qual celebram, na união total de suas pessoas, em corpo e alma, uma mediação entre o céu e a terra por meio de um ritual sagrado: o sim à vida em todas as suas fases.

# 4. ABORDAGEM PASTORAL

Se de diversas maneiras Deus, outrora, falou aos pais pelos profetas, na plenitude dos tempos, a sua revelação alcançou a sua máxima expressão no seu próprio Filho, feito herdeiro de todas as coisas (cf. Hb 1,1-4). A proposta do cristianismo, portanto, é um seguimento vivo e dinâmico de Jesus Cristo, reconhecido e proclamado como Filho de Deus. Para segui-lo é preciso conhecê-lo de forma pessoal, através da comunidade que deixou com uma missão: fazer de todas as nações discípulos pelo batismo que imerge na Trindade (cf. Mt 28,19-20). Por meio de Jesus Cristo, a história humana adquiriu um novo significado e, nela, todas as coisas passaram a ser avaliadas por um novo paradigma: o mistério de sua encarnação e morte redentora.

Se, por um lado, o mundo evoluiu graças às numerosas conquistas advindas com o progresso científico; por outro lado, é notória que a evolução humana parece não conseguir acompanhar o mesmo ritmo. As mazelas que afligiam e continuam afligindo a inteira comunidade humana ainda possuem a mesma fonte: a desigualdade social que continua separando os seres humanos, como num processo de seleção, no qual não apenas os mais aptos sobrevivem, mas os que são capazes de tornar o semelhante, de algum modo, o seu escravo. Quando Jesus Cristo e os seus seguidores fizeram a sua aparição no cenário mundial, as pessoas não eram nem melhores nem piores do que são hoje. Elas eram, são e continuarão sendo necessitadas de um sentido de vida, capaz de torná-las não apenas bem-sucedidas materialmente, mas felizes e completas.

O cristianismo já perdura no tempo há mais que dois milênios. Começou de forma frágil, mas com homens e mulheres destemidos e dispostos a tudo suportar para tornar Jesus Cristo conhecido, crido e amado no mundo, da mesma forma como o experimentaram. Os discípulos reconheceram em Jesus Cristo a vida em plenitude. Apesar disso, quem olha com atenção para o cristianismo e a sua história não encontra, por certo, apenas páginas dignas de aplausos, mas, também, muitas páginas marcadas de sangue e de violência. Tudo isso, porém, não invalida a força e o sentido da mensagem que Jesus Cristo deixou entre os seus como possibilidade de libertação: "Se permanecerdes na minha palavra, sereis verdadeiramente meus discípulos e conhecereis a verdade e a verdade vos libertará" (Jo 8,31-32).

As iniciativas e as propostas evangelizadoras assumidas pela Igreja, ao longo dos séculos, continuam em função da meta atuada e desejada por Jesus Cristo: instaurar o reinado de Deus sobre a terra. A Igreja acredita que a humanidade alcançará a sua plena realização, na medida em que cada ser humano olhar e aceitar o seu semelhante como irmão. A missão dos seguidores de Jesus Cristo foi, é e continuará sendo a de testemunhar que o amor supera o ódio, que o mal não é mais forte que o bem, que a injustiça não tem mais força que a justiça e que o papel da verdade é libertá-los de todas as formas de opressão.

Tudo isso, porém, parece que não passa de utopia ou desvario de um grupo de pessoas que continuam acreditando em uma instituição marcada por todo tipo de escândalos, por pensamentos e por ideais retrógrados. Afinal de contas, o mundo avança com velocidade e a Igreja a passos lentos. E sua lentidão é tida, por muitos, como uma forma de controle das novas tendências sociais mais abertas e condizentes com a época atual. Não há mais, alguns dizem, um único modelo de vida, de sociedade e, em particular, de família. As sociedades se sentem autônomas e capazes de caminhar na direção de autênticas e sérias mudanças. Estas se tornaram bandeiras de lutas pela promoção da igualdade de oportunidades para todos os homens e mulheres, independente da cor, da raça, do sexo e se, em tudo isso, a diversidade de gênero é valorizada. Há, nisso tudo, um princípio válido que se equipara à inclinação para o bem, mas a sua realização não difere muito da utopia com a qual acusam a Igreja. Também, aqui, o discurso é um, mas a prática é outra, porque o ser humano continua o mesmo: necessitado de libertação.

Cada época traz consigo novas possibilidades na medida em que cada pessoa não se fecha em si mesma, mas se posiciona no mundo como um elemento que agrega valores. No mundo, a luta entre o bem e o mal, para os que creem, não depende apenas das capacidades humanas empregadas, mas, principalmente, da experiência que se pode

Evangelização e Família

fazer da presença e da proximidade de Deus na vida e na história. Essa proximidade, porém, não ocorre por pura imanência de Deus que se faz interlocutor do ser humano no cotidiano da sua existência. Deus é, na verdade, uma categoria pessoal de Bem supremo, de Justiça suprema, de Verdade suprema, e o ser humano é a sua criatura majestosa e sublime, chamado a sinalizar Deus por palavras e ações. Assim, no decorrer da história, o bem e o mal não se encontram somente no íntimo do ser humano, mas também fora, como expressão de tendências.

Um olhar para a realidade exige, necessariamente, um paradigma que permita olhar para o ser humano e tudo o que o envolve. Na perspectiva da fé, esse paradigma é Jesus Cristo e o seu Reino de amor, esperança, justiça, paz, fraternidade e libertação. Considera-se um bem tudo o que estiver de acordo com o Reino de Deus e, por conseguinte, considera-se um mal tudo o que estiver desvirtuado ou não de acordo com o Reino de Deus. No centro da mensagem desse Reino está a certeza de que Deus não é indiferente ao ser humano, mas se importa com ele e com tudo o que envolve a sua existência. É nessa perspectiva que a Igreja, sinal vivo e eficaz da presença de Jesus Cristo no mundo, não desiste de anunciar o Evangelho da alegria e prossegue rumo à realização do projeto de Deus para a humanidade.

A mensagem contida no Apocalipse mostra que o seu autor quis revigorar a vida de fé, devolver a coragem e fortalecer os ânimos dos cristãos abatidos por tantas dificuldades. Surge, por isso, que o Apocalipse é um livro que sinaliza a alegria de ser seguidor de Jesus Cristo; é um livro promotor da esperança cristã e da inabalável confiança no Senhor Jesus Cristo e no seu Evangelho. Ele demora a voltar, mas não falha e não abandona os seus discípulos que sofrem com paciência as adversidades e tudo suportam por causa do seu nome (cf. Mt 10,22). O episódio da barca em alto mar, agitada pelas ondas, por causa da forte tempestade (cf. Mt 14,22-33; Mc 6,14-52; Jo 6,16-21), revela, por um lado, que os discípulos ficaram apavorados; por outro lado, serve de exemplo para mostrar que o Senhor dorme, não porque está "ausente", mas porque é o detentor da situação que exige fé, em qualquer tempo, época ou circunstância. Ele tem o domínio da história, que está marcada para sempre com o sinal da vitória da sua cruz, carregada por todos os que lutam, dia a dia, por viver o seu batismo. Esta graça não se vive de forma independente ou individual, mas inserida na Igreja, isto é, em uma comunidade que congrega discípulos e discípulas que não buscam apenas benefícios ou milagres, mas se sentem e se sabem responsáveis pela construção do Reino de Deus. Assim, a vitória do bem sobre o mal, da vida sobre a morte, passa a ser "o pão nosso de cada dia" dado para alimentar e fortalecer a missão dos que se deixam abater pelas dificuldades da vida, mas fazem delas um estímulo para testemunhar o amor a Deus e ao próximo, fazendo jus à principal regra de vida que Jesus Cristo deixou como novo mandamento. Que atualidade!

## 5. LEITURA ORANTE — Ap 10,1-11
### "É NECESSÁRIO QUE CONTINUES AINDA A PROFETIZAR"

**Canto:** *Eu vim para escutar tua palavra, tua palavra, tua palavra de Amor.*

**1º Leitor:** Breve introdução.

Ap 10,1-11 encontra-se entre a sexta trombeta e suas consequências, pois não houve conversão, apesar de uma terça parte da humanidade ter perecido por causa de três flagelos: o fogo, a fumaça e o enxofre saídos da boca dos cavalos (cf. Ap 9,12-21), e a sétima trombeta que anuncia a vitória de Cristo, que retoma a realeza do mundo (cf. Ap 11,15-19), juntamente com a missão que o vidente recebeu de medir o Templo de Deus e o aparecimento das duas testemunhas que são assassinadas (cf. Ap 11,1-14).

Ap 10,1-11 é uma pausa que antecede, mas, ao mesmo tempo, prepara a vinda dos fatos que acompanharão o soar da sétima trombeta. Não é a primeira vez que uma pausa surge no livro. Logo após a abertura do sétimo selo (cf. Ap 8,1), fez-se um silêncio de meia hora no céu.

A pausa, no decorrer da narrativa, serve para criar uma expectativa e para que novas notícias sejam apresentadas para o ouvinte-leitor. No fundo, isso tem a ver com a história, isto é, com o nexo causal que existe entre os fatos. Esta pausa incute esperança e conforto na vida dos que estão sofrendo por causa da fé e do seguimento de Jesus Cristo.

**Canto:** *Escuta, Israel, o Senhor teu Deus vai falar. Fala, Senhor, que teu servo vai te escutar* (2x).

# 1º PASSO

Leitura do Livro do Apocalipse 10,1-11.

[1]Vi depois outro anjo poderoso que descia do céu, envolvido em uma nuvem; sobre sua cabeça estava o arco-íris; a sua face era como o sol e as suas pernas como colunas de fogo, [2]e na mão segurava um livrinho aberto. Pousou o pé direito sobre o mar, o esquerdo sobre a terra, [3]e emitiu um forte grito, *como um leão quando ruge*; e ao gritar, os sete trovões fizeram ouvir as suas vozes. [4]Quando os sete trovões ribombaram, eu estava para escrever, mas ouvi uma voz do céu que me dizia: "Põe em segredo o que os sete trovões falaram, e não o escrevas". [5]Nisto, o anjo, que eu vira de pé sobre o mar e a terra, *levantou a mão direita para o céu* [6]e jurou por aquele que vive pelos séculos dos séculos – que criou o céu e tudo o que nele existe, a terra e tudo o que nela existe, *o mar* e tudo o que nele existe – "Já não haverá mais tempo! [7]Pelo contrário, nos dias em que se ouvir o sétimo anjo, quando ele tocar a trombeta, então o mistério de Deus estará consumado, conforme ele anunciou *aos seus servos, os profetas*." [8]A voz do céu que eu tinha ouvido tornou então a falar-me: "Vai, toma o livrinho aberto da mão do anjo que está de pé sobre o mar e sobre a terra". [9]Fui, pois, ao anjo e lhe pedi que me entregasse o livrinho. Ele então me disse: "Toma-o e devora-o; ele te amargará o estômago, mas em tua boca será doce como mel". [10]Tomei o livrinho da mão do anjo e *o devorei: na boca era doce como mel;* quando o engoli, porém, meu estômago se tornou amargo. [11]Disseram-me então: "É necessário que continues ainda a profetizar contra muitos povos, nações, línguas e reis".

**Canto:** *Escuta, Israel, o Senhor teu Deus vai falar. Fala, Senhor, que teu servo vai te escutar* (2x).

**2º Leitor:** O que o texto diz?

a) O vidente João continua vendo o que acontece no céu e que tem a ver com o que ocorrerá na terra. Ele vê um novo anjo que surge e desce do céu. Ele descreve o que vê: o anjo é vigoroso e tem um aspecto luminoso; revestido de uma nuvem; sua face é enaltecida de glória, seu rosto é radiante como o sol e as suas pernas são colunas flamejantes. Esta magnificência evidencia que a missão desse anjo é importante (v. 1). [breve pausa]

b) Fala-se do anjo: a mão segura um livrinho aberto, pois contém algo a ser revelado; o pé direito sobre o mar e o pé esquerdo sobre a terra é um poder sobre parte da criação, mas ao mesmo tempo é um elo que estabelece a ligação entre os meios de comunicação (v. 2); a voz que emite é forte, comparada ao leão quando ruge, é a emissão de um juízo e nela há um clamor que faz sete trovões repercutirem as suas vozes, em sinal de plena resposta à voz forte. Estes sete anjos se colocam na dinâmica das sete taças, sete trombetas, sete selos e sete Igrejas (v. 3). [breve pausa]

c) O vidente João parece que entendeu o conteúdo tanto da voz forte como das vozes dos trovões e se prepara para escrever, mas é advertido pela voz de alguém do céu, não mencionado por nome, que o impede de escrever o que havia nas vozes dos sete trovões. O conteúdo deve ser mantido em segredo, isto é, sigilado como o livro que estava fechado com sete selos. A proibição indica que o seu conteúdo não pode ser comunicado por escrito ou traduzido em linguagem humana (v. 4). [breve pausa]

d) A visão continua com o anjo luminoso realizando ações na direção dos céus e da terra: para os céus, a sua mão direita foi erguida e jurou pelo Eterno Criador do céu, da terra, do mar e de tudo que neles vive; para a terra, sobre os homens, acrescentou uma sentença: não haverá mais prazo (vv. 5-6). [breve pausa]

e) A razão desta sentença evoca as seis trombetas já soadas e lembra que a sétima está para ser executada. Com a sétima trombeta virá a consumação do mistério de Deus que já fora revelado pelos seus servos, os profetas. É o início do juízo universal que inaugurará os novos céus e a nova terra. A referência aos profetas evoca as inúmeras advertências de Deus ao antigo Israel, sobre as quais muitas profecias ainda estavam por se realizar. No tempo fixado por Deus inaugura-se a glorificação dos redimidos (v. 7). [breve pausa]

f) A voz que proibira o vidente João de escrever, agora lhe fala novamente e o convoca para tomar parte no que ele está contemplando: deve ir ao

Evangelização e Família

encontro do anjo luminoso, colocado sobre o céu, a terra e o mar, e tomar o livro aberto de sua mão. Ter nas mãos o livro significa conhecer e fazer conhecido o plano de Deus (v. 8). [breve pausa]

g) O vidente João não hesitou, obedeceu, mas não tomou o livro; com reverência, ele rogou ao anjo que o livro lhe fosse entregue. Ele recebe o livro com uma dupla ordem: tomar e comer o livro que será amargo nas entranhas, mas na sua boca será doce como o mel. Isso explica porque ele fora proibido de escrever, pois a revelação fará parte da sua vida (v. 9). [breve pausa]

h) Mais uma vez o vidente João obedece e constata: tomou o livro da mão do anjo e comeu; de fato, o livro na boca era doce como o mel, mas tornaram as suas entranhas amargas. A experiência do vidente é análoga à dos antigos profetas. Algo semelhante já havia acontecido com o profeta Jeremias (cf. Jr 15,16), mas particularmente com o profeta Ezequiel (cf. Ez 3,8-15). Conhecer Deus e os seus planos é agradável, mas também é uma dura realidade, pois se percebe a resistência que advém dos que a ele se opõem (v. 10). [breve pausa]

i) A ação de comer o livro aberto simboliza uma missão: o vidente João ainda deve profetizar novamente sobre um grande número: povos, nações, línguas e reis. É preciso insistir a tempo e contratempo com os que se devem preparar para a luta final (v. 11). [*breve pausa*]

**Canto:** *Eu gosto de escutar tua palavra, tua palavra, tua palavra de Amor.*

## 2º PASSO

A meditação ajuda a perceber o que o texto diz.

a) "Os esposos sabem que no dever de transmitir e educar a vida humana – que deve ser considerado como a sua missão específica –, eles são os cooperadores do amor de Deus Criador e como que os seus intérpretes. Desempenharão, portanto, esta missão com a sua responsabilidade humana e cristã; com um respeito cheio de docilidade para com Deus, de comum acordo

Leonardo Agostini Fernandes

e com esforço comum, formarão retamente a própria consciência, tendo em conta o seu bem próprio e o dos filhos já nascidos ou que preveem virão a nascer, sabendo ver as condições de tempo e da própria situação e tendo, finalmente, em consideração o bem da comunidade familiar, da sociedade temporal e da própria Igreja. A vida em família é marcada por inúmeras situações que exigem tomadas de posição. O conhecimento da revelação do Amor de Deus exige, por um lado, firmeza e fidelidade a Deus e, por outro lado, permite discernir com critérios o certo e o errado, pois do momento em que essa revelação é acolhida, a luz ilumina a realidade e expulsa as trevas do erro e da ignorância" (GS, n. 50).

A experiência que o vidente João fez pode e deve se tornar a experiência de cada batizado. A história da humanidade, que tem seu fundamento em Deus, não caminha sem uma finalidade específica. Há vida e razão para viver quando a vida é defendida contra todas as formas de morte. Estou atento aos sinais dos tempos para não sucumbir às ilusões passageiras e para ajudar o próximo a se ocupar com o que realmente dignifica a vida humana? [breve pausa]

b) "Assim, os esposos cristãos, confiados na divina Providência e cultivando o espírito de sacrifício (cf. 1Cor 1,5), dão glória ao Criador e caminham para a perfeição em Cristo quando desempenham o seu dever de procriar com responsabilidade generosa, humana e cristã. Entre os esposos, que deste modo satisfazem à missão que Deus lhes confiou, devem ser especialmente lembrados aqueles que, de comum acordo e com prudência, aceitam com grandeza de ânimo educar uma prole numerosa[7]" (GS, n. 50).

Como o vidente João, deixando-se iluminar pelo que ele vê e ouve, cada um é chamado e enviado, como testemunhas, para iluminar todos os locais onde ainda reinam as trevas do medo, do egoísmo, da falta de conhecimento de Deus e do seu amor pelos seres humanos. Tenho sido fiel a essa vocação e missão? [breve pausa]

c) "A família é como que uma escola de valorização humana. Para que esteja em condições de alcançar a plenitude da sua vida e missão, exige, porém, a benévola comunhão de almas e comum acordo dos esposos, e a diligente cooperação dos pais na educação dos filhos. [...] Os filhos sejam educados de modo a serem capazes, ao chegarem à idade adulta, de seguir com inteira responsabilidade a sua vocação, incluindo a sagrada, e escolher um estado de vida; e, se casarem, a poderem constituir uma família própria, em condições morais, sociais e econômicas favoráveis. Compete aos pais ou tutores guiar os jovens na constituição da família com prudentes conselhos que eles devem ouvir de bom grado; mas evitem cuidadosamente forçá-los, direta ou indiretamente, a casar-se ou a escolher o cônjuge" (GS, n. 52).

Tomar o livro da mão do anjo e comê-lo faz perceber que a Palavra de Deus é doce como o mel, quando acolhida com amor, mas torna-se amarga quando a evangelização não encontra essa acolhida ou, principalmente, quando se verifica a falta de obediência às suas verdades. Tenho vivido a minha fé como promoção à vida, em particular na busca pelo bem da família, favorecendo o bem-estar moral, social e econômico da comunidade humana? [breve pausa]

d) "Os cristãos, tirando bom proveito do tempo presente (cf. Ef 5,16; Cl 4,5), e distinguindo o que é eterno das formas passageiras, promovam com empenho o bem do matrimônio e da família, com o testemunho da própria vida e cooperando com os homens de boa vontade; deste modo, superando as dificuldades, proverão às necessidades e vantagens da família, de acordo com os novos tempos. Para alcançar este fim, muito ajudarão o sentir cristão dos fiéis, a retidão da consciência moral dos homens, bem como o saber e competência dos que se dedicam às ciências sagradas" (GS, n. 52).

É preciso ativar todos os recursos que estão à disposição do ser humano para ajudar a formá-lo, em particular as novas gerações, para que, encontrando um ambiente social mais digno, consigam edificar famílias sobre o matrimônio uno, indivisível e aberto ao dom da vida. Tenho consciência de que este desejo pode ser alcançado com empenho pela promoção do futuro da Igreja e da sociedade, mesmo se muitas amarguras forem inevitáveis? [breve pausa]

**Canto:** *Eu quero entender melhor tua palavra, tua palavra, tua palavra de Amor.*

# 3º PASSO

O que o texto faz dizer a Deus em oração.

Senhor Jesus, Palavra Eterna de Deus, toda a história da humanidade está em tuas mãos. Cada ser no mundo, em particular o ser humano, é uma obra de tuas mãos. Percebemos que há numerosas desgraças no mundo, porque muitos se deixam vencer pelo egoísmo que obscurece a inteligência e endurece o coração. A tua luz divina, porém, é o antídoto eficaz para se vencer todas as trevas da ignorância. Não faltam, todos os dias, chances para nos convertermos e evitarmos os males para nós e para os que convivem conosco. Faze-nos atentos à compreensão de que somos solidários não só no bem, mas também no mal que praticamos.

Nós queremos perceber e aceitar que a nossa vida possui valor. Nós queremos testemunhar a luz da tua verdade na Igreja e no mundo, a fim de que nossos irmãos e irmãs, que ainda não te conhecem, possam saber que todos somos filhos da luz, e que ninguém pertence às trevas. Essa pertença à luz da verdade é que faz de todos nós filhos e filhas de Deus, irmãos e irmãs entre nós, na força do teu amor.

Que cada um de nós possa ser uma lamparina acesa, isto é, um Evangelho vivo no qual a tua glória resida como óleo da unção, irradiando a tua graça e a verdade em todos os ambientes que frequentamos e para todas as pessoas com as quais convivemos. Que não nos falte a coragem para ficar do lado do bem, da justiça e da verdade, isto é, do teu lado em todas as ocasiões e circunstâncias de nossa vida, mas, particularmente, quando as seduções do mundo quiserem nos desviar do caminho que leva à verdadeira felicidade, com propostas contra a vida e a dignidade do ser humano. Que aceitemos que vencer e prosperar nesta vida não significa ter sucesso, poder e vida fácil, isto é, uma vida "sem problemas", mas significa não se afastar de ti e do teu Evangelho, encarnado nas minhas veias para o bem da sociedade e da Igreja.

Senhor, nós não somos dignos de tamanha dádiva, mas a tua presença entre nós, na força viva e eficaz da tua Palavra, nos anima a receber graça sobre

Evangelização e Família

graça, para que a nossa identidade e missão na tua Igreja e no mundo se tornem sinal visível para os que ainda não te conhecem, mas esperam o nosso testemunho como cristãos. Unidos sempre a ti, Filho Unigênito, Palavra Eterna Encarnada, também poderemos conhecer e fazer conhecido o Pai, que contigo vive e reina na força amorosa e renovadora do Espírito Santo pelos séculos dos séculos. Amém.

# 4º PASSO

Na contemplação-ação, o texto faz formular um empenho de vida.

a) "As alegrias e as esperanças, as tristezas e as angústias dos homens de hoje, sobretudo dos pobres e de todos aqueles que sofrem, são também as alegrias e as esperanças, as tristezas e as angústias dos discípulos de Cristo; e não há realidade alguma verdadeiramente humana que não encontre eco no seu coração. Porque a sua comunidade é formada por homens, que, reunidos em Cristo, são guiados pelo Espírito Santo na sua peregrinação em demanda do Reino do Pai, e receberam a mensagem da salvação para a comunicar a todos. Por este motivo, a Igreja sente-se real e intimamente ligada ao gênero humano e à sua história" (GS, n. 1).

O maior evento da história da humanidade, desde a criação do mundo e como plenitude da revelação, é Jesus, Palavra de Deus Encarnada no seio da Virgem Maria. O Verbo Encarnado é a lamparina que Deus acendeu definitivamente para iluminar a humanidade (cf. Jo 1,1-18). Ele veio para revelar e para fazer Deus conhecido como Pai amoroso e cheio de misericórdia, isto é, para tirar o ser humano das trevas da ignorância. Tenho me deixado iluminar pela leitura, meditação e estudo das Sagradas Escrituras? [breve pausa]

b) "A humanidade vive hoje uma fase nova da sua história, na qual profundas e rápidas transformações se estendem progressivamente a toda a terra. Provocadas pela inteligência e atividade criadora do homem, elas repercutem sobre o mesmo homem, sobre os seus juízos e desejos individuais e coletivos, sobre os seus modos de pensar e agir, tanto em relação às coisas como às pessoas. De tal modo que podemos já falar de uma verdadeira transformação social e cultural, que se reflete também na vida religiosa" (GS, n. 4).

A vida, confrontada com a sublime revelação do Amor de Deus pelo gênero humano em Jesus Cristo, exige de mim uma tomada de posição, do momento em que se percebe que a luz de Deus me ilumina e me tira das trevas do erro e da ignorância. O meu modo de ser, pensar, querer e agir tem sido iluminado e está conforme à Palavra de Deus? Que tem sido o diferencial da minha vida: a luz da verdade ou as trevas do erro? [breve pausa]

c) "Uma tão rápida evolução, muitas vezes processada desordenadamente e, sobretudo, a consciência mais aguda das desigualdades existentes no mundo, geram ou aumentam contradições e desequilíbrios. Ao nível da própria pessoa, origina-se com frequência um desequilíbrio entre o saber prático moderno e o pensar teórico, que não consegue dominar o conjunto dos seus conhecimentos nem ordená-los em sínteses satisfatórias. Surge também desequilíbrio entre a preocupação da eficiência prática e as exigências da consciência moral; outras vezes, entre as condições coletivas da existência e as exigências do pensamento pessoal e até da contemplação. Gera-se, finalmente, o desequilíbrio entre a especialização da atividade humana e a visão global da realidade. No seio da família, originam-se tensões, quer devido à pressão das condições demográficas, econômicas e sociais, quer pelas dificuldades que surgem entre as diferentes gerações, quer pelo novo tipo de relações sociais entre homens e mulheres" (GS, n. 8).

Acreditar em Deus é admitir que a história da humanidade não é obra do acaso e que ela não caminha sem o seu governo. O mal, porém, parece ser uma força mais presente e ativa do que o bem. Diversas vezes o ser humano, diante das injustiças e maldades, sente-se impotente e incapaz de reverter a situação. A morte de Jesus Cristo na cruz continua sendo loucura e escândalo para muitos, mas ela é potência e sabedoria de Deus (1Cor 1,24). Por isso, confunde a muitos que acreditam mais na soberba e na prepotência. Diante do anúncio de Ap 10,1-11, consigo perceber que Deus continua insistindo na conversão do ser humano que renova as estruturas eclesiais e sociais? [breve pausa]

d) "Tudo o que, tirado dos tesouros da doutrina da Igreja [...], pretende ajudar todos os homens do nosso tempo, quer creiam em Deus, quer não o conheçam explicitamente, a que, conhecendo mais claramente a sua vocação integral, tornem o mundo mais conforme à sublime dignidade do homem, aspirem a uma fraternidade universal mais profundamente fundada e, impelidos pelo amor, correspondam com um esforço generoso e comum às urgentes exigências da nossa era" (GS, n. 91).

"Certamente, perante a imensa diversidade de situações e de formas de cultura existentes no mundo, esta proposição de doutrina reveste intencionalmente, em muitos pontos, apenas um caráter genérico; mais ainda: embora formule uma doutrina aceita na Igreja, todavia, como se trata frequentemente de realidades sujeitas a constante transformação, deve ainda ser continuada e ampliada. Confiamos, porém, que muito do que enunciamos, apoiados na Palavra de Deus e no espírito do Evangelho, poderá proporcionar a todos uma ajuda válida, sobretudo depois de os cristãos terem levado a cabo, sob a direção dos Pastores, a adaptação a cada povo e mentalidade" (GS, n. 91).

A leitura, meditação e estudo da Palavra de Deus iluminam a vida humana. Tenho agido como discípulo missionário, isto é, como verdadeira testemunha de Jesus Cristo, que me ilumina e me faz iluminar todos os locais onde ainda reinam as trevas do medo, do egoísmo, da falta de conhecimento de Deus e do seu amor pelo ser humano, criado à sua imagem e semelhança? Vejo a vocação à vida como missão que sublima a vocação matrimonial e religiosa? [breve pausa]

**Canto:** *O mundo ainda vai viver tua palavra, tua palavra, tua palavra de Amor.*

# NOTAS

[1] Nas regiões da Ásia Menor, por exemplo, esse culto foi muito forte, porque, através dele, os cidadãos se beneficiaram de uma paz relativa e passaram a obter uma maior atenção do imperador. Isso também provocou uma onda de denúncias contra os cristãos, tidos como infiéis. Para muitos, pareceu que não valia a pena ser cristão.

[2] O termo docetismo vem do grego *dokein*, que significa "parecer". Nesse sentido, o docetismo concebia que Deus apenas se revestiu de aparência humana em Jesus de Nazaré. Seu corpo não era real e, por isso, não sofreu na cruz. De algum modo, essa errônea formulação cristológica buscava salvaguardar a impassibilidade de Deus. Os estudiosos reconhecem traços de combate ao docetismo em 1-2Jo e na Carta aos Colossenses (FOCANT, 2013, p. 395).

Leonardo Agostini Fernandes

[3] O nicolaísmo, ao que tudo indica, foi uma tendência do tipo gnóstica que surgiu nas comunidades de Éfeso e Pérgamo, respectivamente duas Igrejas da Ásia Menor, que praticavam a indiferença sobre certos comportamentos e certos alimentos. O nome advém de um tal de Nicolau, que poderia ser apenas um nome simbólico ou, como alguns pensam, um dos sete diáconos instituídos pelos apóstolos para o cuidado das viúvas gregas (cf. At 6,5). Os nicolaítas são citados em Ap 2,2.20.24 (VAN DEN BORN; FOCANT, 2013, p. 958).

[4] Gnose é um termo grego que significa conhecimento. Nesse sentido, o gnosticismo foi um movimento filosófico-religioso que contagiou certos cristãos. Estes passaram a negar a encarnação do Verbo Divino e propagavam que a via da salvação não se dava pela cruz de Jesus Cristo, mas pelo conhecimento de ser destinado ao Reino de Deus. Este conhecimento é adquirido pouco a pouco e destina-se a iniciados. O *corpus joanino* contém diversos elementos de reação ao gnosticismo (POSWICK, 2013, p. 592).

[5] "Jesus Cristo continua demonstrando, através dessas exortações, o amor incondicional pela sua Igreja. Elas servem para a nossa correção e educação da fé. Portanto, se nos dispusermos a ouvir, acolher e meditar estas exortações, que um dia foram feitas às Sete Igrejas da Ásia Menor, um novo ardor e entusiasmo nos revitalizará, tornando-nos disponíveis para seguir Jesus Cristo como verdadeiros discípulos missionários" (FERNANDES, 2009, p. 221).

[6] O desejo de Davi, em construir o templo do Senhor, significou, politicamente, a legitimação do seu reinado, mas, teologicamente, significou também a instauração do reinado de Deus a partir da monarquia unida. Em 2Sm 7,1-17 sobressai muito mais a iniciativa divina do que a humana (FERNANDES, 2012, pp. 1444-1447).

[7] Cf. PIO XII, Alocução 20 janeiro 1958: AAS 50 (1958), p. 91.

# EXISTE UM MODELO

A Sagrada Família é, por certo, o modelo a ser proposto e a ser seguido como meta de vida em cada família cristã. O Domingo da Sagrada Família é uma celebração que está ligada tanto ao final como ao início de um novo ano civil. É, portanto, uma época de balanço e de revisão de vida, em relação ao ano que finda, e de novas projeções e propostas para o novo ano que se inicia. É uma época em que o ser humano procura, diante das dificuldades e desafios, renovar as esperanças. Muito mais e melhor se isso ocorre não apenas de forma individual, mas familiar, refletindo positivamente tanto na comunidade de fé como na sociedade. Cada ser humano, edificando-se a cada ano, proporciona o aperfeiçoamento de toda a comunidade humana.

Diversos Papas utilizaram a Sagrada Família em suas mensagens e em seus documentos. Uma, porém, é particularmente oportuna e útil para coroar este estudo e aprofundamento bíblico, teológico e pastoral sobre a Evangelização e a Família. Trata-se da alocução que proferiu o Papa Paulo VI, pronunciada por ocasião da sua visita a Nazaré, no dia 5 de janeiro de 1964.

Esta alocução está intitulada: "As lições de Nazaré".

Nazaré é a escola onde se começa a compreender a vida de Jesus: a escola do Evangelho.

Aqui se aprende a olhar, a escutar, a meditar e a penetrar o significado, tão profundo e tão misterioso, dessa manifestação tão simples, tão humilde e tão bela, do Filho de Deus. Talvez se aprenda até, insensivelmente, a imitá-lo.

Aqui se aprende o método que nos permitirá compreender quem é o Cristo. Aqui se descobre a necessidade de observar o quadro de sua permanência entre nós: os lugares, os tempos, os costumes, a linguagem, as práticas religiosas, tudo de que Jesus se serviu para se revelar ao mundo. Aqui tudo fala, tudo tem um sentido.

Aqui, nesta escola, compreende-se a necessidade de uma disciplina espiritual para quem quer seguir o ensinamento do Evangelho e ser discípulo do Cristo.

Ó como gostaríamos de voltar à infância e seguir essa humilde e sublime escola de Nazaré! Como gostaríamos, junto a Maria, de recomeçar a adquirir a verdadeira ciência e a elevada sabedoria das verdades divinas.

Mas estamos apenas de passagem. Temos de abandonar este desejo de continuar aqui o estudo, nunca terminado, do conhecimento do Evangelho. Não partiremos, porém, antes de colher às pressas e quase furtivamente algumas breves lições de Nazaré.

Primeiro, uma lição de silêncio. Que renasça em nós a estima pelo silêncio, essa admirável e indispensável condição do espírito; em nós, assediados por tantos clamores, ruídos e gritos em nossa vida moderna, barulhenta e hipersensibilizada. O silêncio de Nazaré ensina-nos o recolhimento, a interioridade, a disposição para escutar as boas aspirações e as palavras dos verdadeiros mestres. Ensina-nos a necessidade e o valor das preparações, do estudo, da meditação, da vida pessoal e interior, da oração que só Deus vê no segredo.

Uma lição de vida familiar. Que Nazaré nos ensine o que é a família, sua comunhão de amor, sua beleza simples e austera, seu caráter sagrado e inviolável; aprendamos de Nazaré o quanto a formação que recebemos é doce e insubstituível: aprendamos qual é a função primária no plano social.

Uma lição de trabalho. Ó Nazaré, ó casa do "filho do carpinteiro"! É aqui que gostaríamos de compreender e celebrar a lei, severa e redentora, do trabalho humano; aqui, restabelecer a consciência da nobreza do trabalho; aqui, lembrar que o trabalho não pode ser um fim em si mesmo, mas que sua liberdade e nobreza resultam, mais que de seu valor econômico, dos valores que constituem o seu fim.

Finalmente, como gostaríamos de saudar aqui todos os trabalhadores do mundo inteiro e mostrar-lhes seu grande modelo, seu divino irmão, o profeta de todas as causas justas, o Cristo nosso Senhor.[1]

Nesse espírito de aprendizado, dirijamos à Sagrada Família a oração que o Papa Francisco propôs durante a oração do ângelus do domingo, Solenidade da Sagrada Família, no dia 29 de dezembro de 2013, pedindo pelo próximo Sínodo dos Bispos sobre a Evangelização e a Família:

Jesus, Maria e José
em vós contemplamos
o esplendor do verdadeiro amor
e, com confiança, nos voltamos para vós.
Sagrada Família de Nazaré,
fazei com que nossas famílias sejam
lugares de comunhão e cenáculos de oração,
autênticas escolas do Evangelho
e pequenas Igrejas domésticas.
Sagrada Família de Nazaré,
que nas famílias não haja violência,
fechamento ou divisão;

que os que foram feridos ou escandalizados
sejam consolados e curados.
Sagrada Família de Nazaré,
nós vos suplicamos que,
por ocasião do próximo Sínodo dos Bispos
se reacenda em todos a consciência
do caráter sagrado e inviolável da família
e da sua beleza no projeto de Deus.
Jesus, Maria e José,
ouvi e atendei a nossa súplica.

# NOTA

[1] Ofício das Leituras do Domingo da Sagrada Família. In: *Liturgia das Horas* – Tempo do Advento e Tempo do Natal. São Paulo: Vozes/Paulinas/Paulus/Ave-Maria, v. I, 1999, pp. 382-383.

# CONSIDERAÇÕES FINAIS

Gn 1,1–2,4a e 2,4b-25 não contêm uma mensagem de cunho histórico e tampouco científico, no sentido moderno dos termos, mas ambos são uma reflexão histórica pautada na experiência humana levada muito a sério. Nesta reflexão, existe abertura para se acreditar em Deus, na sua presença e ação no mundo com um sublime propósito: proporcionar a felicidade do ser humano criado à sua imagem e semelhança, feito participante da sua criação para, através da sua prole, preservar a vida humana. Esses dois textos, cada um ao seu modo, narram a criação do homem e da mulher, e, em comum, têm o mesmo enfoque: a dignidade do ser humano, pois é ápice da ação criadora de Deus.

Os dois textos querem responder a duas questões centrais da história da humanidade, partindo da concepção de Deus como criador, organizador e provedor de todas as coisas: Quem é o ser humano? e Qual o seu papel no mundo? Responder à identidade e à missão do ser humano, em função do plano de Deus, concede sentido ao seu desejo mais profundo: a felicidade.

Em comum, os dois textos proclamam a certeza de que tudo o que existe foi criado por Deus, que tudo prepara para, no final, fazer o ser humano habitar um mundo capaz de lhe manter a vida. O mundo criado por Deus é o ambiente vital do ser humano, que é superior a todas as demais criaturas.

*Adam*, que significa tirado do solo, é usado para significar o ser humano nos dois relatos. Não é um nome próprio, como aparecerá em Gn 4,25, mas é um nome apropriado para indicar a coletividade, isto é, o gênero humano. Gn 1,27 narra a criação de *Adam* e Gn 1,28 usa o termo para indicar que Deus criou *Adam* enquanto *macho* e *fêmea*. Já em Gn 2,7, *Adam* é usado como sinônimo de homem, ʾîsh (varão), do qual derivará a mulher, ʾishah (virago).

Com isso, o texto bíblico afirma a distinção de gênero sem, contudo, diminuir a importância entre o homem e a mulher. Ao contrário, a diferença de gênero é afirmação da riqueza que envolve *Adam*: é macho e fêmea. A diferença sexual, então, é um dom precioso, porque ambos só podem ser *imagem* e *semelhança* de Deus permanecendo distintos, mas unidos na sua pluralidade que favorece a relação, enquanto os impulsiona para a união existencial e sexual que garante a existência da espécie de forma natural.

Deus Criador reflete-se em *Adam*, homem e mulher, afirmando que a sua distinção de gênero não é competição, mas complementação e comunhão. Assim, Deus não se identifica só com o homem ou só com a mulher, mas com os dois, enquanto seres que se completam para que a espécie humana seja assegurada sobre a face da terra. Juntos, porém, formam uma só carne, e um para o outro se constitui em caminho de salvação. De acordo com o relato bíblico, só após a queda original e a sentença divina (cf. Gn 3) é que Adão e Eva se uniram e procriaram (cf. Gn 4,1).

A indissolubilidade, como norma do amor conjugal, está contida no relato que antecede a desobediência dos progenitores. Assim, é preciso admitir que a desobediência dos progenitores, no Jardim do Éden, introduziu a ruptura do amor entre o homem e a mulher e, com ela, a dificuldade para manter a vida conjugal livre de separação. A própria desobediência introduziu o princípio da separação, pois o homem já não se reconheceu na mulher, como antes havia declarado: "osso dos meus ossos e carne da minha carne" (Gn 2,23). O que permaneceu indissolúvel, após essa desobediência, foi o amor eleição de Deus pelo ser humano que perdeu a graça original, pela qual homem e mulher poderiam se ver não como objeto de desejo, mas como complementares.

Da desobediência dos progenitores em diante, a indissolubilidade do vínculo conjugal passou a contar com uma força maior, a graça divina da fidelidade de Deus ao ser humano infiel. Esta graça aparece confirmada pela experiência que passou a acompanhar, em particular, a história do antigo Israel. A teologia da aliança, nupcialmente interpretada pelos profetas, defende a integridade da fé através de suas vidas, quer pelo matrimônio (Oseias, Isaías, Ezequiel), quer pelo celibato (Jeremias, João Batista). Fato é que Gn 1,1–3,24 denota as releituras da aliança de Deus com o seu povo, fragilizadas pela experiência do exílio, através da indissolubilidade conjugal. Nesse caos, o regresso do exílio e o empenho por reconstruir Jerusalém advogam a favor do restabelecimento do vínculo de Deus com o seu povo. Com essa perspectiva, Malaquias mostra que o divórcio praticado contra a mulher da juventude, no fundo, é um retorno ao caos que exige reparação, para não dizer, recriação do vínculo.

O percurso realizado através dos textos do Antigo Testamento, a propósito da indissolubilidade do matrimônio, mostra que o homem e a mulher podem se amar com fidelidade, para além das feridas que a relação pode causar. Isto, graças à fé em Deus, que não desiste de oferecer o seu perdão reconciliador. A plenitude dessa reconciliação deu-se pelo mistério da vida, paixão, morte e ressurreição de Jesus Cristo, com o consequente dom do Espírito Santo. Por meio deste, o ser humano passa a experimentar de uma forma infinitamente nova a graça da habitação divina para além do que fora a amizade genesíaca. Deus não mais passeia no Jardim do Éden à brisa da tarde (cf. Gn 3,8), mas habita o ser humano como se fossem um único ser (cf. Jo 17).

A síntese de todo o percurso realizado nesse livro aparece de forma clara na *Sacerdotalis caelibatus*, n. 20:

> O matrimônio que, por vontade de Deus, continua a obra da primeira criação (cf. Gn 2,18), ao ser integrado no desígnio total da salvação, adquire novo significado e valor. Na verdade, Jesus, restituiu-lhe a dignidade primitiva (cf. Mt 19,3-8), honrou-o (cf. Jo 2,1-11) e elevou-o à dignidade de sacramento e de sinal misterioso da sua união com a Igreja (cf. Ef 5,32). Assim, os cônjuges cristãos, no exercício do amor mútuo e no cumprimento dos próprios deveres, e tendendo para aquela santidade que lhes é própria, caminham juntos em direção à pátria celeste. Mas Cristo, Mediador dum Testamento mais excelente (cf. Hb 8,6), abriu também novo caminho, em que a criatura humana, unindo-se total e diretamente ao Senhor e preocupada apenas com ele e com as coisas que lhe dizem respeito (cf. 1Cor 7,33-35), manifesta de maneira mais clara e completa a realidade profundamente inovadora do Novo Testamento.

Os textos estudados foram apresentados segundo a compreensão que deriva do conjunto da Sagrada Escritura e como são ensinados pela Igreja: o sentido e o que constitui o vínculo matrimonial entre um homem e uma mulher, que foi por Jesus Cristo elevado ao nível de sacramento da sua união com a Igreja.[1]

Mt 19,3-12 não é, certamente, uma estrada aberta por Jesus de fácil percurso no plano natural e social. Este caminho pode ser percorrido apenas por quem se dispôs a seguir Jesus Cristo não pela via da conveniência, mas pela via do seguimento incondicional. O mistério de amor entre Deus e o ser humano, revelado em Jesus Cristo, devolveu, igualmente, o sentido profundo do amor entre um homem e uma mulher que se unem pelo matrimônio. Visto dessa forma, transparece o sentido original da indissolubilidade conjugal segundo o projeto de Deus. O alcance desse sentido, em cada batizado, não se obtém sem a sincera conversão e sem percorrer um processo formativo que deixe cada vez mais clara a relação entre fé, conhecimento, honestidade intelectual, misericórdia, reconciliação e martírio da vontade. Deus conhece as feridas do coração do ser humano e, melhor do que ninguém, sabe como curá-las.

No caminho aberto por Jesus Cristo, os apóstolos Pedro e Paulo andaram e promoveram a sua assimilação não pela imposição de uma doutrina, mas pela prática do bom senso diante de cada caso e situação, visto que a novidade da fé assumida acarretava não poucas tensões. É o que se verificou no estudo de Ef 5,21–6,9; Cl 3,18–4,1; 1Pd 2,12-25; 3,1-7.

A aliança entre Deus e o seu povo que a pregação profética sinalizou pela união matrimonial, em Jesus Cristo alcançou o seu ápice e deu ao apóstolo Paulo a base para apresentar a união matrimonial entre batizados como sinal eficaz da aliança de Jesus Cristo com a Igreja. O matrimônio entre batizados é um sacramento porque confere a graça que deriva da aliança entre Jesus Cristo e a sua Igreja. Esta certeza de fé deu, igualmente, ao apóstolo Paulo o bom senso para ensinar, sob a unção do Espírito Santo, que um vínculo conjugal entre um fiel e um pagão, em si, não deve ser desfeito, mas que a parte cristã não estaria obrigada ao vínculo caso a outra parte decidisse se separar, ficando a parte cristã livre para contrair novas núpcias no Senhor (cf. 1Cor 7,10-16). Algo semelhante encontrou-se em 1Pd 3,1-7, com forte aceno ao interesse de que a parte cristã, pela conduta exemplar, fosse ocasião para a conversão a Jesus Cristo da parte não cristã.

Nos dias atuais, cresce o número de batizados que não busca mais a bênção conjugal pelo sacramento do matrimônio e, além disso, possui muitas reservas com relação ao número de filhos que pretende ter. Paternidade e maternidade responsável é um tema comumente tratado nos cursos de noivos, mas no final prevalece uma opinião comum: o número de filhos será proporcional aos recursos que os pais dispuserem, prevendo gastos com saúde, alimentação, vestuário, educação, lazer, etc. Em tudo isso não existe, a princípio, mal algum, salvo se houvesse um fechamento do casal à prole por mero egoísmo, antepondo à geração dos filhos a busca do sucesso profissional ou o interesse pelo "vamos curtir e aproveitar a vida", pois somos jovens.

Nota-se, além disso, que a idade nupcial está cada vez mais postergada. No passado, a mulher se casava entre os 16 e os 20 anos. Não demorava muito para os filhos chegarem e a casa ficar repleta deles. Hoje, a maioria das mulheres, devido à maior liberdade financeira e melhor formação acadêmica, quando se casam, o fazem entre os 27 e 35 anos.

Sem dúvida alguma, as mulheres estão bem mais maduras, e por isso também com menos possibilidades de engravidar naturalmente. Quando chegam a ter filhos, já se encontram com uma idade mais próxima de "ser avó" do que de ser mãe. A maior distância etária aumenta, ainda mais, as possibilidades dos futuros conflitos de gerações. Some-se a isso o fato de que avós, babás e, na maioria das vezes, a creche assumem

Evangelização e Família

o papel educacional, que caberia aos pais, de transmitir os valores fundamentais que se aprendem melhor em família.

A primeira experiência sexual é outro tema que não fica à margem dessa constatação contextual. Se antes a virgindade era uma virtude observada como exigência ou como uma questão de honra familiar, nos dias atuais cresce o número, tanto entre os meninos como entre as meninas, dos que começam a sua atividade sexual ainda na adolescência. Com isso, o início do uso de anticoncepcional para se evitar a gravidez tem colocado a mulher, desde cedo, mais vulnerável e propensa a ter endometriose, um dos principais motivos que a muitas tem impedido, em idade fértil, de conseguir engravidar.

Que fazer? Não existe uma receita pastoral pronta para ser implantada em cada comunidade eclesial. Sem dúvida alguma, a elaboração de um plano de pastoral familiar, integrando o mais possível as pastorais do batismo, da eucaristia, da confirmação, que em muitas dioceses já estão unidas à Pastoral da Iniciação Cristã, é um caminho eficaz, se houver sério acompanhamento.

A formação de cada batizado, porém, deve ser permanente e não apenas ocasional para a recepção dos referidos sacramentos. O mesmo deve ser dito para a pastoral da formação dos noivos, que, na maioria das vezes, fica restrita à exigência de um curso. É preciso pensar e refletir sobre os resultados que as pastorais estão obtendo e que objetivos estão sendo, de fato, alcançados. Como preparar e como realizar um curso de noivos convincente na teoria e na prática? O que os noivos precisam saber sobre afetividade, partilha, diálogo, planejamento familiar, economia do lar, formação religiosa, ética etc.?

No contexto socioeclesial dos tempos atuais, a preocupação com a fé e com o seu amadurecimento faz a Igreja refletir sobre a capacidade que cada batizado possui para, de fato, manifestar o seu consentimento, seja ele matrimonial, seja religioso, com efetiva capacidade, ciente das responsabilidades que assume. E isso, quando considerado, não isenta do possível fracasso.

O discernimento pastoral sobre a maturidade da fé dos batizados não é um dado que se deva considerar como suposto. Se a comunidade de fé tem um papel indispensável quando alguém é batizado, de igual modo é indispensável o seu testemunho quando um membro está para assumir um compromisso que é para toda a vida. Por isso, não bastam os proclamas expostos nos murais das Igrejas, a entrevista dos noivos e tampouco o curso preparatório que frequentam. A comunidade de fé tem, igualmente, o seu papel no sim que os noivos se declaram. Não se pode delegar o compromisso da comunidade de fé aos "padrinhos" de casamento, que muitas das vezes servem só de enfeite.

O sacramento do matrimônio, que se pede à Igreja, é mais do que um ato social, é a manifestação de uma fé madura, pela qual a dimensão natural e civil da união não resulta de um impulso ou de fins espúrios entre um homem e uma mulher. Esta união sacramental é uma convicção de dois batizados que celebram, como ministros, a experiência da graça como amor unitivo e fecundo, convictos de que, como fiéis, testemunham a indissolúvel união de Deus com a humanidade, assumida e redimida por Jesus Cristo.

O grande desafio colocado ao povo de Deus, diante das crises pelas quais o ser humano está passando e diante das incertezas quanto ao rumo que cada um deve seguir, exige uma fé madura e um profundo amor pela Palavra de Deus. O conhecimento que determina o comportamento é fruto de um processo formativo que deve resgatar a genialidade da patrística, capaz de gerar cristãos aptos a suportar as adversidades e a viver em todo tipo de circunstância, quer na penúria, quer na abundância. Na prática, a Igreja deve se empenhar para mostrar por que o matrimônio, como sacramento, pode ser entendido e vivido apenas no contexto da adesão ao mistério de Jesus Cristo.

O martírio da vontade nos dias atuais, em uma sociedade que repugna toda forma de dor e de sofrimento, talvez seja tão urgente e intenso como o martírio de sangue que regou e fecundou os primeiros séculos da Igreja. Por certo, o martírio da vontade não é menos empenhativo que o martírio de sangue, pois cada batizado, configurado a Jesus Cristo, em tudo aprende a dizer: "Meu alimento é fazer a vontade daquele que me enviou e consumar a sua obra" (Jo 4,34); "Eu vim, ó Deus, para fazer tua vontade" (Hb 10,7, cf. Sl 40,9). Esta opção de vida se repete a cada vez em que o fiel se dirige a Deus com a oração do Pai-Nosso: "Seja feita a tua vontade, assim na terra, como no céu". Que pelo martírio da vontade, o testemunho do amor a Deus promova, na sociedade, a alegria do Evangelho do Senhor Jesus, que a todos quer conceder liberdade e a vida em abundância!

# NOTAS

[1] A Tradição da Igreja, em particular no Ocidente, possui um testemunho coerente, pois dos Padres da Igreja aos últimos pronunciamentos do Magistério, o matrimônio sacramental válido permanece uma realidade indissolúvel. Contudo, num casamento entre batizados, a validade pode ser questionada e deve ser devidamente averiguada quando "falta a vontade de se casar segundo o sentido da doutrina matrimonial católica e se reduziu a pertença a um contexto vital de fé" (MÜLLER, 2013, p. 14).

# REFERÊNCIAS BIBLIOGRÁFICAS

AMADO, J. P.; FERNANDES, L. A. (orgs.) *Evangelii Gaudium em questão; aspectos bíblicos, teológicos e pastorais.* São Paulo: Paulinas, 2014.

ARTUSO, V. A conclusão do juízo sobre Babilônia: Interpretação em chave dialógico-litúrgica de Ap 19,1-10. *ATeo* 32 (2009). pp. 173-203.

BLUM, E. A. The submission of Christian wives (1Pt 3,1-6). *The Expositor's Bible Commentary* [v. 12]. Grand Rapids: Zondervan Publishing House, 1981, pp. 236-237.

BOSETTI, E.; COLACRAI, A. *Apokalypsis. Percorsi nell'Apocalisse di Giovanni.* Assisi: Cittadella Editrice, 2005.

CARBONE, S. P.; RIZZI, G. *Aggeo-Gioele-Giona-Malachia; Lettura ebraica, greca e aramaica.* Bologna: EDB, 2001.

CASTELLO, G. *Genesi 1–11; Introduzione e commento alla storia biblica delle origini.* Trapani: Pozzo di Giaccobe, 2013.

CNBB. *Leitura Orante. "Fala Senhor, teu servo escuta" (1Sm 3,10).* Brasília: Edições CNBB, 2014.

DA SILVA, C. M. D. *Aquele que manda a chuva sobre a face da terra.* São Paulo: Loyola, 2006.

DETTWILER, A. A epístola aos Efésios. In: MARGUERAT, D. (org.) *Novo Testamento – história, escritura e teologia.* São Paulo: Loyola, 2009, pp. 357-375.

DI FELICE, F. Indissolubilidade matrimonial?. In: PONTIFÍCIO CONSELHO PARA A FAMÍLIA. *Lexicon.* Rio de Janeiro: Escolas Profissionais Salesianas, 2007, pp. 531-539.

LIPINSKI, E. Bestialidade. In: BOGAERT, P.-M.; DELCOR, M.; JACOB, E.; LIPINSKI, E.; MARTIN-ACHARD, R.; PONTHOT, J. (orgs.) *Dicionário Enciclopédico da Bíblia.* São Paulo/Santo André: Loyola-Paulinas-Paulus-Academia Cristã, 2013, p. 234.

FABRIS, R.; MAGGIONI, B. *Os Evangelhos (II).* São Paulo: Loyola, 1992.

_____. *As Cartas de Paulo (III).* São Paulo: Loyola, 1992.

FERNANDES, L. A. O Cânon bíblico católico; significado teológico, momentos históricos e questões atuais. *Coletânea* 10 (2006) pp. 236-261.

_____. A Palavra de Deus e a missão continental na vida do sacerdote. *ATeo* 32 (2009) pp. 204-221.

_____. *A Bíblia e a sua mensagem. Introdução à leitura e ao estudo da Bíblia.* Rio de Janeiro/São Paulo: Editora PUC-Rio/Reflex.

_____. Teologia, antropologia e ecologia em Gn 1,1–2,4a. *ATeo* XV/27 (2011), pp. 27-46.

_____. 2Sm 7,1-17: o projeto de Davi confronta-se com o projeto de Deus. In: ANAIS DO 25º CONGRESSO INTERNACIONAL DA SOTER. *Mobilidade religiosa; linguagem – juventude – política.* Belo Horizonte: Edição digital/SOTER, 2012, pp. 1438-1464.

_____. Deus, a pessoa humana e a criação (Sl 8). In: FERNANDES, L. A.; GRENZER, M. *Dança ó terra!; interpretando Salmos.* São Paulo: Paulinas, 2013, pp. 25-68.

_____. *O anúncio do Dia do Senhor.* Significado profético e sentido teológico de Joel 2,1-11. São Paulo: Paulinas, 2014.

_____. "Por que morreremos na tua presença?": Uma análise de Gn 47,13-26. *Perspectiva Teológica* 46 (2014), pp.113-133.

_____; GRENZER, M., *Evangelho segundo Marcos; eleição, partilha e amor.* São Paulo: Paulinas, 2012.

FOCANT, C. Docetismo. In: BOGAERT, P.-M.; DELCOR, M.; JACOB, E.; LIPINSKI, E.; MARTIN-ACHARD, R.; PONTHOT, J. (orgs.) *Dicionário Enciclopédico da Bíblia.* São Paulo: Loyola/Paulinas/Paulus/Academia Cristã, 2013, p. 395.

HOFFNER, H. A. Incest, Sodomy and Bestiality in the Ancient Near East. *Orient Occidént, AOAT* 22 (1973) pp. 81-90.

IMPERATORI, M. Fede e matrimonio: un diverso orizzonte teologico. *Rassegna di Teologia* 55 (2014), pp. 5-29.

INFANTE, R. *Lo sposo e la sposa. Percorsi di analise simbolica tra Scrittura e cristianesimo delle origini.* San Paolo: Cinisello Balsamo, 2004.

JEFFERS, J. S. *Il mondo greco-romano all'epoca del Nuovo Testamento.* Milano: San Paolo, 2004.

KESSLER, R. *História social do Antigo Israel.* São Paulo: Paulinas, 2009.

LIMA, A. *O Cânon bíblico. A origem da lista dos Livros Sagrados.* São Paulo: ComDeus, 2007.

LIMET, H. Atrahais. In: *Grande Dizionario delle Religioni. Dalla Preistoria ad Oggi.* Paul Poupard (dir). Casale Monferrato: Piemme, 2000, p. 184.

Evangelização e Família

\_\_\_\_\_ *Ziusudra*. In: *Grande Dizionario delle Religioni. Dalla Preistoria ad Oggi*. Paul Poupard (dir). Casale Monferrato: Piemme, 2000, p. 2325.

LÓPEZ-ILLANA, Francisco. Matrimônio, separação, divórcio e consciência. In: PONTIFÍCIO CONSELHO PARA A FAMÍLIA. *Lexicon*. Rio de Janeiro: Escolas Profissionais Salesianas, 2007, pp. 635-652.

LUÍS SICRE, J. *Com os pobres da terra*; a justiça social nos profetas de Israel. Santo André/São Paulo: Acadêmia Cristã/Paulus, 2011.

MAZZAROLO, I. A visão do trono: exegese e hermenêutica de Ap 4. *ATeo* 32 ( 2009), pp. 222-240.

\_\_\_\_\_. *Carta aos Efésios: "Cristo é a pedra angular"*. Rio de Janeiro: Isidoro Mazzarolo, 2013.

McKENZIE, J. L. Sumérios. *Dicionário Bíblico*. 7. ed. São Paulo: Paulus, 1983, pp. 900-902.

MÜLLER, G. L. La fuerza de la gracia y el matrimonio (I). *Cristiandad* 989/12 (2013), pp. 11-14.

POSWICK, R.-F. Gnose, gnosticismo. In: BOGAERT, P.-M.; DELCOR, M.; JACOB, E.; LIPINSKI, E.; MARTIN-ACHARD, R.; PONTHOT, J. (orgs.) *Dicionário Enciclopédico da Bíblia*. São Paulo: Loyola/ Paulinas/Paulus/Acadêmia Cristã, 2013, p. 592.

SCHACKENBURG, R. *Il Vangelo di Giovanni*. [Parte prima]. Brescia: Paideia, 1973.

SCHELKLE, K. H. *Le lettere di Pietro; La lettera di Giuda*. Brescia: Paideia, 1981.

SCHLESINGER, H.; PORTO, H. "Enuma Elish" e "Gilgamesh". In: *Dicionário Enciclopédico das Religiões*, v. 1 (A-J). Petrópolis: Vozes, 1995, pp. 945; 1166-1167.

SCHLIER, H. *La lettera agli Efesini*. Brescia: Paideia, 1973.

SCHWANTES, M. Gênesis 1–11. Vida, comunidade e Bíblia. São Paulo: CEBI, 2007.

SKA, J.-L. *Il cantiere del Pentateuco* 1. Problemi di composizione e di interpretazione. Bologna: EDB, 2013.

SOGGIN, J. A. *Introduzione all'Antico Testamento*. 4. ed. Brescia: Paideia, 1987.

STEMBERGER, G. *Ermeneutica ebraica della Bibbia*. Brescia: Paideia, 2000.

TÀRRECH, A. P. Os destinatários de 1Pd. In: CERVANTES GAGARRÓN, J. *As Cartas de Pedro*. São Paulo: Paulinas, 2003, pp. 7-14.

THEVISSEN, G.; KAHMANN, J. J. A.; DEHANDSCHUTTER, B. *As Cartas de Pedro, João e Judas*. São Paulo: Loyola, 1999.

UEHLINGER, C. Gênesis 1–11. In: T., RÖMER; MACCHI, J-D.; NIHAN, C. (orgs.) *Antigo Testamento, história, escritura e teologia*. São Paulo, Loyola, 2010, pp. 162-164.

VAN DEN BORN, A.; FOCANT, C. Nicolaítas. In: BOGAERT, P.-M.; DELCOR, M.; JACOB, E.; LIPINSKI, E.; MARTIN-ACHARD, R.; PONTHOT, J. (orgs.) *Dicionário Enciclopédico da Bíblia*. São Paulo: Loyola/Paulinas/Paulus/Academia Cristã, 2013, p. 958.

WENDLAND, H-D. *Le Lettere ai Corinti*. Brescia: Paideia, 1976.

WÉNIN, A. *Osée et Gomer, parabole de la fidélité de Dieu (Os 1-3)*. Bruxelles: Lumen Vitae, 1998.

_____. *De Adão a Abraão ou as errâncias do humano. Leitura de Gn 1,1–12,4*. São Paulo: Loyola, 2011.

_____. Le serpent de Nombres 21,4-9 et de Genèse 3,1. Intertextualité et élaboration du sens. In: MARGUERAT, D.; WÉNIN, A. *Saveurs du récit biblique. Un nouveau guide pour des texts millénaires*. Genèvre: Labor et Fides/Bayard, 2012, pp. 339-359.

\*\*\*

Todos os documentos do CONCÍLIO VATICANO II estão disponíveis em: < http://www.vatican.va/archive/hist_councils/ii_vatican_council/index_po.htm >.

Impresso na gráfica da
Pia Sociedade Filhas de São Paulo
Via Raposo Tavares, km 19,145
05577-300 - São Paulo, SP - Brasil - 2015